KB220202

주수경 선교사의 이 책은 사명적 존재로 살아온 '미셔널 호모 비아토르(missional homo viator)'의 총체적인 삶이 오롯이 녹아 있어 귀하다. 경험보다는 경험이 숙성된 지혜가, 교훈보다는 교훈이 잘 성숙된 감동이 차고 넘쳐 더욱 그렇다.

김기영(Harry Kim) | BAM 사역가, 목회자, 《일터@영성》 저자

주수경 선교사님의 삶과 사역 25년을 담은 글을 읽게 되어 여간 기쁘지 않다. 무엇보다 선교사로서의 자기 정체성 혼란과 정립, 선교사 부부관계와 자녀양육을 둘러싼 가정 경영, 현지인과의 우정 관계 맺기와 사역, 선교사 간의 갈등과 문제 및 해결책 모색 등 선교에 관련된 중요한 이야기를 담담하면서도 아름답게, 현실적이면서도 이상적으로 그려 낸다. 참 감동적이다. 일상의 삶 속에서 깊은 영성의 우물을 길어 낸 영성가처럼 선교사의 일상 속에서 아름다운 예술 작품을 빚어낸다. 한 여성 선교사의 창의적인 내러티브인 이 책을 읽노라면, 어느새 눈물이 스쳐 지나가는 가슴 떨림을 경험하게 된다.
선교사 훈련 동기로서 늘 친밀감을 주셨던 선교사님, 간혹 만날 때

면 오랜 친구처럼 반가웠던 선교사님, 질병이라는 인생의 큰 위기를 넘기며 몸소 십자가를 지고 오신 주수경 선교사님을 글로써 만나게 되어 새롭기도 하고 그동안 몰라봤던 재능을 보게 되어 감동을 받는다. 자기 한 몸 추스르기도 쉽지 않은 그 혹독한 시련의 시간을 딛고 이렇게 통찰력 넘치면서 진솔하게 선교를 다시 곱씹어 보게 하는 귀한 책을 내신 선교사님께 찬사를 보낸다.

어떤 선교사는 "깃발 꽂는 선교사보다 선교지에 이미 있는 깃발을 날리게 하라"고 한다. 20세기 위대한 선교학자인 데이비드 보쉬는, 선교지에서 선교사는 모든 것을 좌지우지하는 '운전사'처럼 되지 말고 현지인의 필요를 채워 주는 '스페어타이어'가 되라고 한다. "제발 선교사들을 영웅화하지 말아 달라"는 주수경 선교사님의 호소도 이와 같은 심정에서 나온 것이리라. 누가 감히 하나님의 선교에 영웅이 될 수 있겠는가? 하나님이 주연이신 하나님의 선교에서 누가, 그리고 어느 교회나 선교단체가 조연의 신분을 뛰어넘을 수 있겠는가? 저자의 말처럼 선교는 철저하게 하나님의 선교이고, 선교사는 그 존재에서 흘러넘치는 인격의 향기로 사역하는 것이다.

이 책은 단순히 학문적인 글이 아니다. 그렇다고 사역 현장의 실제 체험을 서술한 것만도 아니다. 이론으로 정제된 체험담이다. 이 글을 통해 우리 모두가 하나님의 선교를 바르게 이해하고, 하나님의 선교에 아름답게 쓰임 받기를 바란다. 이 책을 현장 선교사, 목회자, 평신도, 그리고 선교사 후보생들에게 필독서로 추천한다. 모처럼 한국 선교사가 쓴 귀한 예술품 같은 선교 이야기를 대하게 되어 참 기쁘다.

김영동 | 장로회신학대학교 선교학 교수

선교사의 삶에 대하여 이보다 더 포괄적이고 깊이 있게 쓰인 책이 또 있을까? 이 책은 선교는 무엇인가, 선교사는 누구이며 전문인 선교란 무엇인가, 선교사들이 겪는 갈등들은 어떠한 것인가를 비롯해 선교사 자녀, 선교사 돌봄 사역, 선교사의 안식년과 은퇴 등 광범위한 내용을 담고 있다. 치과의사인 남편과 함께 우크라이나, 몽골, 말라위에서 헌신적인 사역을 해 온 주수경 선교사의 이 책은 선교학적인 이론과 실무 경험을 두루 갖춘 사람만이 쓸 수 있는 내용이다. 선교를 이해하고 선교사의 삶과 사역을 알고자 하는 이들이라면 반드시 읽어 보기를 권한다.

박기호 | 전 풀러 신학교 선교학 교수

25년간 경험한 선교사로서의 삶에 학문적·경험적 견해를 담아 기록한 박사 논문 내용을 정비하고 보충하여 출간한《선교사의 뒷모습》에는 평신도선교사 주수경 박사의 열정과 순수함이 그대로 녹아 있다. 목회자 중심주의와 남성 중심주의에 대한 진솔한 비평적 질문과 함께 다문화권에서 전개되는 선교의 본질에 대해 고뇌하며, 선교사 가족이 겪는 여러 형태의 어려움에 대한 실천적 해결책을 제시한다. 아직은 덜 성숙한 열정과 순수함으로 선교를 꿈꾸는 이들, 선교지라는 현실의 광야에서 길을 잃고 헤매는 선교사들, 그리고 후원단체들을 위한 필독서이다.

이경식(이사무엘) | 미국 클레어몬트 신학대학원 실천신학부 교수, 클라인벨협회 상임이사

겉보다 속이, 말보다 행동이, 계획보다 마무리가 좋은 강지헌 선교사는 〈밴드 오브 브라더스〉의 이지중대 영웅 윈터스 소령을 연상시

킨다. 그분의 부인이라는 것 외에는 저자를 잘 알지 못했지만, 25년의 전투보고서 같은 이 책을 통해 내 작은 존경과 사랑은 부인 주수경 선교사께로 향하게 된다.

유머의 최고 경지가 자학 코드이듯이 자신을 치장하지 않고 스스로 깎아내리는 저자에게서 가드를 내리는 진정한 고수의 품격과 평신도 선교사의 고뇌를 푸념으로 끝내지 않고 선교신학적으로 차분히 설명하는 절제와 배려를 느낀다.

전쟁드라마의 임팩트는 화려한 전투 이야기가 아니라 매 편 끝에 노병들이 애잔한 눈빛으로 과거를 회상하는 장면에서 이것이 실화였음과 우리의 평안이 그들의 피와 땀의 대가였음을 깨달을 때이다. 이 책은 누군가를 영웅으로 만들며 경건과 사명을 의탁해 온 우리의 게으른 신앙을 돌아보며 성숙을 향해 걸음을 재촉하는 데 더없이 좋은 인생 교과서이다.

이철규 | 치의학박사, 신학석사, 《오늘을 그날처럼》 저자

25년간 선교지에서 경험한 삶에 대한 진솔한 고백록이다. 글을 읽는 내내 잔잔한 공감에 깊이 빠져들었다. 인생에서 가장 가치 있는 길을 선택한 삶과 사역이 아름답고 그 삶을 다루시며 함께 일하시는 하나님의 손길이 섬세하다. 선교사들뿐만 아니라 기도와 물질로 선교에 참여하는 한국 교회에 일독을 권한다.

홍경환 | 대한예수교장로회총회 해외다문화선교처 총무

◆

선교사의 뒷모습

◆

선교사의 뒷모습
주수경 지음
하나님 나라 샬롬을 전하는 선교사의
마음속 이야기
비아토르
viator

차 례

2부 가장 하기 힘든 이야기

3부 선교사 자녀 이야기

4부 떠나는 선교사와 돌보는 선교사

하나님 나라의 샬롬을 전하기 위해
오늘도 땀 흘리며 수고하는 이 땅의 모든 선교사
그리고
선교사를 후원하고 돌봄으로
하늘의 상급을 같이 받게 될 모든 동역자에게

지금은 은퇴하신 모교회 원로목사님을 찾아뵈었다. 치과 개원의로서 남부럽지 않은 생활을 하던, 두툼한 십일조도 꼬박꼬박 드리고 교회 봉사마저도 열심히 하던 30대 집사 부부가 올망졸망한 아이 셋을 데리고 해외로 선교훈련을 받으러 떠난다고 하자, 얼마나 놀라고 당황하셨던지 한동안 말씀을 잇지 못하던 분이다. 철없이 혈기만 왕성했던 우리 자신보다, 우리를 그렇게 만드신 하나님을 신뢰하시며 그 사랑으로 25년간 한결같은 격려와 지원을 아끼지 않으시는, 내게는 친정아버지 같은 분이다. 한국 방문 길에 찾아뵈면 언제나 따뜻하게 맞아 주시면서, 현장의 이슈에 집중하다 보면 놓치기 쉬운 하나님 나라의 영적 진리를 놀라운 통찰력으로 말씀해 주셨고, 담소를 나누고 일어설 때면 문 앞까지 나오셔서 우리 모습이 멀어질 때까지 배웅해 주곤 하셨다.

그날도 언제나처럼 그만 들어가시라고 해도 손을 내저으며 우리 부부의 뒷모습을 한동안 지켜보셨다. 그러더니 멀리 사무실 복도 끝을 걸어가는 나의 이름을 갑자기 부르셨다. 깜짝 놀라 돌아보는 나에게 "허리 펴고 똑바로 걸어! 엉거주춤 걷지 말고!" 하며 소리를 치셨다. "아… 네!" 하고 멋쩍은 웃음을 지으며 다시 돌아서는 내 마음속에 떠오른 한마디. '선교사의 뒷모습.' 그것이 이 책의 제목이 되었다.

선교사의 앞모습은 많은 사람이 주목하고, 적잖이 존경과 사랑을 받는 훌륭하고 멋진 모습이다. 교회에서, 책이나 신문에서, 텔레비전 다큐멘터리나 영화에서 보는 선교사의 앞모습은 많은 이들의 갈채를 받고, 선교 후원자들과 지망생들에게 믿음의 본이자 흠모의 대상이다. 그러나 모든 사람이 그렇듯이 선교사에게도 보여 주기 싫은 뒷모습이 있기 마련이다.

이 책에서 나는 지난 25년 동안 선교 현장에서 경험한 선교사로서의 내 뒷모습을 얘기하려고 한다. 그것은 어느 선교사도 쉽게 말하고 싶지 않은 자신의 어두운 모습이거나, 선교 후원자들도 그다지 듣고 싶지 않은 이야기, 그들이 사랑하고 존경하는 선교사에 대한 불편한 진실일 수 있다.

하지만 세월의 고단함과 사역의 피곤함에 무너져 내린 중년 선교사의 뒷모습을 안타까이 지켜보시다가 허리 펴고 걸으라고 말씀해 주시던 원로목사님의 그 세심한 관심에서 나온 따뜻한 마음이, 부끄러워 감추고 싶은 뒷모습까지 지켜보며 격려와 응원을 아끼지 않으시던 그 사랑이, 그늘진 뒷모습을 들켜버려 당황스러웠던 선교사에게 얼마나 큰 힘과 위로가 되었는지 말하고 싶어 글을 쓰기 시작했다.

코로나 팬데믹 와중에 정부와 의료인 간에 분쟁이 일어났을 때, "제발 의료인들을 영웅화하지 말고 시스템을 바꿔 달라"고 외쳤던 어느 의사의 말이 깊이 공감되었다. 그 말을 빌려 "제발 선교사들을 영웅화하지 말아 달라"고 외치는 마음으로 이 글을 시작한다.

파송교회나 선교단체의 시스템이 어찌 선교사의 글 하나로 바뀔 수 있겠는가. 선교사 후원 시스템을 개선하려는 시도는 이미 숱하게 이루어져 왔고, 앞으로도 시간이 많이 걸리리라 생각한다. 다만 나는 선교사의 뒷모습에 관한 이 이야기를 통해 선교사들이 얼마나 연약하고 힘없는 존재인지 고백함으로써 조금이나마 이해와 공감을 구하고 싶을 뿐이다.

이 책의 내용은 아프고 슬펐던 나의 뒷모습에 관한 것이자, 이 글을 읽으며 함께 아파하고 공감할 동료 선교사들의 뒷모습의 이야기이기도 하다.《선교사의 뒷모습》에 담긴 내 마음과 생각이 세계 선교에 마음을 품고 이에 동참하기 원하는 모든 선교 지망생과 후원자의 마음에 작은 불씨 하나를 건넬 수 있으면 더 바랄 게 없겠다.

2022년 2월

주수경

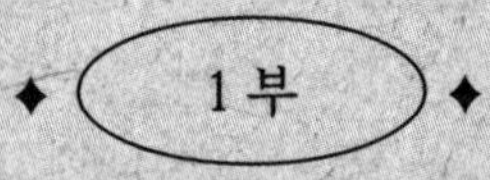

여기는 어디? 나는 누구?

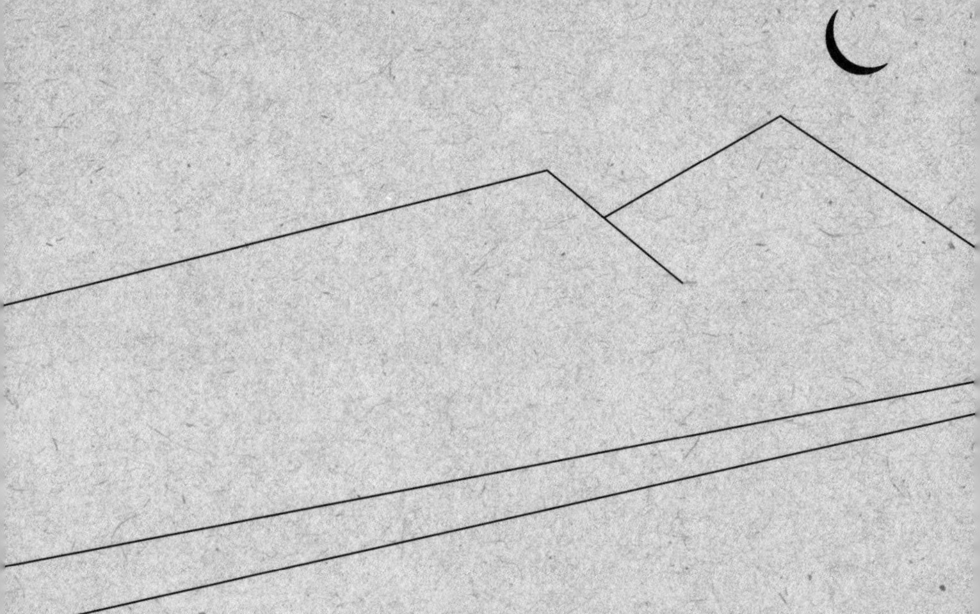

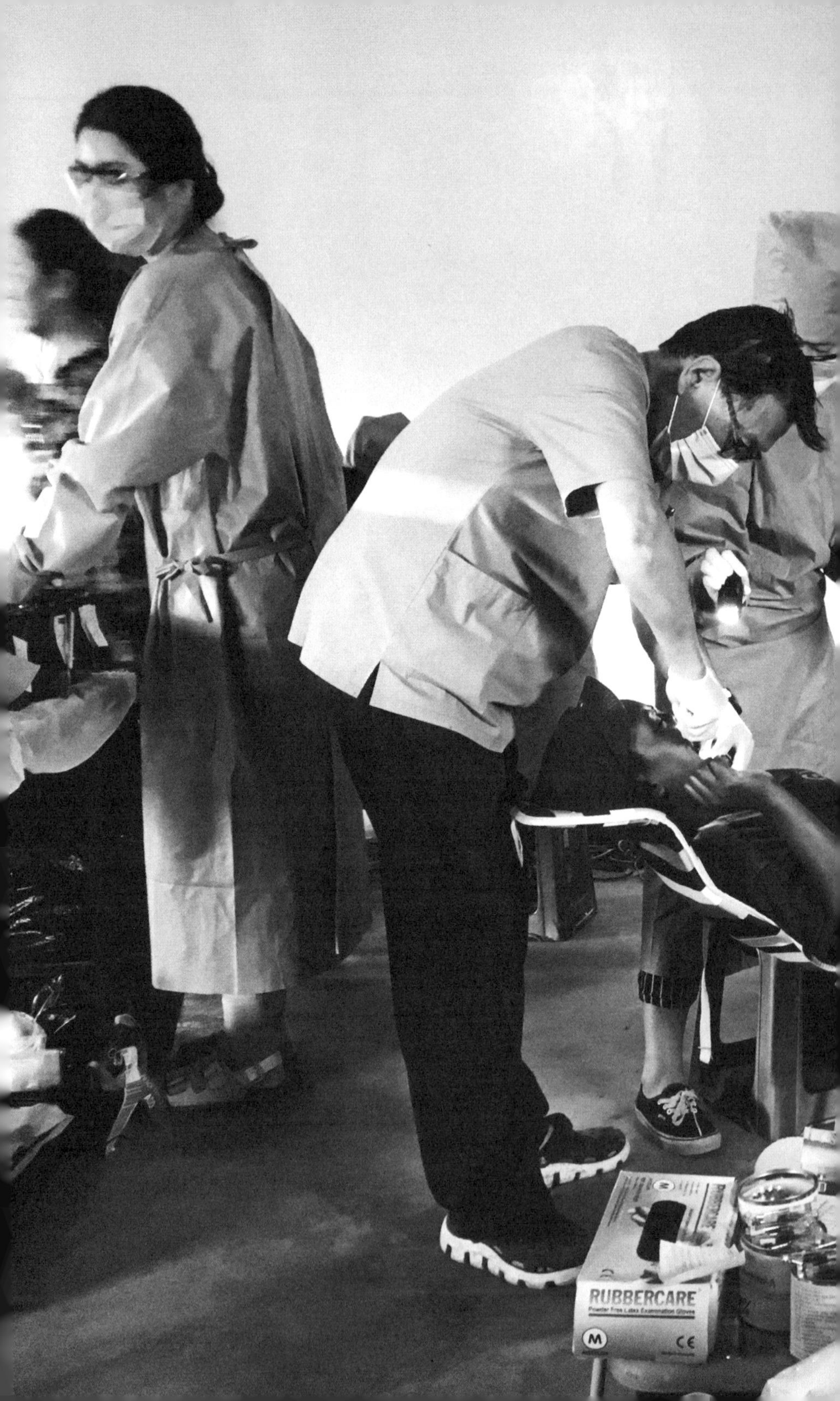
RUBBERCARE
Powder Free Latex Examination Gloves
M
CE

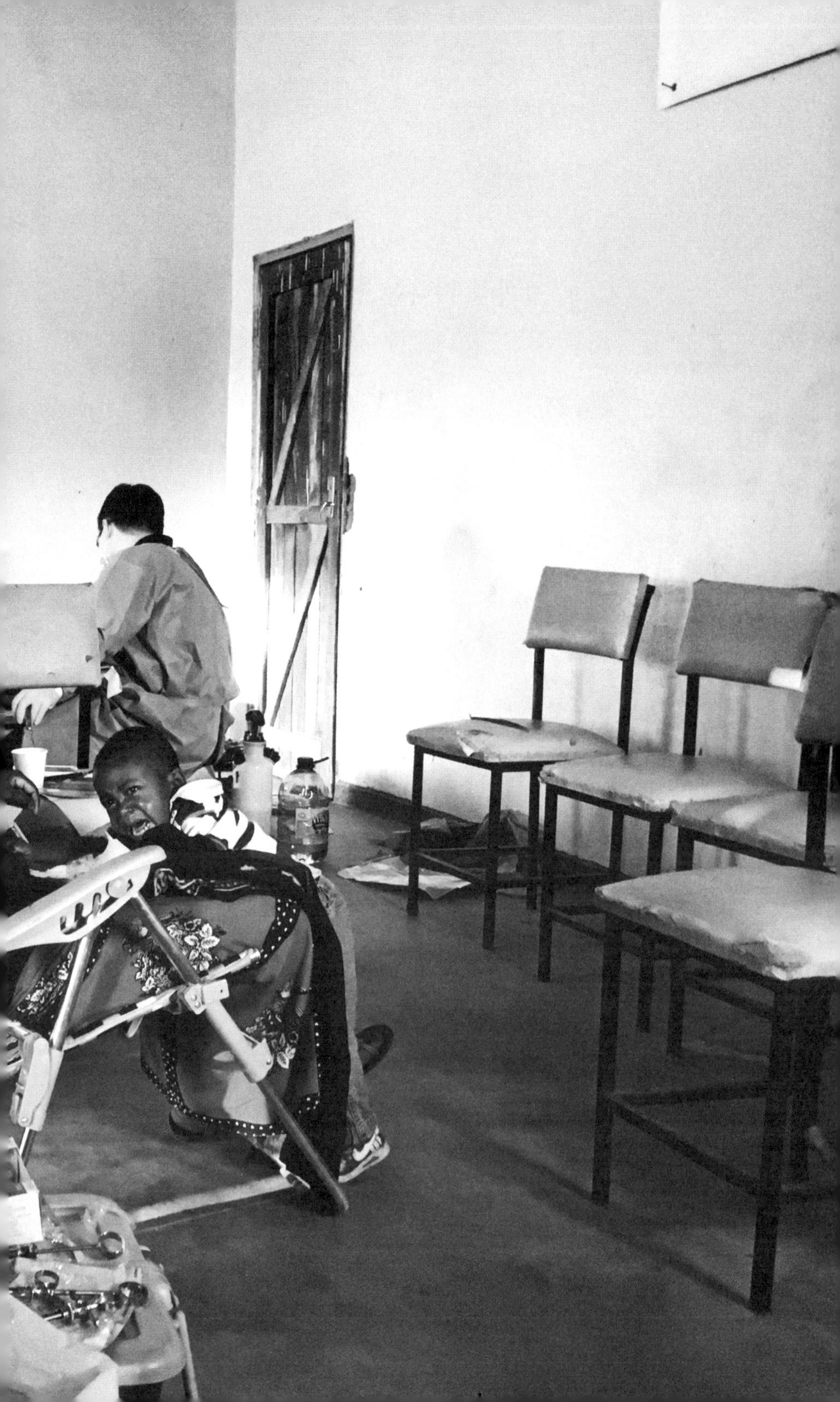

광야를 지나는 선교사

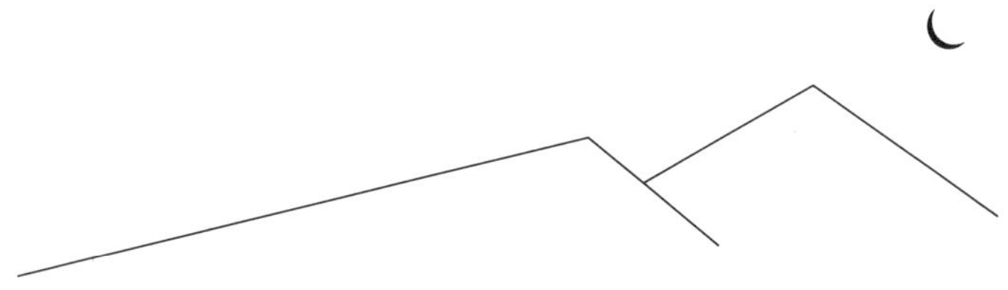

내가 누군데 이래?

"선교사에게 클라이맥스는 파송식이다!"라는 말이 있다. 물론 선교지로 나오기까지의 과정은 결코 쉽지 않으며, 짧지 않은 힘든 시간을 지나야 한다. 타 문화권 선교사로 부르시는 소명을 확인한 후에도, 지금껏 살아온 안전한 곳에서 내가 잘할 수 있는 편안한 방법으로 주를 섬기고 싶은 정당성과 합리성을 두고 고민하느라 잠 못 드는 수많은 밤을 보낸다. 아울러 가족들에게 동의를 구하고 주변의 지원과 격려를 받아야 하는, 때로는 불편하고 서운하기도 한 숱한 시간들이 이어진다.

선교훈련을 받으면서부터는 자신의 인간적인 한계와 약점이 드러나서 또 한 번 좌절하고, 후원자들을 찾을 때는 스스로 더욱 낮아지는 경험을 하게 된다. 안정된 터전과 살림살이, 온갖 삶의 흔적과 연관된 일을 정리하면서 경험하는 상실의 시간 역시 참으로 고통스럽다. 이 모든 시간을 보낸 후, 출국 날짜를 잡아 놓고 가족과 후원자들 앞에서 파송식을 하는 그 순간은 마치 오랜 연애 기간을 거치고 우여곡절 끝에 웨딩마치를 울리는 결혼식처럼 매우 감격스럽다. 교회와 사람들 앞에서 선교사로서 헌신하겠다는 서약을 하고, 진심 어린 기도와 축복의 박수갈채, 격려의 꽃다발을 받는 그 시간은 선교사의 일생에서 가장 아름답고 멋진 최고의 시간임에 틀림없다.

하지만 선교사의 파송식이 클라이맥스라는 말은 그 시간의 감격보다는 그 이후에 선교사가 맞이할 시간들에 대해 마음의 준비를 하라는 의미가 내포되어 있다. 오르막길이 있으면 내리막길이 있는 것처럼, 파송식의 순간이 선교사로 부르심을 받고 준비하는 과정에서 최고의 시간이라면 그 뒤에는 이제 힘들고 인내가 필요한 일들이 기다리고 있으니 대비하라는 뜻이다. 하지만 파송식에서의 감격과 축복을 통해서 고양된 마음, 관심과 주목, 사랑받는 느낌은 현지에 도착하는 순간부터 하향곡선을 그리며 약해지기 시작한다.

현지 공항에서 반갑게 맞아 주는 선임 선교사나 동역자들의 환대를 받고 숙소에 도착해 짐을 풀 때까지는 내리막길의 정서를 느끼지 못할 수 있다. 이후 정착을 위해 숙소를 구하고 이런저런 물건을 구입하는 과정, 특히 은행이나 관공서에 들러

서류 관련 업무를 진행하는 중에 거칠고 무시하는 듯한 현지인들의 태도를 조금씩 겪게 되면서 떠오르는 생각. '아니, 내가 누군지 알고 이래?' 이런 일을 겪으면서 마음이 불편해지기도 하지만, 오랫동안 기도하면서 마음에 소망과 기대를 품고 온 곳이고 사랑하고 섬겨야 할 사람들이기에 아직은 그들의 무례를 참아 주고 용서할 아량이 남아 있다. 하지만 선교회나 동료 선교사들의 환영 행사가 끝나고 분주하고 정신없는 정착 초기 시간이 지나 이제 평범한(물론 초임 선교사의 어느 하루가 고국에서처럼 평범할 수 있을까 싶지만) 일상을 하루하루 살아 내기 시작할 무렵, 선교사의 마음은 급격히 하향 곡선을 그리기 시작한다.

선교사가 처음 현지에 도착하면 언어도 서툴고 현지 문화와 풍습에도 익숙지 않다 보니 어떤 중요한 일을 하는 존재가 아니라 일상의 사소한 일부터 시작해서 하나에서 열까지 동료 선교사나 현지인의 도움을 받아야 움직일 수 있는 신세가 된다. 그럴 때마다 내가 도움을 주러 왔는데 민폐를 끼치고 있지는 않나 하는 생각을 저절로 하게 된다. 나를 필요로 하는 사람들을 생각하며 뜨거운 마음을 품고 달려간 그곳에서 나의 존재가 별것 아니라는 무력감이 들기도 하고 부담스러운 불청객이 된 듯한 느낌마저 든다. 이때가 바로 선교사로서 정체성이 흔들리는 순간이다. 나는 누구인가? 여기는 어디이며, 나는 왜 이 낯선 곳에 와 있는 것인가?

물론 이런 경험은 스스로 생존하기 위해 현지 언어 및 기본적인 문화를 익히는 데 자극이 되고 동기를 부여하는 긍정적인 효과도 있다. 또한 자신의 정착 초기 경험과 부족했던 점을 후임 선교사들에게 전하는 데 좋은 사례가 되기도 한다. 그래서 대부분의 선교단체들은 선교지에서의 첫 2년은 어떤 사역을 시작하기 전에 언어 공부와 현지 문화 적응에 전념하라고 강하게 권고한다. 초임 선교사가 겪는 정체성 위기의 순간을 나 역시 피해 갈 수 없었다.

처음 선교지에 도착해서 거주할 집과 살림살이를 마련하고 일상이 어느 정도 자리 잡아 가던 어느 날이었다. 베란다 빨랫줄에 세탁물을 널며 동네 풍경을 바라보는데, 문득 '이 낯선 곳은 대체 어디인가? 나는 지금 왜 여기 있는 것인가?'라는 생각이 엄습하더니 무섭고 쓸쓸해져 눈물이 핑 돌았다. 25년이 지난 지금도 그날 그 낯선 풍경 앞에서 가슴을 쓸어내리며 마음을 다잡던 서늘한 기억이 생생하다.

후원교회에서는 해외 선교단체에서 훈련을 받고 곧장 떠나려 하는 우리에게 교단에서 하는 선교훈련도 받고 교단 파송 선교사라는 멤버십을 확보한 후에 떠나기를 권했다. 하지만 우리는 현지에서 하루하루 애태우며 우리를 기다리는 사람이 있기라도 한 것처럼 하루빨리 달려가서 뭔가 거룩하고 숭고한 사명을 감당해야 할 것 같은 부담감으로 속히 현장으로 가고 싶었다. 어떤 형식적인 절차나 멤버십에 얽매이고 싶지도 않았고, 해외에서 2년간 훈련을 마친 뒤였기에 훈련을 받느라 더는 지체할 시간이 없다고 생각했다.

그러나 막상 선교지에 도착하고 보니 딱히 우리를 기다리는 사람도 없어 보였고, 우리는 그곳에서 그다지 중요한 사람이 아닌 듯했다. 우리를 초청한 현지 선교단체나 리더들에게도 꼭 필요한 존재인 것 같지 않았고, 제발 와 달라면서 마게도냐 사람처럼(행 16:9-10) 손짓하던 현지인들에게도 특별히 해 줄 수 있는 것이 많지 않아 보였다.

우리 부부의 첫 선교지 우크라이나는 1994년 YWAM DTS 훈련을 받으며 아웃리치를 갔던 곳이다. 1996년도에 정식 선교사로 파송받아 우크라이나에 가기 전까지, 아웃리치 때 만났던 현지인들이 손편지와 카드를 보내면서 우리에게 종종 연락을 하였고, 그곳에 와달라고 간청한 것이 우크라이나를 첫 선교지로 정하는 데 결정적인 역할을 하였다. 하지만 막상 그곳에 도착했을 때는 우리가 그곳에 있으나 없으나, 어제나 오늘이나 그들은 변함없이 여전한 모습으로 살아가고 있는 것만 같았다.

나 선교사 맞아?

내가 과연 선교사가 맞는가? 고작 이런 하찮은 일을 하려고 여기까지 온 것인가? 초임 선교사라면 한번쯤 이런 고민을 하는 순간이 있을 것이다. 선교사 초임기에 경험하는 광야는 몹시 막막하고 당황스럽다. 오랫동안 기도하고 기대하며 훈련받고 사역지에 도착해서 뭔가 멋진 일을 시작할 줄 알았는데, 전에 경험하지 못한 자기 능력의 한계를 체험하면서 깊은 좌절의 나락으로 떨어진다. 이 시간이 선교의 첫 광야이다.

현지어 학습은 열심히 해도 별 진전이 없는 것 같고, 사람을 무시하는 건지 관공서에서는 계속 오라 가라 하면서 일 처리는 더디기만 하고, 선임 선교사와의 관계는 그다지 편치 않다. 이번 학기 아이들 등록금은 어떻게 마련해야 하나 답답한데, 고장 난 싱크대를 고쳐 달라고 아무리 말해도 집주인은 감감무소식이다. 이런 상황에서 자연스레 '나는 누구이며 여기는 어디인가?' 하는 생각이 파고든다. '이러려고 여기까지 온 건 아닌데…. 고국에서는 훨씬 인정받으면서 잘해 낼 수 있는데…' 하는 생각이 찾아올 때, 선교사는 광야의 시간으로 들어가게 된다. 이 광야는 원하든 원하지 않든 사역을 시작하기 전에 꼭 거쳐야 할 시간이며, 역설적으로 하나님을 지성소에서 더 깊이 만나는 시기이기도 하다.

초임 선교사가 겪는 무력감은 언어와 문화 영역에만 국한되지 않는다. 이 두 가지 문제는 어차피 처음부터 인지하고 있었고, 또 시간이 지나면 해결될 일이기도 하다. 오히려 언어 공부와 현지 적응에 더욱 열심을 내도록 작용하기도 한다. 더 큰 문제는 선교사 개인의 의욕이나 열심으로 해결할 수 없는 부분에서 나타난다. 선교단체 내부 문제나 현지의 행정 및 제도상의 문제가 대표적이다.

행정적 문제로 현지 체류 비자나 기타 허가와 관련된 사안이 꼬이면 사역을 시작조차 못한 채 오래도록 광야의 시간을 보낼 수도 있다. 대체로 시간이 흐르면 문제가 해결되지만, 잘 풀리지 않아 선교사가 사역지를 옮겨야 하는 경우도 종종 있다. 이 모든 일은 선교사와 그 가족에게 매우 고통스럽고 힘겨운 과정이다. 고국에서 다른 나라로 이사해 오는 것도 힘든 일이지만, 다른 지역 선교지 혹은 다른 나라 선교지로 이사하는 것은 고국에서의 이사와는 비교할 수 없다. 열악한 여건과 번거롭고 복잡한 상황을 감수해야 한다. 이에 더해 사역을 제대로 시작하기도 전에 국가나 지역을 옮겨 가야 할 때 선교사의 심정은 패배감과 실망감, 자괴감으로 타격을 입게 된다.

선교학자 폴 히버트(Paul Hiebert)는 스트레스의 결과로 선교사가 우울증이나 실패감을 경험할 수 있다고 했다.[1] 초임 선교사가 본격적인 사역 전에 이런 상황과 심경에 놓여 있다면, 이것이 바로 광야이다. 이때 선교사에게 가장 중요한 것은 '사역'이 아니라 그를 그곳으로 보내신 '하나님과의 관계'이다. 아무것도 할 수 없고 한 치 앞도 보이지 않는 선교의 광야를 지날 때 놓치지 말아야 할 것은, 그 시간조차 정착 과정의 일부임을 기억하는 것이다. 이것 또한 나를 선교사로 준비시키시는 하나님의 현장 훈련이기 때문이다.

모든 인생사가 그렇지만, 특히 선교지에서 맞닥뜨리는 시간은 A 다음에 B가 오고 그 뒤에 C로 이어지는 순서로 다가오지 않는다. 어떤 경우에는 언어와 문화에 적응하기도 전에 현장 상황에 따른 사역의 긴급성으로 인해 바로 업무를 시작해야 한다. 그러면 사역에 필요한 몇 가지 단어는 금방 익히지만 체계적으로 언어를 배우고 구사하는 데 필요한 결정적 타이밍을 놓치게 되고, 긴장 상태에서 처음부터 과도한 업무에 시달려 탈진 현상이 더 빨리 찾아올 수 있다. 이런 경우 광야의 시간은 한창 사역이 진행되는 중에 찾아오기도 한다. 그렇다 하더라도 선교사가 자신을 돌아보고 자신의 일이 아닌 하나님의 일을 하기 위해서는 광야는 예외 없이 반드시 거쳐야 할 과정이다. 이 광야의 시간 속에서 숨겨진 보화를 발견하는 복을 누릴 수 있기 때문이다. 그러니 선교지에 도착하자마자 곧바로 의미 있는 사역을 시작하였다 하여 부러워할 일도 아니고 자랑할 일도 아니다. 선교사에게 언어와 문화에 적응할 기간이 공식적으로 주어진다는 것은 비록 그 시간이 광야 같을지라도 선교사만이 누릴 수 있는 특혜요 축복의 시간으로 알아야 한다.

사역을 하다 보면 행정적인 일 때문에 생기는 문제도 있지만, 자기 자신이나 동료 선교사들에 대한 과도한 기대, 이상화된 기준이나 이미지도 문제가 된다. 이런 시선으로 동료 선교사를 대하다가 그 기준에 미치지 못하는 동료들 때문에 실망하기도 하고, 정말 별일 아닌 사소한 일에 크게 낙담하기도 한다. 그리고 이러고 있는 자신을 받아들이지 못해 아골 골짜기 같은 깊은 광야로 들어갈 때도 있다. 선교사라면 이러저러해야 한다는 과도한 이상화는 자기 자신뿐 아니라 다른 선교사마저 불편하게 하고 선교 현장에서 매우 중요한 원만한 대인관계를 어렵게 한다. 초임 선교사 시절, 이런 일로 동료 선교사들과 관계가 깨어지면 회복이 어려울 뿐만 아니라 생각보다 오랫동안 마음의 상처로 남는다. 이런 일로 사역지를 옮겨야 하는 경우도 종종 목격하게 된다.

또한 이상화된 선교사의 기준을 가족에게 적용하는 경우도 있다. 배우자나 자녀에게 그 기준을 강조하다 못해 강요하기까지 한다. 선교사 아내라면 이 정도는 해야 한다는 남편의 기준을 참고 따르느라 배우자가 병을 얻는 경우도 있고, 거꾸로 선교사라면 이래야 한다는 아내가 정해 놓은 기준 때문에 스트레스를 받는 남편도 있다. 선교사 자녀는 이렇게 하면 안 된다는 부모가 정해 놓은 원칙 때문에 사춘기 자녀들이 반항심을 품고 선교사의 삶에 대해 편견을 갖기도 한다. 환경이 전혀 다른 타 문화권에 적응하는 것만으로도 힘든데, 선교사 자신도 지키기 어려운 과도한 기준을 가족에게 적용하고 부담을 주는 일은 결코 바람직하지 않다. 이는 초기 정착 과정부터 가족을 병들게 함으로써 마라톤과 같은 선교사의 달려갈 길을 완주하기 어렵게 한다.

어떤 이유나 배경에서든지 선교사가 파송식에서 받는 박수갈채와 주목, 격려와 감격, 하나님의 넘치는 은혜가 선교지에 도착해서도 계속 이어지기란 쉽지 않다. 오히려 기대와는 다른, 혹은 기대에서 크게 어긋난 상황과 국면이 눈앞에 펼쳐진다. 이 시기가 바로 파송식 이후 선교지에서 맞닥뜨리는 선교사의 광야이다.

불평하는 곳, 그곳이 광야

성경에는 크게 두 개의 광야가 나온다. 하나는 이스라엘 민족이 출애굽 이후 가나안 땅에 들어가기 전까지 40년간 헤맸던 곳이고, 다른 하나는 예수께서 세례 요한에게 세례를 받고 공생애를 시작하기 전 마귀에게 시험을 받은 곳이다. 이집트에서 노예생활을 하다가 탈출한 이스라엘 사람들은 이집트 군대 앞에서 홍해가 갈라지는 기적을 보았고, 날마다 먹을 것과 마실 것을 주시는 이적을 광야의 삶 속에서 체험했다. 하지만 젖과 꿀이 흐르는 약속의 땅 가나안으로 들어가기 전에는 40년이나 광야에서 살아야 했다. 예수도 세례 요한에게 세례를 받을 때 하늘 문이 열리고 성령이 비둘기같이 임하여 하나님의 아들임을 인정받았으나, 하나님의 아들로서의 공생애를 곧바로 시작하시지는 않았다. 먼저 광야에서 40일간 사탄의 시험을 받으셨다. 그러니 선교사가 사역을 본격적으로 시작하기에 앞서 광야의 시간을 거치는 것은 예수를 따르는 삶의 측면에서 어쩌면 당연하고도 자연스러운 과정이다.

광야의 시간이 얼마나 걸릴지, 난이도가 어떠할지는 각 사람이 가진 그릇의 크기에 따라 다르다. 어떤 사람은 짧고 강하게 자신의 내적 동기와 의지 등을 검증받고 시험(test)받을 것이고, 어떤 사람은 어느 것에도 마음을 두지 않고 구름기둥 불기둥만 보고 따라가는 삶을 훈련받는 길고 고된 여정을 걷게 될 수도 있다. 물론 그런 중에도 만나와 메추라기로 먹이시는 하나님의 사랑을 날마다 경험하며, 옷과 의복이 닳지도 해지지도 않는 기적 같은 일상을 경험하기도 할 것이다. 또 어떤 이는 자아가 다 죽기까지는 결코 벗어날 수 없는 그 광야 같은 시간을 더 오래 견뎌야 할지도 모른다. 어느 쪽이 되었든 간에 이러한 광야를 지나는 선교사들의 뒷모습까지도 이해하고 수용하면 좋겠다.

"선교지에 도착하면 비행기 타기 전의 열정과 순수함이 사라진다." 첫 선교지에서 타 문화 적응과 선교훈련을 마친 이후 본격적인 사역을 위해 이웃 나라로 옮겨 가려고 준비 중인 한 선교사에게 들은 말이다. 그가 선교지에 오기 전에 가졌던 열정과 순수함이 어떠했으며 어떻게 변화되었는지는 모르겠지만, 선교지 도착 전에 가졌던 여러 가지 생각과 마음이 광야를 지나면서 더 다듬어지고 성숙해졌으리라 믿는다. 열정과 순수한 마음이 타협과 위선으로 변질되지만 않는다면, 출발 전의 뜨거운 열정은 선교 현장의 차갑고 매정한 바람을 맞으면서 정제되고 안정되어야 할 필요가 분명히 있다.

"새로 온 선교사 옆에 가까이 가면 안 되겠어. 너무 뜨거워서 데일 것 같아!" 선교사 초임 시절, 선임자에게 들은 말이다. 당시에는 내 열정이 비웃음을 당하는 것 같아서 모멸감이 들었고 선임 선교사가 매너리즘에 빠진 것처럼 느껴져 몹시 불편했다. 그런데 내가 선임이 되고 보니 초임 선교사들을 향해서 꼭 같은 마음이 들 때가 잦았다. 그렇다! 초임 선교사의 열정이 사람을 살리기보다는 다치게 할 수도 있기에 다듬어지고 제련되는 시간이 필요하다. 순수한 열정에 지혜가 더해지고 한발 물러서는 여유로 변하는 과정이 필요하다. 그 시간이 광야이다.

첫 선교지 우크라이나에 도착했을 때 세 아이가 아직 어려서 나는 마음껏 자유롭게 일할 수 없었고, 남편은 현지 치과 의사 면허를 받는 데 어려움이 많아서 제대로 된 사역은 시작도 못 하고 답답한 시간을 보내고 있었다. 크나큰 결심을 하고 수많은 눈물의 기도 후에 도착한 선교지에서 내가 하는 일이라곤 삼시 세끼 밥상 차리고 빨래하는 일로, 한국에서의 생활과 별반 다를 게 없어 엄청난 좌절감을 느꼈다. 지구 반 바퀴를 돌아 이 먼 곳까지 오게 하시더니 고작 이런 일로 하루를 보내게 하시는가 싶어서 하나님이 원망스러웠다.

사실 무슨 일이 맡겨진다 해도 현실적으로 감당하기 어려운 형편이었다. 어린 자녀를 보낼 만한 학교가 주변에 없어서 동료 선교사의 도움을 받아 홈스쿨링을 하고 있었고, 장 보는 것조차 간단한 일이 아니었다. 마치 보급 전쟁을 나가는 것처럼 큰 가방을 둘러멘 채 일주일 분량의 먹거리를 사기 위해 서너 군데 식료품 가게와 재래시장을 돈 후 택시를 잡아타고 집으로 돌아오면 하루가 다 지나 있었다. 석회가 많은 수돗물을 끓여 석회를 제거하고 식수를 만드는 일에서부터 입에 맞지 않는 낯선 재료로 세끼 식탁을 차리는 일도 버거웠다. 세탁기를 구입하고도 한 달 넘도록 설치를 안 해 주어 세 아이의 빨래를 일일이 손으로 해야 했으니 집안일만으로도 하루해가 짧았다.

하지만 선교사라는 타이틀을 왕관처럼 쓰고 있던 나로서는 '내가 왜 여기서 이러고 있지? 한국에 있었으면 지금보다는 더 의미 있는 일을 하지 않았을까?' 하는 생각이 떠나지 않았다. 끝없는 의문과 회의는 원망이 되고 원망은 불평이 되었다. 선교사로 헌신하고 나오기까지 주변의 많은 반대와 걸림돌에도 흔들리지 않았던 부르심에 대한 확신이 막상 선교지에 도착해 살면서 흔들리고 있었다.

내가 선교사로서 아무 일도 하지 못하고 있다는 사실에 회의하며 흔들리던 그때 그 시간을 통해 하나님이 내게 가르쳐 주신 것이 있다. 내가 맡은 일이나 사역보다 그분의 사랑받는 자녀임을 아는 것이 더 중요하다는 것, 내가 하나님을 위해 어떤 일을 하는 것보다 그분과 함께 시간을 보내는 것이 나를 보내신 그분을 더 기쁘게 하는 것임을 알게 하셨다. 모두가 알고 있는 아주 뻔한 말 같지만, 이를 하나님의 음성으로 들었을 때는 진부한 말이 아니라 내 삶에 지각변동을 일으키듯 살아 움직이는 생명력 있는 말씀이 되었다. 광야에서 샘물을 만난 것과 같았다.

어느 날 묵상 서적을 읽다가 이스라엘 백성이 광야에서 불평하는 장면을 두고 "광야는 불평하는 곳이다. 불평하고 있는 그곳이 바로 광야다"라고 해설한 문장을 발견했다. 그 글귀를 보면서 나의 계속되는 불평이 나를 광야에 머무르게 하고 있다는 것과 이 불평을 멈추어야 내 광야 생활이 끝난다는 것을 알게 되었다.

이 두 가지 깨달음은 내 초임 선교사 시절에 선교의 광야가 무엇인지 알게 해 준 중요한 사건으로, 선교사로 살면서 힘들다고 느낄 때마다 나를 붙들어 준 중요한 교훈이었다.

존재에서 흘러나오는 사역

"사역은 그 존재에서 흘러나오는 것이다(Ministry flows out of being)."[2] 지금은 은퇴하신 풀러 신학교 로버트 클린턴(Robert J. Clinton) 교수의 어록 중에서 내가 가장 좋아하는 말이다. 사역은 그 사람의 존재, 즉 그의 됨됨이가 어떠한지에 따라 결과가 다르게 결정된다는 말이다. 요즘 흔히 언급하는 '존재(being)인가? 일(doing)인가?'라는 말과도 일맥상통한다. 선교사가 사역을 시작하기 전에 자기 정체성의 뿌리가 어디인지, 자신을 보내신 하나님과의 관계가 얼마나 중요한지 배우는 곳이 광야이다. '선교사라면 그 정도는 이미 충분히 알고 체득했어야 하는 내용이 아닌가'라고 반문할지도 모르겠다. 그러나 그런 고정관념에서부터 선교사에 대한 근거 없는 이상화, 심지어 영웅화가 시작되는 것은 아닐까.

광야는 선교사가 파송식에서 받은 수많은 박수갈채와 격려 속에 가려져 보지 못했던 자신의 연약함과 한계를 보게 되는 곳이다. 마라톤에 앞서 선수가 몸을 숙여 운동화 끈을 단단히 매는 것처럼, 선교사가 앞으로 가야 할 멀고 긴 여정을 끝까지 잘 완주하기 위해 자신의 삶과 사역 기반을 다지는 곳이 광야이다. 생각한 대로 진행할 수 있는 일이 별로 없고 생각만큼 잘 해내지 못하는 자신이 실망스러워 좌절하고 있을 때, 자신이 하는 일보다도 자기 존재를 있는 그대로 사랑하시는 하나님을 만나는 곳이 광야이다.

그러므로 광야는 일이나 성과보다 함께 교제하는 것을 진심으로 더 기뻐하시는 아버지 하나님을 만나는 곳이며, 유능하고 잘난 선교사보다 연약하고 흠이 많아 전능자의 도움 없이는 아무것도 못 할 것 같은 미천한 자를 통해 하나님께서 큰일을 행하시는 곳이다. 그리하여 광야는 하나님께서 선교사의 '사역'을 통해서가 아니라 '존재'를 통해서 그분 자신을 드러내기 원하시는 곳임을 전심으로 깨닫게 되는 곳이다.

무엇이 선교란 말인가?

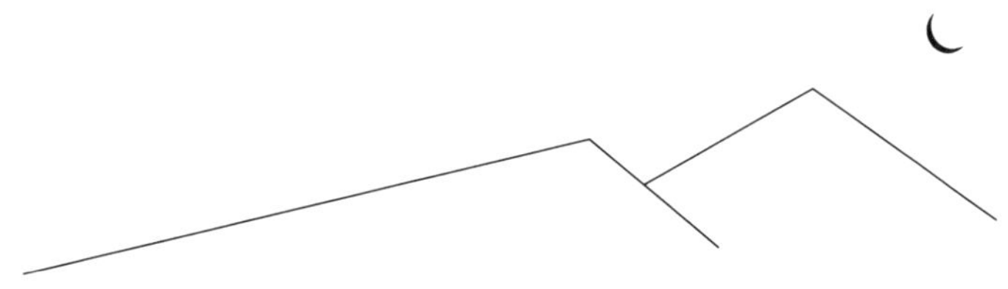

선교를 모르고 선교하다니

'선교란 무엇인가?' 이것은 한 텀[3]을 마친 후 내 안에 시작된 질문이다. 우리 가정은 우크라이나에서 첫 텀을 마친 후 곧바로 선교지 재배치가 이루어져 몽골로 옮기게 되었다. 몇 년간 몽골 사역을 한 뒤로는 안식년 기간을 이용해 미국 풀러 신학교에서 선교학을 공부하게 되었다. 이때 학교 입학 준비를 하면서 떠올린 질문이 '선교란 도대체 무엇인가?' 하는 것이었다. 첫 선교지인 우크라이나에서는 그런 생각을 해 본 적이 없었다. 그때는 선교사가 하는 일은 뭐든지 다 선교라고 막연히 생각했다. 아픈 사람을 치료하는 일도, 병원에 가서 환자를 만나 성경 이야기를 하는 것도, 배고픈 고아들에게 먹을 것을 주는 일도, 외국인 선교사가 궁금해서 모여든 사람들에게 성경을 가르치는 일도, 이런저런 삶의 고단함 가운데 있는 여성들을 만나서 다과를 나누며 그들의 이야기를 들어 주고 성경 말씀으로 권면하고 큐티하는 방법을 가르치고 함께 기도하는 일도 복음을 전하는 것이라고 생각했다. 그래서 광야 시간을 지난 후에는 무엇이든지 기회가 주어지는 대로 열심히 했고, 내가 하는 일이 선교인가 아닌가 하는 의문을 품어 본 적이 없다.

그런데 교단 총회 선교부에서 보내오는 기독교 신문에 실린 기사 하나가 어느 날 나를 혼란에 빠뜨렸다. 기다란 천이 달린 높고 검은 모자의 수도사 복장을 입은 러시아 정교회 사제와 한국의 우리 교단 목사들이 악수를 하면서 나란히 찍은 사진과 함께 올라온 기사였다. 내용인즉 러시아 정교회 사제들이 한국 교회에 찾아와서 교단에 요청하기를, 러시아 정교회가 있는 지역에 선교사를 보내어 정교인들을 포교하려 들지 말아 달라고 했단다. 이에 내가 속해 있는 교단은 에큐메니컬 정신에 따라 그들의 의견을 존중해 그 지역에 파송된 선교사들은 앞으로 러시아 정교회와 형제로서 협력하며 일할 것이며 그들을 개종하려고 하는 것은 옳지 않다는 데 동의했다는 기사였다.

정교회 교인들이 대부분인 지역에서 사역하던 나로서는 몹시 당황스럽고 혼란스러웠다. 내가 보기에 우크라이나 정교회를 다니는 그 지역 사람들은 대부분 성경을 잘 알지 못했고, 성경을 가지고 있는 사람도 드물었다. 하나님을 믿고 기도하며 부활절과 크리스마스를 가장 큰 명절로 지키고 있었지만, 정작 십자가 구원에 대한 확신도 예수 복음의 능력도 잘 알지 못하는 듯 보였다. 그들의 신앙 형태나 교회 예전들은 개신교와 너무나도 달랐고, 특히 우리가 살던 지역은 시골이라서 그런지 그들의 신앙은 기독교라기보다 온갖 것들을 다 믿고 신봉하는 모습이 거의 애니미즘에 가깝게 느껴졌다.

그래서 나는 그들을 하나님을 알고 있는 이방 종교인쯤으로 생각했고, 열심히 예수 복음을 전하는 포교 활동으로 선교 사역을 해 왔다. 그런데 내가 속한 교단에서 그것이 옳지 않다면서 앞으로 금지한다고 하니, '그럼 나는 여태껏 무엇을 한 것인가' 하는 생각이 파고들었다. '그렇다면 이제 어떻게 선교를 하란 말인가?' 혼란스러웠다. 그때가 2000년 즈음이었고, 우리는 그해 말경 교단 선교부의 사역지 재배치로 인해 갑자기 우크라이나를 떠나서 몽골로 가게 되었다. 나는 그때 라마 불교를 신봉하는 몽골에서 선교를 하면 이런 고민을 하지 않아도 되니 차라리 마음 편하겠다는 생각도 했다. 하지만 몽골에 가서도 이 기사는 내 마음 한구석에 남았고, 그렇다면 '선교란 도대체 무엇인가?'라는 질문이 계속 이어졌다.

선교의 꽃은 교회개척인가?

그때까지 내가 생각하는 선교는 예수 그리스도를 알지 못하는 사람들에게 말과 행동으로 예수 복음을 전하고 믿게 하여 구원에 이르도록 하는 것이었다. 치과의사인 남편의 경우에는 가난하고 소외된 사람들을 찾아가 그들의 아픈 곳을 치료해 주며 예수 사랑의 복음을 전하는 것, 그리고 운영하는 치과병원을 통해서 이러한 복음 정신이 현지인 직원들에게 흘러가도록 교육하고 훈련하여 예수의 영향력을 전하는 것이 선교였다. 나는 의료선교를 하는 남편을 돕기도 했지만, 개인적으로 가정이나 단체에서 성경 공부 모임을 인도하거나 중보기도 모임을 진행하고, 특히 여성들에게 성경적인 가정생활을 가르침으로써 그들의 삶 가운데 복음의 영향력을 전하는 것이 내가 할 수 있는 선교라 생각했다.

하지만 전문인 의료선교사의 선교 역할은 언제나 창끝[4] 선교(복음에 대해 닫힌 곳을 맨 앞에서 뚫는 역할을 한다는 의미)로만 이해되는 경우가 많았고, 말로 복음을 전하는 전통적인 목사나 선교사의 선교를 돕는 보조역할로 여겨 왔다. 아울러 정식 신학 교육을 받지 않은 평신도가 인도하는 성경공부반은 참가자들의 반응과는 상관없이 목사선교사(목사안수를 받은 선교사) 또는 동료 평신도선교사의 의심스러운 시선을 받는 경우가 잦았다. 대체로 평신도로 이루어졌던 선교단체에서 일했던 우크라이나에서와는 달리 몽골에서는 안수받은 목사들이 대부분인 교단 선교부 안에 멤버로 활동하고 있었기에 평신도선교사인 우리 부부는 그곳에서 더욱 이질감을 느꼈다. 일반적으로 알고 있는 전통적인 선교 개념은 복음전도를 통해 사람들을 개종시키고 그렇게 구원받은 사람들을 통해 교회를 개척하는 것이었다. 따라서 이런 방식의 선교를 주로 하는 전통적인 목사선교사들은

"선교의 꽃은 교회개척이다"라는 믿음을 가지고 있었다.

평신도선교사도 영혼구원에 관심이 있고, 자신의 은사와 재능에 따라 말씀을 가르치고 복음을 전하고 제자훈련을 한다. 하지만 평신도선교사 신분으로는 교회개척은 할 수 없다고 하는 단체가 많다. 당연히 세례나 성찬을 베푸는 것도 금지되어 있다. 그렇기에 개종을 통한 영혼구원과 교회개척이 선교의 궁극적인 목표라면 평신도 전문인 선교사는 이러한 선교적 목표에 결코 도달할 수 없다. 언제나 목사선교사를 돕는 역할에 그쳐야 하며 '영원한 2인자'에 머물 수밖에 없게 된다.[5]

안수받은 목사선교사와 안수받지 않은 평신도 전문인 선교사 간에 선교의 형태와 방식이 이렇게 다르다는 것을 인식하게 된 나는, 언젠가부터 이 두 그룹의 선교사들 간에 눈에 보이지 않지만 존재하고 있는 불필요한 긴장과 바람직하지 않은 차별의식 때문에 불편해지기 시작했다. 그리고 하나님 나라 안에서 동일한 하나님의 백성(*laos*)이요 거룩한 성도(聖徒)로서 함께 동반자 의식을 가지고 동역해야 할 '하나님의 선교(*missio Dei*)'는 과연 어떤 것인지에 대해 고민하기 시작했다.

마태 VS 누가의 선교 대위임령

'변화하는 선교'라는 역작을 남기고 안타깝게 작고한 남아프리카공화국 선교사 데이비드 보쉬(David J. Bosch, 1929-1992)는 우리 모두가 잘 알고 있는 마태복음의 선교 대위임령

(마 28:19-20)과 더불어 누가의 선교 대위임령(눅 4:16-19)을 흥미롭게 비교하였다. 보쉬에 따르면, 유대인의 입장이었던 마태가 말하는 선교는 제자 삼는 사역으로서 마태복음의 대위임령은 예수의 뜻을 좇아 이방인에게 나아가 복음을 전할 것을 촉구하는 데 중점을 두었기에 선교의 실제 내용보다는 하나님의 뜻에 복종하는 데 의미를 더 두고 있다.[6] 반면, 예수가 자신의 사역에 적용할 때 인용한 것(사 61:1)으로 유명한 누가의 선교 대위임령(눅 4:16-21)은 가난한 자들을 향한 선교를 강조한 누가의 선교 패러다임으로서 예수의 선교사역에 대한 이해뿐 아니라 오늘날 교회의 선교를 이해하고 선교의 실제적인 목적을 아는 데 중요한 구절이 된다.[7]

선교사를 동원하는 집회나 선교를 강조하는 설교에 자주 인용되는 마태복음의 선교 대위임령은 타 문화권으로 가서 그 민족을 제자 삼고 세례 주고 가르치라고 권면하고 호소하기에 적절한 말씀으로, 나를 포함한 많은 선교사가 예수께서 부활하시고 승천하시기 직전에 남겼다는 그 강력한 대위임령에 순종해 부모와 친척과 아비 집을 떠나 타 문화권 선교에 헌신하였다. 하지만 평신도선교사인 나로서는 제자를 삼고 세례를 주라는 그 말씀 자체가 사역에 걸림이 되고 온전히 적용하기 어려운 한계에 맞닥뜨리게 되었던 것이다.

복음과 선교를 말씀 전파를 통해서만 이루어지는 일로 제한하고 교회라는 가시적인 결과로 꽃을 피우고 열매를 맺는 전통 선교 개념에 붙들려 있던 나는, 언젠가부터 '선교란 과연 무엇인가? 평신도 전문인 선교사는 어떻게 선교해야 하는가?'

를 두고 심각하게 고민하기 시작했다. 그러던 차에 누가복음의 기록자일 뿐 아니라 소위 '선교'행전이라고도 불리는 사도행전의 저자이며 의사였던 평신도 사역자 누가의 선교 이해를 담은 누가의 위임령은 답답한 마음에 한 줄기 빛을 비추어 주는 길잡이 같았다.

마태의 대위임령은 지난 200년 동안 개신교 선교의 성경적 기초가 되어 수많은 예수의 제자들이 그 말씀에 순종하여 선교지로 향하게 하였지만, 최근에는 누가의 대위임령이 마태의 대위임령을 대체하고 있다고 보쉬는 말한다.[8]

성경을 자신의 형편에 맞게 입맛대로 골라서 선택할 수 없듯이, 마태의 선교 위임령이니 누가의 선교 위임령이니 하는 것이 선택의 문제는 아닐 것이다. 선교의 목적이 "영혼구원인가? 사회봉사를 통한 사회구원인가?"라는 질문을 이분법적으로 생각하기보다 시대적 흐름과 각 선교 현장의 상황에 따라 통합적으로 이해하고 적용해야 한다. 하지만 그동안 한국 교회의 선교는 영혼구원과 교회개척에 집중되어 왔던 것이 사실이고, 그것은 목사선교사뿐 아니라 평신도선교사들에게도 중요한 가치명제였다. 그뿐 아니라, 선교사를 위해 기도하고 후원하는 후원교회와 단체들도 생각이 크게 다르지 않았다. 전도를 몇 명 했는지, 교회를 몇 개 세웠는지, 그래서 지금 사람이 얼마나 많이 모이는지가 선교사에게 가장 많이 하는 질문이며, 그 기대에 부응하는 선교 보고를 하기 위해 선교사들은 또 얼마나 보이지 않는 부담을 느끼고 있는지 모른다.

이러한 관점으로 선교를 본다면, 복음에 배타적이거나

적대적인 무슬림 지역 같은 곳에서 사역을 하는 선교사들은 이런 기대에 가장 취약하며, 가시적인 결과를 보여 주지 못해 부담도 클 것이다. 그러나 인간에게는 영혼만 있는 것이 아니라 육체가 있고 정신이 있으며, 이 사회 안에서 관계를 맺으며 자기를 찾아가며 살아가는 사회적 존재임을 이해한다면 선교의 목적을 영혼구원만으로 제한할 수 없을 것이다. 특히 타 문화권의 열악한 선교 현장을 한 번이라도 경험해 본 사람이라면 이에 공감할 것이다.

가난한 자에게 복음을

유대인이었던 마태가 바라본 선교 대상자는 하나님을 알지 못하는 이방인이었고, 의사였던 누가의 선교 대상자는 가난한 자, 포로 된 자, 눈먼 자와 억눌린 자였다. 이들 역시 이방인일 수 있고 이방인 중에 가난하고 억눌린 자가 없는 것이 아니지만, 치과의사인 남편과 심리상담에 관심을 두고 공부해 온 나는 누가의 관점으로 사람들을 보게 되었다. 자연히 가난하고 갇히고 억눌린 자, 눈먼 사람들이 눈에 더 띄었고 그들에게 다가갈 마음이 더 컸던 것이 사실이다.

가난한 자에게 복음을 전하려면 그들의 가난에 먼저 관심을 가져야 한다. 그것이 육체적 가난이든 영적 가난이든, 가난은 사람의 마음을 피폐하게 만든다. 너무 부요해서 하나님을 찾을 필요를 느끼지 못하는 사람도 있지만, 지나치게 가난해서 하나님께 나아갈 힘도 없는 사람도 많다. 원치 않는 삶의 트라우마로 인해 하나님께 대한 원망과 불평이 생겨 복음에 마음을 열기 어려운 사람은 또 얼마나 많은가? 포로 되고 눈멀고 억눌린 자가 모두 그렇다. 그들에게는 어떤 가르침을 주고 결단을 요구하기 이전에 그들의 상황을 먼저 살펴 주고, 그들의 필요를 들어 주어야 한다. 적어도 하나님을 향해, 복음을 향해 마음이 열릴 수 있을 정도로 그가 처한 상황을 돌아봐 줘야 한다.

성경에 나오는 가시밭과 돌밭의 비유(마 13:18-23)가 적절한 예이다. 그들에게 복음의 씨앗이 뿌려져도 그들의 삶에 뿌리를 내리는 데 방해가 되는 가시와 엉겅퀴, 돌멩이들이 가득하다면 그것부터 제거해 주어야 하는 일이 필요하다. 그것이 가난일 수도, 육체의 고난이나 마음의 상처일 수도 혹은 사회적 구조의 부조리 때문에 받는 억압과 편견이나 기회의 박탈일 수도 있을 것이다.

돌아보니 아무것도 모른 채 열심만 가지고 해 온 우크라이나에서의 나의 평신도 여선교사로서의 사역은 누가의 시각에서 본 선교 행위였고, 미처 모르고 했지만 성령의 인도하심이었다. 선교는 성령의 역사이다. 선교에 대해 제대로 알지 못했지만, 그저 성령의 이끄심에 따라 가난하고 아프고 소외되고 억눌린 계층의 사람들을 돌보고 온갖 편견과 부당함의 굴레 안에서 차별 대우를 받으면서 살아온 여성들을 보살피는 것이 누가의 선교 명령 안에 있었다는 것이 위로가 되었다.

대부분 정교회 교인이던 그들을 굳이 개종시키려 하지 않더라도, 그들의 영혼에 말씀으로 위로를 전하고 힘겨운 삶의 어려움을 듣고 위로해 주어 그것으로 그들이 작은 희망을 품고 일어설 수 있도록 했다면, 그것이 평신도선교사인 내가 할 수 있었던 사역이며 개종이나 교회개척 사역에 비해 결코 부족하지 않은 사역이라고 생각한다.

평신도선교사의 고민

안수받은 목사선교사들이 주류를 이루는 곳에서 평신도선교사로 사역하다 보면, 그들과 다른 고민을 하게 되고 여러 평신도선교사들의 고충도 듣게 된다. 창끝 선교 역할로 만족하고 그렇게 쓰임 받는 것만으로도 감사하는 평신도선교사들이 많다. 하지만 평신도선교사의 선교적 역할에 대해 심각하게 고민하는 이들도 제법 많다. 처음에는 창끝 역할이나 목사선교사의 보조역할에 만족하다가도 자신에게 쏟아지는 후원자들의 기대에 부담을 느끼기도 하고, 또 목사선교사들과 원치 않는 비교의식을 경험하게 되면서 열등감이 생기고 고민이 시작되기도 한다.

선교지의 상황에 따라 어떤 지역에서는 직접 복음을 전하는 것 자체가 불법이고 위험한 경우도 있다. 이런 지역을 '창의적 접근 지역'이라고 하는데, 기독교를 적대시하는 지역을 가리키는 선교 용어로서 지혜와 인내로 접근하여 복음을 전해야 하는 곳이다. 주로 공산주의·사회주의·배타적인 민족주의 국가 혹은 이슬람 근본주의 국가들이 그 대상이다. 이런 곳들은 기독교는 거부하지만 그 지역 또는 자국의 발전에 필요한 기술이나 인력은 환영하기 때문에 창의적 접근법을 통해 복음을 전해야 한다.[9] 나의 두 번째 선교지인 몽골이 바로 그런 곳이었다.

몽골은 구소련 시대의 공산주의 영향이 여전히 많이 남아 있었으며, 소련 붕괴 이후 자신의 문화와 종교를 보호하기 위해 선교사가 들여오는 문화, 특히 종교에 대해 배타적인 태도가 강했다. 이런 곳일수록 종교 색채를 대놓고 드러내는 목사선교사보다 평신도선교사의 전문성이 많이 요구되고 종교적인 거부감 없이 접근할 수 있는 도구가 필요한 곳이다. 목사선교사조차도 자신의 신분을 감추고, 종교비자보다는 다른 종류의 비자와 신분을 앞세워 활동하는 것이 더 효과적이고 안전한 곳이었다.

그런 몽골에서 만난 한 평신도선교사 A의 고민은 이러하였다. 학교에서 교수 사역을 하는 분이었는데, 본인의 생각이나 바람과는 달리 교실에서 드러내 놓고 기독교에 대한 이야기나 복음을 전할 수 없는 상황이었다. A 선교사는 이러한 선교 상황을 몹시 불편해하였고, 본인이 학생들을 가르치면서 복음을 전하지 못하고 지식만 전달한다면 과연 선교사가 맞는가 하면서 자신의 정체성을 놓고 갈등하고 있었다. 많은 선교사가 자신의 정체성에 관한 고민을 하지만, 특히 창의적 접근 지역에서 사역하는 선교사들의 경우 자신 안에 선교 개념이 분명히 정립되어 있지 않으면 깊은 고민에 더 자주 빠지게 된다.

평신도 전문인 선교사는 자신의 직업과 재능을 통해 전하는 영향력이 말로 전하는 복음을 대신할 때가 많다. 그렇기에 직접 복음을 전하기 어려운 지역이나 상황에서 평신도 전문인 선교사의 역할은 매우 중요하다. 하지만 선교가 무엇인지에 대한 그 개념이 제대로 정립되지 않았거나, 혹은 목사선교사의 관점에서 정리된 선교 개념을 평신도 전문인 선교사가 자신의 사역에 적용하려 한다면, A 선교사처럼 자신이 하는 일에 대한 가치를 인식하지 못하는 데다가 맞지 않는 남의 옷을 입는 것처럼 어색한 행태를 추구하게 될 것이다.

목사가 설교를 잘하는 것처럼 의사는 치료를 잘할 것이고 교수는 가르치는 일을 잘할 것이다. 평신도 전문인 선교사가 자신의 직업과 재능을 가지고 삶과 행위를 통해 복음을 전하는 사역을 할 때, 그것은 목사의 설교 못지않게 인간의 삶을 감동시키고 변화를 일으켜 그/그녀가 만나는 인간의 영혼에까지 닿을 수 있는 접촉점이 된다.

내 남편이 치과의사 선교사이다 보니 남편에게 이런 말들을 종종 한다. "치과의사는 마취 주사를 놓고 기다리거나 환자가 입 벌리고 기다리는 사이에 전도하면 되겠다. 환자가 어디 돌아다니지도 못하고 꼼짝 누워 있으니 얼마나 전도하기 쉬울 것이냐"라는 농담인지 진담인지 알 수 없는 이런 말들을 듣고는 남편은 그저 허허 웃고 만다. 한번 생각을 해 보시라. 과연 그것이 가능하겠는지.

치과 치료가 얼마나 무섭고 긴장되는 일인가? 치과의사 앞에 오는 사람들은 대부분 치통의 고통을 참고 참다가 할 수 없어서 온다. 환자가 치과에 와서 치료 의자에 누워 있는 그 시간은 환자도 의사도 환자의 통증 완화와 치료에 집중해야 하는 시간이다. 환자의 긴장을 풀어 주기 위해 의사가 환자들과 이런

저런 농담을 하기도 하고, 친분이 있는 단골 환자들에게는 근황과 안부를 묻기도 한다. 하지만 이 모든 것은 치료의 연장선에 있는 과정으로, 이 시간을 통해 의사는 환자와 라포(의사소통에서 상대방과 형성되는 친밀감 또는 신뢰관계)를 형성하는 것이다. 물론 의사가 기독교인이라면 그 과정에서 자연스럽게 종교에 대한 이야기를 나눌 수도 있을 것이다. 그렇지만 이 시간을 의도적으로 자신의 선교적 목적을 위해 사용한다면, 그것은 의사를 믿고 와서 무방비한 상태로 누워 있는 환자의 신뢰를 저버리는 일이다. 자칫하면 의사가 전하는 기독교 복음이 환자에게 거부감을 줄 수 있고 환자가 이용당했다고 느낄 수도 있다.

남편은 의사 선교사가 환자에게 할 수 있는 최선의 복음 전도는 귀로 듣는 예수에 관한 정보 이전에 몸으로 느끼는 좋은 치료라고 믿는다. 의료선교사는 최선을 다해 정성껏 아픈 환자를 돌보고 치료해 주고 그 존재로서 우리 영혼의 치유자 예수를 전하고 그의 긍휼과 사랑을 몸소 행하여 보일 때 말로 하는 복음, 즉 지성에 호소하는 전도 못지 않는 효과와 선한 영향력을 끼칠 수 있다고 믿는다.

평신도의 교회개척, 무슨 문제일까?

도시에서 선교 병원을 운영하면서도 언제나 가난하고 소외되고 억눌린 자, 갇힌 자들에 대한 관심을 놓지 않았던 남편은 고아원, 양로원, 교도소 등을 찾아가 무료 진료를 하고, 몽골의 초원에 사는 유목민들을 찾아가거나 목사선교사들의 개척 교회 혹은 교회개척 예정지에 가서 무료 진료 등을 하며 그들의 사역을 도왔다. 그렇게 모바일 클리닉을 위한 아웃리치를 나갈 때는 늘 몽골 치과대학교 학생들을 데리고 다녔다. 자체 임상 실습을 위한 시설이 변변치 않던 몽골 치과 대학생들은 외국 치과의사로부터 앞선 기술을 보고 배울 수 있는 기회를 누리는 것을 무척 좋아해서 앞다투어 이때를 놓치지 않고 열심히 참여하였다. 꾸준히 아웃리치를 다니며 삶을 함께 나누다 보니 예수 복음이 자연스레 이들에게 전해졌고, 믿음을 고백하는 학생들이 늘어남에 따라 정기 모임을 만들어 이들에게 성경을 가르치기 시작했다.

이미 그 자체로 교회와 다를 바 없었던 성경공부 모임을 계속해 온 지 일 년 만에 정식으로 교회개척을 하게 되었고, 예수를 주로 고백한 이들에게 목사님의 주도하에 세례와 성찬을 베풀었다. 몽골 학생들에게 찬송가를 가르치고, 그들 인생의 첫 번째 크리스마스 예배를 촛불예배로 함께 드렸던 그때의 감격을 나는 잊을 수가 없다. 그때까지 나와 남편은 평신도선교사로서 마태의 선교 대위임령을 성실히 수행하고 있었다.

그러나 예상치 못한 문제는 그다음에 발생하였다. 우리 부부는 그 학생들을 만나 예수 복음을 전하고 그들에게 필요한 치과 전문 지식을 가르치고 그 삶에 영향을 주었지만, 안수를 받지 않았기에 성찬과 세례를 베풀 수 없었다. 그래서 성찬과 세례를 위해 안수받은 목사선교사를 초청하고, 설교도 그들에게 돌아가면서 부탁을 했다. 그러다 보니 자주 바뀌는 목사선교사와 그들과의 관계는 우리 부부와 맺는 관계만큼 가까워지지 않았다. 처음부터 치과 대학생들로 시작된 교회였기에(물론 그 가족들과 친구들을 포함해서 나중에는 치과 대학생이 아닌 성도들이 더 많아졌으나) 그들에게 끼치는 영향력은 목사선교사보다 치과의사인 남편이 훨씬 더 크게 작용하였던 것 같다.

어느 날 교회 리더들과 함께 모임을 하면서 새로운 파스토르(목사)가 오시도록 기도 요청을 하였더니, 그중 한 학생이 남편에게 물었다. "선생님! 선생님이 우리의 파스토르가 되면 안 되나요?" 그 질문은 우리 부부를 무척 당황하게 했다. 안수를 받지 않았기 때문에 우리 부부는 교회의 목사가 될 수 없다고 설명하고 황급히 마무리했지만, 그 질문은 많은 생각을 하게 했다. 교회도 처음이고 복음에 대해서도 처음인 초신자 몽골 기독교인에게 내가 무엇을 가르치고 있는 것인가? 내가 가르치는 것이 과연 사람을 살리는 예수의 복음인가, 교회 제도를 지키기 위한 교단의 전통인가? 예수께서 이 자리에 계셨다면 과연 나와 같이 대답하셨을까? 평신도 전문인 선교사로서 심각하게 고민이 되었다.

네덜란드의 급진적인 선교학자 호켄다이크(J. C. Hoekendijk)는 "교회는 선교의 자연스러운 결과물"[10]이라고 말했는데, 이 말에 나는 매우 공감한다. 왜냐하면 우리 부부는 교회개척을 목표로 하지 않았음에도 불구하고 사역의 결과로 자연스럽게 사람들이 모이고 교회가 세워졌기 때문이다. 그러나 내가 속한 교단 선교부는 안수받지 않은 평신도의 교회개척에 대해 '자격 없음'이라고 판정했고, 따라서 평신도선교사의 사역 결과로 세워진 교회는 마치 자격 없는 엄마가 낳은 혼외 자식 같은 느낌을 갖게 하였다. 나와 남편은 이 교회에 어떤 권리도 주장할 생각이 없었다. 다만 기독교도 교회도 완전히 생소한 초신자 몽골 성도들에게 우리의 부족함으로 인해 채워 주지 못하는 것을 안수받은 목사선교사를 초청해서라도 잘 가르치고 양육해서 성숙한 그리스도인이 되게 하고 싶었을 뿐이다.

나는 목사선교사들이 주일날 와서 설교를 하고 성도들이 은혜를 받는 것을 볼 때면, "논에 물 들어가는 것과 자식의 입에 밥 들어가는 모습이 가장 보기 좋다"는 옛 속담이 절로 생각나곤 했다. 그것은 마치 내가 낳은 아이가 동냥젖이라도 배불리 먹고 무럭무럭 건강하게 자라기만을 바라는 어미의 심정과도 같았다. 목사선교사를 동역자로 초청해서 함께 사역하자고 부탁할 때는 마치 아이를 위해서라면 몇 번이라도 혼인할 준비가 되어 있는 미혼모 엄마와 같은 심정이었고, 아버지가 되어 주기 바랐던 목사선교사가 교회를 떠났을 때는 아이를 지키기 위해서는 어떤 일도 마다하지 않을 각오가 되어 있는 과부 어미의 심정이었다. 하지만 평신도가 개척한 교회를 향한 교단 선교부 내의 시선은 여전히 싸늘했고, 그러한 분위기에서 나와 남편은 무슨 큰 잘못이라도 한 것 같은 수치심이 들었다. 하지만 교회 문을 닫을 수는 없는 일 아닌가? 마음으로 낳은 자식 같은 성도들은 주일마다 교회 문을 열고 밀려 들어오는데….

교회개척과 함께 선교와 관련한 질문이 꼬리를 이었다. 평신도인 우리 부부가 왜 굳이 교회개척에 참여했을까? 평신도 전문인 선교사역 자체만으로는 선교가 완성될 수 없는 것인가?

안수받은 목사선교사들의 영혼구원을 통한 교회개척 선교와 평신도 전문인 선교사들의 사회구원의 선교 사이에 진정 우열이 있는 것인가? 그렇다면 교회개척을 하지 않는 평신도선교사의 사역은 언제나 교회개척을 돕는 보조역할에 지나지 않는 것인가? 한국 교회 안에 있는 안수받은 목사선교사와 평신도선교사와의 우열 의식은 선교지에서도 불가피한 것인가?

선교란 교회를 넘어 세상으로 나아가는 것 아니었나? 교회 밖 세상인 타 문화권 선교지에서도 제도 교회의 한계를 넘어서지 못하는 것이 과연 선교인가? 안수를 받는 것과 성령의 기름 부으심(눅 4:28)을 받는 것의 차이는 무엇인가? 선교사가 파송을 받을 때 받은 것은 무엇인가? 소위 자격(qualification)이라고 하는 '안수'와 성령께서 주시는 은사(딤후 1:6), 권능(행 1:8) 그리고 소명은 선교 현장에서 각각 어떻게 쓰여야 하는가? 선교지에서 필요한 것은 성령의 은사와 기름 부음보다 신학훈련과 제도적 안수를 통해 받는 자격증인가? 만인사제론의 교리는 평신도선교사에게 어떻게 적용해야 하는가? 평신도선교사는 결국 신학을 하고 안수를 받아야만 제대로 선교할 수 있는가?

교회를 개척하지 않고 다른 방법은 없었을까? 앞으로의 사역에서 또 이런 결과가 생기고 교회와 같은 모임이 생겨난다면 그때는 어떤 선택을 해야 하는가? 평신도라도 그 직업과 재능을 통해서 사람들에게 영향력을 주다 보면 사람들이 자연히 모이게 되는데, 그렇게 모인 무리는 교회가 아닌가? 결국 교회는 선교의 열매인데, 이렇게 모여진 교회에서 안수받지 않은 평신도선교사가 설 자리는 어디인가?

평신도선교사는 자신이 전도하고 양육한 제자일지라도 본인이 안수받지 않았다면 세례와 성찬을 줄 수 없다고 하는 교회의 제도는 과연 영원히 변치 않는 진리인가? 성도들과 인격적 관계가 없는 초면이라도 목사 자격이 있는 이가 와서 성례와 세례를 집례해야 한다는 것은 누구를 위한 예전인가? 신학도 교회 전통도 잘 알지 못하는 현지 성도들에게 예수께서 그 제자들과 나누셨던 인격적 관계보다 보수적인 신학과 한국 교회의 전통을 더 중요하게 가르치는 것이 잘하는 것인가? 잘하는 선교인가? 선교 현장에서 가난하고 억눌린 자들에게 필요한 선교사는 목자(Pastor)인가 성직자(Reverend)인가? 평신도는 안수받지 않으면 본인이 만나서 전도하고 돌보며 양육한 사람들의 목자가 될 수 없는가?

샬롬을 전하는 선교

나와 남편은 선교를 잘하고 싶은 마음에 두 번의 안식년(2002-2003, 2011-2012년)을 이용해 풀러 신학교에서 선교학 석사 과정을 공부하면서 선교 전반에 관한 폭넓은 시각을 갖게 되었다. 그러나 평신도선교사가 선교에 관해 넓어진 시각을 갖게 되었다고 해서 목사선교사와의 갈등관계가 줄어들지는 않았던 것 같다. 그래서 후에 내가 클레어몬트 신학대학원에서 목회학 박사 과정을 공부하게 되면서 평신도 전문인 선교사와 안수받은 목사선교사 사이에 분명 존재하지만 서로 내색하지 않는 갈등과 이로 인한 불필요한 긴장관계에 대해서 출구를 찾고 싶었다. (2015-2017년 사이 나는 유방암 치료 때문에 선교지에 들어가지 못하고 한국에 머물렀다. 이때 미국과 한국을 오가면서 클레어몬트 신학대학원 목회학 박사 과정을 인텐시브 과정으로 공부하였다.)

함께 앉아 공부하는 학생 대부분이 중년 남성 목사인 교실에서 홀로 여성 평신도선교사로 그들과 함께 토론하고 질문하는 과정이 나에게는 큰 도전이었다. 특히 평신도로서의 나 자신을 스스로 소외시키지 않으리라 다짐하면서 자신에 대한 객관적인 시각을 잃지 않으려 애썼다. 실상 논문을 쓰는 과정에서도 내 질문들에 대한 답을 다 얻지는 못했고, 질문 자체의 오류들도 발견했다. 또한 평신도선교사로서 내가 가진 개인적인 한계와 그동안 보지 못하고 있던 맹점들도 많이 발견했다.

이 기간 동안 나름대로 작은 성과가 있었다면, 평신도선교사와 안수받은 목사선교사가 공유할 수 있는 선교 목표를 찾은 것이다. 그것을 한마디로 표현하면 하나님 나라의 '샬롬', 즉 평안을 전하는 것이다. 예수를 알지 못하고 죄 가운데 있어서 마음에 평안이 없는 자들에게 구원의 복음을 전하는 행위가 그 영혼에 샬롬을 전하는 것이라면, 몸이 아파도 제대로 치료받지 못해 고통을 당하며 육체에 평안이 없는 사람들을 치료해 주는 것은 육체에 샬롬을 전하는 것이다.

그뿐만 아니라 사회적 부조리와 온갖 차별과 억압에 눌려 있는 이들, 극심한 가난과 불평등으로 인해 직업의 기회·교육의 기회 등을 박탈당하고, 가난의 굴레를 벗어나지 못하는 사람들 (지금 내가 사역하고 있는 선교지 아프리카 말라위에는 그런 사람이 정말 많다)에게는 영혼의 평안뿐 아니라 치유와 상담, 구제와 교육, 일자리 제공 등 그들 삶의 각각의 영역에서 샬롬이 진실로 필요하다. 그 어느 것이 더 중요하거나 우월하다고 우열을 가리는 것이 무의미하다. 구원의 의미를 개인적이고 영적인 차원을 넘어서 경제·정치·문화적 차원으로까지 생각할 때, 하나님의 선교는 영적인 차원뿐 아니라 사회적인 차원까지 다가가는 중요한 역할을 감당하는 것이다.

그러나 평신도선교사의 사역이 여전히 안수받은 목사선교사의 사역을 돕는 보조역할에 머물거나, 영혼구원 사역에 비해 열등한 사역으로 여겨지고 있는 현실이 매우 안타깝다. 또한 평신도 전문인 선교사의 선교적 역할에 대한 신학적 정립은 여전히 미비한 상태이고, 전문인 선교사 자신조차도 평신도 전문인으로서의 사역에 관한 이해가 부족하여 정체성에 혼란을 느낄 때가 많은 것이 매우 아쉽다. 하나님 나라의 샬롬은 선교지에 전하기 이전에 전하는 자, 즉 선교사 자신에게 먼저 임해야 하는 것이라는 생각을 자주 하게 된다.

선교가 뭔지도 모르고 좌충우돌하던 시절, 열정이 넘쳤던 만큼 고민도 많았던 그 시간들의 이야기를 쓰다 보니 또다시 부끄러운 생각이 든다. 평신도선교사의 목회 경험이 몸에 맞지 않은 옷이어서 그랬는지, 아니면 그런 옷을 입은 것을 못마땅하게 바라보는 시선 때문이었는지는 아직도 잘 모르겠지만, 그때나 지금이나 부끄러운 느낌이 드는 건 어쩔 수 없는 것 같다.

"선교사님은 자격이 안 되십니다!"

"왜 쓸데없이 교회개척을 해놓고 힘들어하세요?"

그때 들었던 이 말들이 아직도 귓가에 맴돌면서 마음을 아프게 한다. 어떤 사람들은 우리 부부에게 언제 신학을 할 거냐고, 빨리 안수를 받으라고 말한다. 마치 안수만이 평신도선교사로서 내가 품고 있는 고민에 대한 해답인 듯 말이다. 그러나 평신도선교사로서 나와 비슷한 고민을 하는 사람이 나 외에도 많이 있지 않을까 싶어서, 열심히 사역했으나 나에게 부끄러움과 아픔으로 남게 된 나의 이야기가 누군가에게는 약재료가 되지 않을까 싶은 희망으로 이 글을 이어 가려고 한다. 평신도선교사 중 한 사람으로서 평신도선교사들의 고민과 함께하며 그들의 목소리가 되고 싶기 때문이다.

전문인 선교사는 누구인가?

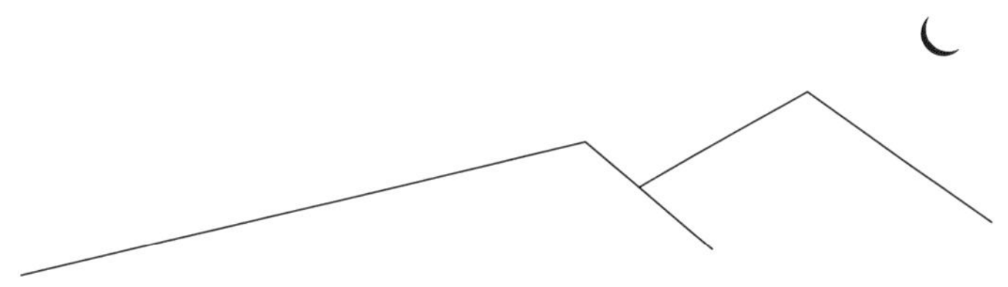

오해받는 선교사

미국의 전도 폭발 운동가 제임스 케네디(James Kennedy)는 "평신도는 교회 성장과 세계 복음화에서 가장 중요한 전략이면서 오늘날 가장 사용되지 않는 요소이다(Laymen are the most strategic and the most unused key to the evangelization of the world)"라고 말했다고 한다. 나는 여기에 더해 "평신도선교사는 현대 선교에서 가장 중요한 인력이면서 가장 이해받지 못하는 사역자이다"라고 말하고 싶다. 평신도선교사는 사람들마다 해석하는 기준이 다르고, 그 명칭도 전문인 선교사, 직업 선교사, 자비량 선교사 등 여러 가지 용어를 사용해 혼란스럽다. 그래서 오해도 많이 받는 것이 평신도선교사의 개념 정의이다. 다만 한 가지 확실한 것은, 평신도란 정규 신학 과정을 거치지 않았으며 안수를 받은 성직자가 아니라는 의미가 있다.

그렇다! 바로 이런 표현, '않았다', '아니다'라는 것이 평신도선교사를 안수받은 성직자와 비교해서 어떤 기준에 못 미치는, 열등한 신분에 속한다는 부정적인 이미지를 갖게 하는 것 같다. 그러나 평신도 전문인 선교사는 신학 과정 대신 자신의 직업과 관련한 전문성이 축적된 사역자들이며, 안수 제도가 부여하는 자격 대신 성령의 능력이 그들과 함께할 것이라는(행 1:8; 마 28:2) 믿음과 그 권세(벧전 2:9)를 더욱 의지해 선교사로 부름 받은 소명을 확실히 믿는 자들이다.

평신도선교사들이 가지고 있는 이러한 독특한 장점과 고유의 정체성을 인식한다면, 목사선교사보다 자격이나 자질이 부족한 듯이 그들을 바라보는 시각은 적절하지 못하다고 생각한다.

목수에서 구두수선공까지

평신도 전문인 선교사의 사례는 역사적으로, 성경적으로 많이 찾을 수 있다. 먼저, 세상을 구원하기 위해 인간으로 오셔서 목수 일을 하면서 사역하신 예수 그리스도는 평신도선교사의 모본이다. 더불어 신구약 성경을 통틀어 살펴볼 때 평신도선교사의 역할을 하는 인물의 예는 수없이 많다. 나를 포함한 여러 선교사가 고향을 떠나 다른 나라로 갈 때 여권처럼 품고 가는 말씀인 창세기 12장 1-2절 말씀(고향 친척 아비 집을 떠나 이방 땅에서 복의 근원이 되게 하리라는 그 약속의 말씀)을 처음 들었던 아브라함은 목축을 하던 자였고, 농사를 짓던 이삭, 양 떼를 돌보던 야곱, 총리대신 요셉, 왕자에서 양 치던 자가 된 모세 역시 모두 고향을 떠나 살았지만 신실하게 하나님을 섬기고 약속의 말씀대로 살면서 하나님을 전했던 사람들이다.

그 외에도 군대 사령관 여호수아, 군 지도자 기드온, 장수 삼손, 통치자 및 시인 다윗, 작곡가 아삽, 저술가 바룩, 수상 다니엘, 왕후 에스더, 방백 느헤미야를 비롯한 많은 선지자가 바로 이 약속의 말씀을 이어받은 평신도 지도자들이었다. 그리고 신약성경의 목수 요셉, 세리장 삭개오, 공회원 니고데모와 아리마대 요셉, 백부장 고넬료, 의사 누가, 천막 제조업자 브리스길라와 아굴라, 사도 바울, 자주 장사 루디아 등 수많은 사람이 자신의 재능과 직업을 가지고 하나님 나라 백성의 한 사람으로 이방 땅을 향한 하나님의 선교를 위해 자신의 삶을 드려 섬겼던 평신도선교사의 모델이다.[11]

초대교회에서는 사도나 목회자가 아닌 평신도 집사들인 전문인 선교사들이 지역복음화의 역할을 감당했으며,[12] 전문 사역자보다도 생업을 가지고 일하던 평신도들이 그들의 일터에서 복음을 전할 때 급속도로 복음이 확장되었다.[13] 그뿐만 아니라 말씀 선포를 통한 평신도의 사역들도 활발했다. 사도행전 6장, 7장에 나오는 스데반의 설교와 같은 예를 보면, “비공식 설교

자"가 초대교회 선교사역에서 막중한 역할을 감당했던 것을 볼 수 있다.[14]

그러나 4세기가 지나면서 기독교 국교화를 선언하는 콘스탄티누스의 밀라노 칙령을 통해 교회 제도를 강화하는 성직 제도를 만들게 되었고, 이에 따라 교회 내에 교직자와 평신도 계급이 존재하게 되었다. 자연히 교회 안에서의 평신도 참여가 줄어들면서 평신도의 사역 원리였던 만인제사장론은 힘을 잃어갔다.[15] 그렇지만 하나님의 부르심을 받고 선교에 헌신했던 평신도선교사들은 역사 안에서 끊임없이 일어나 소리 없이 자신의 역할을 감당했다. 퀘이커 운동, 18세기 진젠도르프와 모라비안 형제들, 데니쉬 할레 선교회를 통한 경건주의자들의 선교 운동, 그리고 19세기 미국의 학생자원운동 등과 같은 평신도 운동이 있었다.

모든 선교사가 존경하고 선교의 아버지라 불리는 윌리엄 캐리(William Carey, 1761-1834)는 구두수선공이었으며, 선교지 인도에서도 방직 공장에서 일을 하면서 자비량 선교의 본을 보였다.[16] 한국 교회 선교 역사를 보아도 한국 최초의 의사 선교사 알렌(Horace N. Allen, 1858-1932)을 비롯해 수많은 의료선교사들이 한국 교회 초기 역사에 평신도선교사로서 기초를 놓았다. 또한 선교사가 한국 땅을 밟기도 전에 국경을 넘나드는 행상 신분으로 위험을 무릅쓰고 중국에서 성경을 들여와 배포한 서상륜이나, 한글 학자로서 선교사가 들어오기 전에 이미 성경을 번역했던 이수정 등과 같은 평신도 사역자들의 수고가 한국 교회의 복음화를 앞당기는 데 중요한 역할을 했다는 것도 잊어서는 안 될 것이다.

이렇게 교회 역사 초기에 중요한 기여를 했던 평신도 사역자들의 역할이 이후 한국 교회 형성기(1907-1945) 후반에 들어서면서부터는 '순수 복음 사역 일변도'로 흐르게 되었고, 안수받은 목회자 수가 늘어감에 따라 교회는 점점 더 안수받은 사역자들이 주도하게 되었다. 그 이후 교회 성장기(1945-1985)에는 개교회 성장과 교회 중심의 사역에 주력하게 되면서 평신도들은 교회 선교 구조 안에서 '주변부'로 밀려나게 되었다.[17] 교회가 성장함에 따라 더 많은 선교사가 해외로 파송되었고, 평신도선교사의 숫자도 그만큼 늘었지만 선교 현장에서 그들의 지위와 역할은 한국 교회 내에서와 크게 다르지 않았다. 한국 교회의 영향이 파송 선교사들을 통해 선교 현장에도 그대로 이어졌기 때문이다.

창의적 접근 지역으로 가는 (최적화된) 선교사

전문인 선교의 개념이 대두되기 시작한 것은 랄프 윈터(Ralph Winter, 1924-2009)의 미전도 종족에 대한 선교적 필요성이 강조되기 시작하면서부터이다.[18] 미전도 종족이란 한 번도 복음을 들어 보지 못한 종족들[19]로서 주로 '10/40창(10/40 Window)'이라고 알려져 있는 북위 10도에서 40도 사이에 있는 서아프리카에서 중동을 거쳐 아시아에 이르는 띠 모양의 지역 국가에 사는 종족들을 말한다. 이 지역은 주로 '창의적 접근 지역'이라고 불리는데 이슬람교, 힌두교, 불교권과 중국, 구공산권을 포함하며 전 세계 빈민의 82퍼센트가 있는 저개발 국가 지역들이다. 이곳은 목사선교사들의 접근이 제한되고 평신도 전문인 선교사들의 접근이 훨씬 더 용이한 곳이다. 따라서 10/40창 지역 선교와 미전도 종족 선교를 강조하기 시작한 시점부터 평신도 전문인 선교사들이 더욱 선교에 동참하게 되었다. 우리나라에서는 그루터기선교회 해외선교연구회(DSM), 그리고 많은 학원 선교단체를 중심으로 전문인 선교가 이루어져 왔으며, 1990년대부터는 한국전문인선교협의회(KAT)가 결성되면서 전문인 선교가 더욱 활성화되었다.[20]

이렇게 평신도 전문인 선교사들은 현대 선교 전략에서 꼭 필요한 선교 인력이고, 지금도 세계 곳곳에서 수많은 평신도 전문인 선교사들이 사역하고 있다. 그럼에도 불구하고 그들이 충분히 이해받거나 지지받지 못하며 그들의 잠재력이 충분히 발휘되지 못하고 있는 현실이 안타까울 뿐이다.

두 가지 사명을 가진 사역자

전문인 선교사에 대한 정의도 그 시각에 따라 매우 다양하다. "타 문화권에서 일하는 그리스도인을 뜻하며 그 문화권에서 성직자는 아니지만 그의 헌신, 소명, 동기, 훈련 면에서 분명한 선교사이다"[21], "전문인 선교사는 영적인 깊이와 성경적인 지식에 있어서 전통적인 선교사의 영성을 가지고 있으며 아울러 자신의 전문적인 분야에서 직업을 가지고 복음 전파를 위해 헌신된 자"[22]라며 전문인 선교사에 대해 긍정적이고 높은 평가를 하는 시각이 있는가 하면, "전문인 선교사란 실행적인 면에서 엄연히 선교사이고, 생활 면에서는 자비 부담을 하는 그리스도인"[23] 혹은 "생산적인 해외 취업 기간 중에 그리스도를 증거하는 사람" 정도로 평신도 전문인 선교사에 대해 제한된 이해를 가지고 평가하는 시각도 있다. 이렇게 평신도선교사를 보는 시각이 다양한 것은 그만큼 다양한 범주의 평신도선교사들이 각각 다른 모습으로 사역하고 있기 때문일 것이다.

가장 흔하게 하는 오해는 평신도선교사는 거의 모두 '자비량 선교사'라고 생각하는 것이다. 평신도선교사는 교회의 이해와 평가가 충분하지 않은 탓에 목사선교사에 비해 후원 모금이 어렵다. 그래서 어쩔 수 없이 자비량 선교를 하는 경우도 있지만 평신도선교사라고 해서 모두 그런 것은 아니다. 최근에는 자신의 직업을 통해서 평생 모은 노후 자금 혹은 연금을 가지고 선교지에 와서 후원 없이 사역하는 평신도 실버 선교사들을 자주 만날 수 있다. 하지만 젊은 나이에 한창 크는 아이들을 데리고 선교에 헌신한 우리 부부와 같은 평신도선교사들도 많이 있다.

평신도선교사를 평신도 전문인 선교사라고 하는 경우도 많은데, 이 '전문'이라는 단어 역시 오해가 많다. 평신도 전문인 선교사를 영어로 하면 'missionary professional' 혹은 'professional missionary'라고 할 수 있다. 여기에서 'profession'은 직업을 뜻한다. 직업에는 두 가지 의미가 있는데, 한 가지는 신학·법학·의학 등 전문적인 지식과 장기간 강도 높은 학문적 이수 과정을 통해 얻는 직업으로, 요즘 흔히 말하는 '전문직'이라고 하는 직업군을 의미한다. 넓은 의미에서 'profession'은 주된 고용 상태 혹은 가장 많은 시간을 할애하는 일을 말하는데, 타 문화권 사역에서 사용할 수 있는 모든 종류의 교회 밖의 직업이라는 의미로 사용된다.[24] 그러므로 타 문화권에서 안수받지 않은 평신도가 교회 밖에서 소명을 가지고 하는 일들을 'profession'이라고 본다면, 모든 평신도선교사를 평신도 전문인 선교사로 부를 수 있는 것이다.

한편, 안수받은 목사라 할지라도 교회 사역이 아닌 다른 직업을 가지고 사역을 한다면 전문인 선교사라 할 수 있으며, 그런 이들은 창의적 접근 지역일수록 더욱 많이 필요하다. 그래서 전문인 선교사를 '두 가지 사명을 가진 사역자(bi-vocational worker)'라고도 부른다. 하나는 직업의 사명이고 하나는 선교의 사명인 것이다.

우리 부부는 한국을 떠나 해외에서 2년간 선교훈련을 받는 동안 한국에서의 삶의 터전을 정리한 재정으로 아무런 후원 없이 비용을 충당했다. 해외에서 세 아이와 함께 생활하며 선교훈련을 받느라 적지 않은 비용이 들었다. 많은 사람들이 우리 가족이 어떻게 후원 없이 자비로 생활할 수 있었는지 의아해하며 궁금해했지만, 평신도로서 우리는 어떻게 후원 모금을 하는지 누구에게 요청해야 하는지 그때는 전혀 알지 못했다. 일단 한국에 있던 터전을 정리한 재정이 있으니 그것으로 감당을 했다. 처음에는 그것이 내 소유를 선교에 사용하는 자비량이요 헌신이라 생각했으나, 나중에는 내게 있는 모든 것이 주께로부터 온 것이요 누구에게 요청하기 이전에 미리 선교를 위해 주셨던 것임을 깨닫게 되었다.

우리 부부가 평신도선교사로서 지금까지 사역을 감당해 올 수 있었던 것은, 훈련을 마치고 선교지로 나올 때 한국에서 출석하던 교회가 주 파송 및 후원을 감당해 준 덕분이다. 평신도가 풀타임 사역자로 헌신하는 것에 대한 이해가 없던 시절이었음에도 불구하고 지난 25년 동안 생활비 걱정을 하지 않고 사역할 수 있도록 모교회에서 후원을 해 주었다. 또한 의료선교사로서 비즈니스 선교를 하였기에 따로 사역비를 후원받지 않고 자체적으로 병원 운영을 해서 충당했다. (이 지면을 빌려 평신도선교사였던 우리를 믿고 기도와 후원을 아끼지 않았던 후원교회에 진심으로 감사를 드린다.)

전문인 선교사의 다양한 유형

전문인 선교사는 그 관점에 따라 여러 유형으로 분류할 수 있다. 패트릭 라이(Patrick Lai)는 선교 전략적인 측면에서 전통적인 목사선교사의 입국이 금지되는 창의적 접근 지역 선교에 초점을 맞추어 T-1에서 T-5까지 5가지로 분류하였다.[25] 여기에서 T는 텐트메이커(Tentmaker)의 첫 글자이다. 전문인 선교사를 모두 텐트메이커, 즉 자비량 선교사로 본 것이다.

하지만 전문인 선교사가 모두 자비량 선교사인 것은 아

니다. 크리스티 윌슨(Christy Wilson)[26]은 어떤 목적을 가지고 있는지와 관계없이 타 문화권에 복음을 전하는 모든 그리스도인을 전문인 선교사로 보고 12가지 유형으로 분류하였다.[27] 크리스티 윌슨은 모든 성도의 부르심이 구원과 동시에 선교사역을 위한 부르심이라는 확신 아래 선교에 대한 열정이 있는 모든 그리스도인을 전문인 선교사로 포괄적으로 분류했다. 그러나 이러한 분류는 전략적으로 미흡한 분류라는 지적이 있다. 윌슨도 모든 선교사를 자비량 선교에 초점을 맞추어 분류하였는데, 선교사가 자비량 선교를 할 수 있는지 없는지는 선교지의 상황과 각 선교사의 부르심에 따라 다르기에 두 개념이 혼돈되어서는 안 되며, 전문인 선교사는 자비량의 여부보다는 선교적 전략과 현지의 상황에 맞게 이해해야 한다.[28] 한국전문인선교원 대표 김태연[29]은 전문인 선교사 유형을 사역의 형태에 따라 6가지로 분류하였는데,[30] 전문인 선교사를 활용하는 데 구체적이고 전략적으로 유용한 분석이라는 평이 있다.[31]

자비량 선교와 비즈니스 선교는 다르다

모든 평신도 전문인 선교사가 자비량 선교사가 아닌 것처럼 모든 비즈니스 선교사가 자비량 선교사는 아니다. 비즈니스 선교란 비즈니스 자체를 선교로 보는 것으로 'BAM(Business as Mission)'이라고 한다. 이것을 전문인 선교의 자비량 선교 개념과 비교해서 이해하려면 그렉 리빙스턴(Greg Livingston)의 세

가지 분류, 곧 직업을 가지는 사람(job taker), 직업을 만드는 사람(job maker), 직업을 속이는 사람(job faker) 개념을 이해하면 좋을 것 같다.

첫째, '직업을 가지는 사람(job taker)'이란 우리가 흔히 이해하는 자비량 선교사 혹은 텐트메이커라고 일컫는 부류의 선교사로 사도 바울처럼 선교를 위해 생업에 종사하면서 자신의 생활과 사역에 필요한 비용을 전적으로 혹은 부분적으로 충당하는 사람들이다. 타 문화권에서의 사역은 사역 자체만으로도 힘든 일인데 자신과 가족의 생활까지 책임져야 하니 매우 어렵고 고단하다. 그럼에도 불구하고 자비량 선교를 통해 자급자족을 하는 평신도선교사들은 그 직업을 가지고 단순히 재정적인 필요만 충당하는 것이 아니라, 일을 통해 근면한 삶(살후 3:6-7)과 베푸는 삶(행 20:35)의 모본과 선교의 참된 동기(고전 9:15; 고후 12:14)를 보여 줄 수 있다. 또한 그 일터를 복음 전하는 장소(딤후 4:2), 일을 통해 미래의 지도자를 양성하는 멘토링의 장소로 사용(행 18:2-3)하는 등 매우 특별한 의미를 가진다.[32]

그러나 타 문화권에서 선교사의 직업이 자신의 생활과 사역을 충당하기에 재정적으로 충분하지 못해 재정의 압박을 받으면 스트레스가 쌓일 수 있고, 또 선교 활동과 직업 수행의 시간 분배를 놓고 고민이 있을 수 있다. 예를 들면 수입원이 되는 일을 하기 위해 자신이 원하는 사역을 할 시간적 여유가 없을 때 평신도선교사로서 회의감이 들 수 있다.

후원자들로부터 재정 지원을 받는다는 것은 경제적인 도움만이 아니라 그것을 통해 중보기도와 영적·정서적인 지원과 격려를 함께 받는 것이다. 타 문화권 선교사들에게는 어쩌면 물질적 지원보다 더 힘이 되고 필요한 부분인데, 자급자족에 중점을 두어 이러한 후원 관계를 많이 만들지 못한다면 여러모로 아쉬운 일이다. 그래서 사도 바울도 때로 후원을 받았고(고후 8:1-5), 자신을 후원하는 사람들에게 그가 구한 것이 재물이 아니라 그 사람 자신이라고 하였던 것이다(고후 12:14).

둘째, '직업을 만드는(job maker)' 선교사가 소위 말하는 '뱀(BAM, Business as Mission)' 선교사이다. 비즈니스 선교라고도 하는 이런 유형의 선교는 평신도 전문인 사역 중에서도 가장 오해가 많은 형태이다. 뱀(BAM), 즉 'Business as Mission'은 비즈니스를 선교사역으로 한다는 뜻이다. 이것은 'Business for Mission', 즉 선교를 위한 비즈니스와는 다르다.[33] 자비량 선교를 할 때는 선교사역을 위해 비즈니스를 하는 형태, 즉 비즈니스가 선교를 돕는 역할을 하게 된다. 일반적으로 이해하는 선교를 위한 사업이다. 그러나 BAM은 비즈니스 자체가 선교라는 개념이다. 돈을 버는 일은 세속적인 세상일이고 선교는 거룩한 하나님의 일이라는 이분법적인 개념으로는 BAM의 선교 이해에 접근하기 어렵다. BAM의 비즈니스 선교를 이해하려면 우선 이분법적인 사고에서 벗어나야 한다.

비즈니스 자체를 선교라고 하는 것은 크리스천의 비즈니스가 그 자체로 서비스(service)이기 때문이다. '예배'의 영어 표현이 '섬기다', 즉 '서비스(service)'이다. 또한 샬롬을 유지하기 위한 노동을 히브리어로 '아보다(*avodah*)'라고 하는데, 이것 역시 영어로는 'service'이다. 그리고 비즈니스의 어원 역시 '섬김’이다. 따라서 비즈니스는 그 자체가 섬김이요 예배라 할 수 있다. BAM 선교를 하는 선교사에게 비즈니스는 하나님을 경배하는 예배이며, 사무실과 비즈니스 현장은 예배 처소가 되며,[34] 선교사는 그 사업장에서 제사장과 목사와 같은 역할을 하는 것이다.

한국에서 BAM 사역에 관한 저술과 강연을 활발하게 하면서 BAM 사역 운동을 펼치고 있는 김기영(Harry Kim) 목사는 비즈니스뿐 아니라 예술과 스포츠, 교육, 정치, 행정 영역 등 모든 분야에서 자기의 일을 사역화하는 것이 그리스도인의 최우선 사명이고 이를 위해 하나님의 창의력, 지혜와 전략을 구하는 것이 마땅하다고 강조한다.[35] BAM 사역을 하는 선교사는 타 문화권에서 이 원칙을 지켜내며 자신의 일과 직업으로 선교하는 선교사이다. 그러기 위해서 자신의 비즈니스 영역에 하나님의 통치가 임하게 해야 하며 구체적으로는 노동학대와 임금 착취, 잘못된 비즈니스 거래 등에 성경적인 변혁이 이루어져야 한다.[36]

자비량 선교, 즉 텐트메이커 사역이 선교사가 자신의 사역을 위해 일을 하고 필요를 스스로 충당하는 것이라면, BAM은 선교사 자신을 위해서가 아니라 공동체, 즉 선교사가 사역하는 그 현장의 이익을 위해서 일자리를 창출하고 좋은 제품과 좋은 서비스를 만들어 내면서 그곳에서 하나님 나라의 가치, 즉 킹덤임팩트(Kingdom Impact)를 전하는 것을 목적으로 하는 사업이고 사역이다.[37] 여기에서 킹덤임팩트란 윤리적인 차원에서뿐 아니라 제품이나 서비스의 질에서도 나타나야 한다. 이것이 BAM 사역 원칙 중에 하나인 ‘탁월함’을 추구하는 것이다.

'탁월함'이란 말 그대로 만드는 제품이나 제공하는 서비스에서의 우수성을 말한다. 예를 들면 복음을 전하기 위해서 제품 어딘가에 기독교의 상징이나 성구를 새겨 넣어 함께 파는 것보다, 아무런 표시를 하지 않아도 제품 자체를 탁월하고 눈에 띌 정도로 우수하게 만들어 내려고 최선을 다할 때 킹덤임팩트가 훨씬 더 효과적으로 전해질 수 있다는 것이다. 비즈니스의 궁극적 목적이 수익 창출이라고 한다면 비즈니스 선교의 궁극적 목적은 킹덤임팩트, 즉 하나님 나라의 가치 창출이다. 그러기에 비즈니스 선교에서 비즈니스, 즉 일 자체가 사역인 것이다. 오늘날 BAM에 대해 말은 많이 하지만 그 정확한 의미와 뜻을 알지 못한 채 사업을 하면서 선교하는 정도로만 생각하고, BAM 선교를 '뱀 장사'라고 비하하는 식의 말을 들을 때면 참으로 안타깝지 그지없다.

셋째, '직업을 속이는(job faker)' 선교사가 있다. 속인다고 하니 뭔가 부정적인 느낌이 드는데 사실은 많은 목사선교사들이, 특히 창의적 접근 지역과 기독교에 대해 배타적인 지역에서는 목사라는 신분을 속이고 그 지역에서 거주할 수 있는 비자를 받거나 활동하기 위해 다른 직업을 갖는 경우가 매우 많다. 예를 들면, 목사이지만 학교에 입학하여 학생 비자를 받거나 서류상의 회사(paper company)를 차려 놓고 사업가를 가장하는 경우이다. 혹은 다른 선교사가 차린 서류상의 회사의 고용인으로 비자를 받는 경우도 있다. 여행사, 출판사, 물류회사 등 다양한 업종의 사업체를 만들거나 그런 곳의 고용인으로 비자를 받고 목사의 신분을 속인 채 그 지역에서 살며 사역하는 경우이다.

이런 경우에 문제는 정식으로 사업을 하거나 일을 해서 월급을 받는 것이 아니기 때문에 세금을 제대로 내지 못하고 현지인을 고용할 수도 없어서 그 지역 경제에는 큰 도움이 되지 않는다는 것이다. 또한 실적을 낼 만한 사업을 하지 않아도, 세금을 내지 못해도, 어느 기간이 지나면 비자 연장을 해야 하니 또 거짓 보고서를 만들어야 한다. 이들을 관리하는 현지 관료들은 이들이 선교사이고 회사는 이름만 있는 유령회사임을 금세 알면서도 친분관계가 있거나 뇌물을 받기 때문에 속아 주기도 한다.[38] 그러나 이렇게 되면 선교사는 약점이 잡히게 되고, 현지인의 시선으로 볼 때 선교사가 하는 일의 정직성에 대해 신뢰를 얻기 어렵다. 이는 결국 그가 전하는 기독교라는 종교와 예수 복음에 대해서까지 부정적인 인식을 불러올 수밖에 없다. 더군다나 기독교에 대해 배타적인 지역에서 선교사가 이런 속이는 행동을 주의 없이 한다면 생각보다 문제가 크다는 사실을 인식해야 한다.

최근에 창의적 접근 지역과 10/40 지역으로 많은 선교사가 파송되면서 직업을 속여 비자를 얻고 활동하는 목사선교사들이 매우 많다. 목사라는 신분을 드러낼 수 없으니 차선의 방도라고 생각하거나 지혜로운 방법이라고 여겨서 그렇게 하고 있지만, 이러한 태도가 하나님의 지혜인지 다시금 생각할 때가 되었다. 입국하여 잠시 머물고 활동하는 데는 직업을 속이는 것이 당장 도움이 될지 모르지만 장기적인 안목으로 볼 때, 그리고 총체적인 선교 개념과 그 효과를 생각해 볼 때 온전한 해결책은 아닌 것 같다. 목사라는 신분으로 활동을 하기 어렵다고 해서 신분을 속이고 유령회사를 만드느니 차라리 정식으로 그 지역사회에 도움이 될 수 있는 BAM 선교에 도전해 보라고 말하고 싶다. 이와 관련한 정보와 서적들이 넘쳐 난다.[39] 몰라서 안 하는 것이 아니라 먼저 선교에 대한 패러다임을 바꾸어야 할 수 있는 일인 것 같다.

우리 부부는 몽골과 말라위에서 사역하는 동안 치과를 개원해 비즈니스 선교를 하였다. 그러나 무료 병원이 아닌 비즈니스 병원 사역은 선교가 아니며, 비즈니스 하는 사람은 선교사가 아니라고까지 말하는 것을 들을 때면 마음이 참 힘들었다. 선교는 무조건 공짜로 나누어 주는 것이라는 생각은 잘못된 사고이다. 미션스쿨이나 신학교 사역도 마찬가지이다. 일단 학생들에게 장학금을 연결해 주는 방법을 택하더라도, 학생들에게 학비를 받아서 학교를 운영해야 그 학교가 지속 가능한 자립 기관으로 성장할 수 있다. 그런데 운영을 하는 데 엄청난 재정이 요구되는 병원 사역을 환자들에게 비용을 전혀 받지 않고 무료 병원 형태로 운영하는 것은 장기적으로 문제를 만드는 일이 될 수밖에 없다. 선교 병원을 무료 진료 방식으로 운영하려면 모든 운영비를 후원에 의지해야 하는데, 그렇게 되면 끝없이 재정을 쏟아부어야 한다. 그러면 장기 후원자들도 지치고, 선교사는 병원 일보다 후원금 모금에 더 치중해야 할 수도 있다.

또한 무료 진료는 특수한 장비와 고도의 기술을 요하는 높은 수준의 수술과 진료보다는 대중적인 일반 진료 위주로 할 수밖에 없다. 의료 전문인 선교사는 현지인들이 하기 어려운 전문성을 요하는 일을 감당해야 하며, 동역하는 현지인 의료인들에게 최신 기술을 전수하고 훈련시켜 미래를 준비하게 하는 것이 진료 사역 못지않게 중요하다. 그런데 대중적인 무료 진료 위주로 병원 사역을 하다 보면, 많은 환자를 진료할 수는 있겠으나 수준 높은 진료를 하기 어렵고, 또한 이후에 선교사가 떠나고 재정 후원이 끊기면 함께 일하던 현지 의료진들은 선교사 밑에서 월급받고 일한 것 외에 남는 것이 없게 되니 그 병원이 지속될 확률은 매우 낮다고 볼 수밖에 없다.

비즈니스 선교에서 이익금은 그 사역이 계속해서 BAM 정신을 이어 갈 수 있게 하는 동력이 된다. 우리의 경우에는 치과의 선교적 역할과 지역사회의 공헌을 위해 비즈니스 병원을 운영하면서 동시에 그 이익금을 이용하여 가난한 신학생들과 도시 빈민들, 생활보호 대상자들을 위한 무료 자선 병원을 운영하였고, 치과 직원들이 돌아가며 무료 병원에 가서 근무하도록 하는 방법을 통해 현지인들에게 봉사와 나눔의 정신을 가르쳤다. 그리고 치과를 BAM 정신에 입각한 비즈니스 병원 형태로 운영하면서 현지 치과의사들이 한국 치과의사 수준 못지않게 임플란트 시술을 잘하는 정도로까지 실력을 향상시켜 탁월함을 유지하도록 했고, 우리가 몽골을 떠날 때는 현지 치과의사들에게 BAM의 정신과 함께 모든 재정과 소유권을 이양했다.

우리가 몽골을 떠난 후에 몽골의 고위층 관리 한 분을 만났는데, 에바다 치과의 몽골 의사들의 실력이 탁월해서 이제는 해외로 치료받으러 갈 필요가 없어졌다고 칭찬하는 소리를 듣고 참으로 보람을 느꼈다. 현재 몽골의 에바다 치과병원은 100퍼센트 현지인 체제로 운영되고 있으며, 재정적으로도 안정되어 한국 기공사를 고용해 운영할 정도로 번창하고 있다. 우리가 말라위에 와서 말라위 에바다 치과를 개원할 때 몽골의 치과 병원이 재정적으로 도왔으며, 몽골 치과 직원들이 이곳 말라위까지 단체로 와서 무료 진료 봉사를 하고 갔다. 현재는 몽골 치과의사가 말라위 선교사로 와서 일 년간 봉사할 수 있도록 그들이 정기후원을 하고 있다.

만일 우리가 무료 진료만을 고집했다면 이런 일은 결코 일어날 수 없었을 것이다. 이 BAM 사역을 통해 몽골에 전한 하나님 나라의 가치인 킹덤임팩트가 잘 이어지고 있으며, 비즈니스 선교도 얼마든지 제자양육과 사역의 재생산이 가능하다는 모델을 보여 주고 있다.

우리는 14년간의 몽골 사역을 마치고 아프리카 말라위로 선교지를 옮겨 이곳에서도 몽골에 있는 치과와 같은 이름으로 비즈니스 치과 사역을 시작하였다. 말라위는 세계 최빈국 중 하나로 비즈니스 병원이 과연 가능할지에 대해 우려가 많았다. 하지만 우리의 목표는 수익 창출이 아니라 하나님 나라 가치 창출이기에 병원 운영과 직원들의 복지를 BAM의 원리와 가치에 따라 진행하면서 환자들에게 진료 행위를 포함한 모든 서비스에서 최선을 다하는 탁월성을 유지하며, 하나님 나라의 가치, 킹덤임팩트를 전하고자 노력하였다. 모든 면에서 이곳 현지 실정에 비할 때 놀라울 정도로 높은 수준을 유지했기에 그 영향력은 매우 효과적이었다.

우리 병원 초기 환자들의 90퍼센트 이상이 말라위에 살고 있는 인도계 무슬림이었는데, 그들은 이 병원이 기독교 단체 소속이며 남편과 내가 크리스천임을 알고서도 그들이 전에 경험해 보지 못한 탁월한 진료와 놀라운 서비스 정신에 만족하여 계속해서 찾아오고 있다. 우리는 치과에서 그 어떤 목사선교사보다 더 많은 무슬림들을 매일 가깝게 만나면서 예수의 정신으로 그들을 섬기고 있다. 무슬림 환자와 그 가족들이 치료를 받고 난 후 이곳은 다른 곳과 다르다며 선물까지 들고 와서 감사를 표하는 경우가 많은데, 이럴 때마다 나는 BAM의 가치요 원리인 서비스의 탁월성을 통해서 하나님 나라의 가치인 킹덤임팩트가 무슬림들에게 매우 자연스럽게 전해지는 것을 본다. 크리스천 선교사를 신뢰하고 감사하고 찬양하는 무슬림들을 보면서 하나님이 이것을 통해 영광 받으심을 느끼게 되고, 직업을 통한 선교가 말로 전하는 복음전도 못지않게 강력한 힘을 발휘한다는 생각을 자주 한다.

남편이 운영하는 이 치과는 BAM의 원리인 탁월성과 킹덤임팩트 추구, 이 두 가지를 성실하게 지켜 낸 결과 개원한 지 3년 만에 현재 이곳 릴롱궤 시내에서 인도인들을 포함한 몇몇 외국인 치과의사들이[40] 운영하는 치과 중에 가장 실력 있고, 친절하고, 전문적이라는 평을 받고 있다. 현재 인도 무슬림들 외에도 말라위 현지 고위층을 비롯해 릴롱궤에 거주하는 각국 대사, 유엔 직원들, 해외 NGO 직원들이 믿고 찾아오는 곳이 되었다. 또한 비즈니스의 이익금을 이용한 무료 진료소를 유엔(UNHCR) 난민촌에 오픈하여 인근 아프리카 지역에서 오는 난민들을 위한 무료 진료 사역도 함께하고 있다.

평신도 전문인 선교사의 현재

한국세계선교협의회(KWMA)의 2009년도 자료 중 평신도 전문인 선교사의 파송 숫자를 보면, 교역자(배우자를 교역자에 포함) 대 평신도의 비율이 교단 선교부는 98 대 2로 심하게 낮은 편이고 선교단체의 경우는 46 대 54로, 전체 평균은 66 대 34 정도이다. 평신도선교사가 전체 선교사의 약 34퍼센트 비율로 나타난다. 한 가지 더욱 안타까운 것은 최근 들어 선교단체 파송이 줄어들고 교단 선교부 파송이 늘어나는 추세[41]라고 한다. 교단 선교부 내에 평신도 전문인 선교사 파송에 대한 좀 더 적극적인 변화가 있어야 하지 않을까 싶다.

이 글을 쓰기 위해 평신도 전문인 선교사 파송에 관한 통계자료를 조사하는데, 아쉽게도 최근 자료를 찾기가 쉽지 않았다. 대부분 10년 이상 오래된 자료들이었고 선교사 파송 현황과 통계자료를 해마다 공유하는 KWMA도 2009년 자료에 평신도선교사 파송 숫자를 보고하고는 그 이후의 통계자료에는 특별히 보고하지 않고 있었다. 그 이유가 무엇일까 곰곰이 생각하다가 오히려 이것이 평신도 전문인 선교에 대한 고무적인 징조라는 생각을 해 보았다. 한국 선교사 파송 현황에 대해 가장 전반적이고 객관적인 통계자료를 전해 주고 있는 KWMA에서 2009년 이후에 평신도 전문인 선교사 파송 현황을 보고하지 않는 것은 평신도 전문인 선교 인력에 대한 관심이 없기 때문이 아니라, 굳이 선교사의 숫자를 목사와 평신도로 구분하지 않겠다는 의지로 보인다. 평신도선교사라 해도 교회개척과 제자양육, 캠퍼스 사역 등 복음전도 사역을 하는 선교사들이 많고, 안수받은 목사선교사일지라도 교육, 개발, 복지, 문화, 스포츠, 비즈니스 등 다양한 영역에서 전문인 선교를 하는 경우도 많기에 이제는 선교사가 어떤 현장에서 어떤 사역을 전략적으로 하고 있는지가 중요하지 그/그녀가 안수를 받은 목사선교사인지 그렇지 않은 평신도선교사인지를 굳이 통계 자료화할 필요가 없다고 판단한 것이 아닌가 생각해 본다.

해결되어야 할 문제들

미전도 종족 선교와 창의적 접근 지역의 선교적 요청이 더욱 커지고 있고, 목사 신분으로 들어가기 어렵거나 목사라는 신분 때문에 선교지에서 추방당하는 일이 점점 많아지는 최근의 선교 상황을 고려할 때, 평신도 전문인 선교사는 점점 더 필요할 수밖에 없고 또 당연히 그렇게 되어야 한다고 생각한다. 이러한 시기에 평신도 전문인 선교사로 부름 받은 선교 인력들이 현장 사역에서 오는 부담감도 큰데, 선교사로서의 자신의 신분과 정체성의 갈등으로 인한 스트레스까지 더해진다면, 본인이 가진 능력과 선교사로 보내심을 받을 때 주어진 은사(딤후 1:6)를 하나님 나라를 섬기고 그 백성들에게 샬롬을 전하는 데 충분히 사용하기에 어려움이 많을 것이다. 그런 면에서 평신도 전문인 선교사의 현재 위치와 앞으로 해결되어야 하는 몇 가지 문제점을 이야기해 보려 한다.

먼저, 평신도가 자신의 직업을 가지고 선교하는 데 사역적인 정당성과 존재론적인 정체성에 흔들림 없이, 교회 내에서뿐 아니라 그 경계를 넘어 세상 가운데서 빛과 소금으로 하나님 나라를 전파하는 선교사역을 자유롭게 하기 위해서는 평신도 신학과, 만인사제론의 신학이 적용되는 교회론을 먼저 정립해야 한다. 교회 안에서의 평신도 사역자의 역할을 위해 목회자들에 의해 정리된 교회론이 아닌 평신도 신학자들에 의한, 평신도 사역자들을 위한 교회론이 필요하다.

마르틴 루터는 "세례를 받은 사람은 누구나 자신이 사제나 주교 혹은 교황으로 성별되었다고 주장해도 좋다"[42]라고 만인사제론을 선포하였다. 그러나 《평신도 신학》을 쓴 헨드릭 크래머(Hendrik Kraemer)는 마르틴 루터의 이러한 주장에도 불구하고 교회 역사상 평신도의 위상이 성직자보다 지배적이었던 적은 단 한 번도 없었다고 하면서, 마르틴 루터의 만인사제론은 평신도 신학의 살아 있는 원리라기보다는 '깃발'과 같은 역할만 했을 뿐이라고 지적한다.[43] 폴 스티븐스(Paul Stevens)는 만인사제론을 외쳤음에도 불구하고 평신도를 거룩한 하나님의 백성의 위치로 되돌려 놓지 못한 부분에 대해 루터의 종교개혁을 "불완전한 종교개혁"이라고까지 말한다.[44] 가톨릭 사제가 차지했던 성직의 지위를 개신교에서는 설교자가 갖게 되었기 때문이라고 그 이유를 설명한다. 개신교의 예배에서 설교가 그 핵심을 차지하게 되면서 설교자가 사제의 위치를 대신하는 결과를 낳았기 때문이다.

한국 교회는 말씀의 중요성을 많이 강조하다 보니, 결국 신학을 하지 않은 사역자를 경시하게 되는 결과를 낳을 수밖에 없었다. 그러나 최근에 교회와 목회자들이 한국 사회에 일으키는 수많은 문제를 지켜보면서 이제는 말씀과 삶이 일치하는 사역과 교회가 되는 운동이 일어나야 하지 않을까 생각하게 된다. 이와 더불어 말씀의 훈련이 좀 부족해도 삶의 현장에서 자신의 은사와 직업을 통해 그리스도 복음을 전하고자 하는 평신도 전문인 선교사들의 수고와 헌신이 존중받는 풍조로 바뀌었으면 하는 바람이 있다.

둘째, 평신도 전문인 선교사의 사역을 뒷받침해 주는 선교 개념을 적용하고 이해해야 한다. 평신도 전문인 선교에 대해 공부하던 중 '하나님의 선교(*missio Dei*)' 개념을 알게 되었다. 한국 교회에도 소개된 개념이지만 '자유주의 선교신학' 혹은 WCC와 에큐메니컬의 전유물로 여기고 복음주의 선교와 대치되는 입장으로 오해하고 있어서 안타깝다.[45] 하지만 나는 개인적으로 하나님의 선교 개념을 통해 그동안 내 안에 새겨져 있던 영혼구원과 교회개척만을 선교의 궁극적 목표로 보는 고전적인 선교 개념을 깨고, 평신도 전문인 선교사로서 나아가야 할 방향에 대해 확신을 품게 되었다.

'하나님의 선교'라는 용어를 처음 들으면, "선교가 다 하나님의 선교가 아닌가? 무슨 다른 선교가 있는가?"라며 의아해할 수 있다. 그러나 역사상으로 볼 때, 기독교 국가에서 식민지에 행했던 제국주의 선교가 있었고, 교회 성장 시기에는 선교지에 교회를 세워 놓고 본국의 교회, 소위 마더 처치(mother church)가 선교지에 세운 교회에 주도권을 행사하던 시절이 있었다. 하나님의 선교는 그런 선교 개념에 도전하는 개념이다.

하나님의 선교라는 용어를 처음으로 사용하고 알렸던 칼 하르텐슈타인(Karl Hartenstein)은 선교의 근본이자 목적은 하나님 자신이며, 선교의 주체는 교회나 선교단체가 아니라 삼위일체 하나님이심을 분명히 하였다.[46] 최근 한국 교회에도 선교적 교회(missional church) 운동이 활발하게 일어나고 있고 많은 교회가 선교적 교회를 지향하고 있다.

나는 선교적 교회 운동이란 한마디로 교회의 본질인 선교에 중점을 두고 선교라는 교회의 사명에 더욱 치중하겠다는 의지를 가진 것으로 이해하고 있다. 선교사의 한 사람으로서 이런 교회의 변화를 매우 고무적인 움직임으로 생각한다. 그러나 교회가 선교를 한다고 할 때 선교에 대해 어떤 이해를 하고 있는지에 대해서는 여전히 질문하고 싶다. 그동안 한국 교회는 본국의 교회를 선교지에 그대로 옮겨 놓는 것에 많이 치중해 왔다. 물리적인 건축뿐 아니라 본국 교회의 이름, 교회의 제도와 프로그램, 목회 운영 방식, 성직자와 평신도를 구분하여 대하는 태도까지 모든 것이 한국 방식을 본뜬 교회를 선교지에서 심심찮게 볼 수 있다.

호켄다이크는 교회가 선교라는 이름으로 새로운 지역에 나가서 같은 형태의 교회를 계속 짓는 것은 복음전도로 볼 수 없다고 하였다.[47] 개교회의 성장이나 확장을 위해 혹은 목회의 방향에 알맞은 프로그램의 일환으로 타 문화권에까지 교회의 영역을 넓히는 것을 선교라고 오해해서는 안 된다. 선교적 교회란 말을 처음 사용하고 전파시킨 대럴 구더(Darrell L. Guder)는 하나님의 선교란 복음의 ‘개인적 차원’과 ‘교회적 차원’을 넘어서서 “그 복음이 증거하는 하나님 나라의 가치’를 실현하는 것을 선교의 목표로 삼는” 것이라고 했다.[48] 평신도 전문인 선교사가 복음 전파를 통해 영혼구원과 교회개척에 도달하는 차원을 넘어서 그 복음이 증거하는 하나님 나라의 가치를 실현하고자 하는 목표를 가지고 자유롭고 떳떳하게 자신에게 주어진 선교적 사명을 감당하고, 그것을 자신의 사역에 적용할 뿐 아니라 자신을 후원하는 후원자 그룹들과 현지인 동역자들에게까지 소통하고 알려야 하는 것이 바로 하나님의 선교이다.

셋째, 평신도 전문인 선교사에 대한 인식의 변화가 필요하다. 이러한 변화는 평신도 전문인 선교사 자신 안에서 먼저 시작되어야 한다. 자신이 하고 있는 전문직 역할을 재정 자립 수단이나 신분 보장의 도구로 여기는 생각에 머물지 않아야 한다.[49] 부르심을 받은 일터와 지역사회가 교회 못지않게 중요한 사역 현장임을 스스로 인식하고, 교회 밖에서 사회구원을 위해 하고 있는 역할들이 복음전도 역할 못지않게 중요한 사역임을 깨달아야 한다. 평신도선교사의 역할이 결코 복음전도 사역의 수단이나 보조 방편에 그치는 것이 아니라 그 자체로 선교적 사역이기 때문이다. 평신도선교사 자신이 먼저 선교사로서의 정체성에 흔들림 없는 자기 이해를 가지고 사역에 임해야 동료 선교사들, 특히 목사선교사들과의 관계에서 열등감이나 소외감을 느끼지 않고 자신을 편하게 드러낼 수 있다. 이를 위해서는 현장에 나오기 전에 먼저 타 문화 선교훈련과 관계훈련 및 영성훈련이 선행되어야 할 뿐만 아니라, 적절한 전문인 선교사 훈련이 병행되어야 한다.

한국 교회는 전문인 선교사들을 위한 선교훈련에서 그들을 위한 맞춤형 훈련을 간과하고 지나치게 영성에 치우신 선교훈련을 하는 경향이 많다는 지적이 있다.[50] 자신들의 직업을 통해 효율적이고 전략적인 사역을 할 수 있는 훈련을 마련해 주어야 하지만, 선교사 자신이 본인의 사역에 확신을 품고 전문인 선교사로서의 전문성과 탁월성을 유지하기 위해 부단한 노력을 기울여야 한다. 현장에 나온 뒤에도 자신의 전문 영역에서의 기술이나 수준을 현장의 필요에 맞추는 정도에 만족하지 말고, 현장을 앞서서 리드해 갈 수 있는 정도가 되기 위해 고국 방문 기회나 안식년 등을 이용해 틈나는 대로 자신의 전문지식을 향상시킬 필요가 있다.

언젠가 치과 직원들에게 줄 말라위 성경책을 사려고 기독교 서점에 들렀다가 주인인 듯한 외국인이 있어서 이야기를 나누게 되었다. 그는 자기가 독일에서 온 의사라고 하면서, 2주에 한 번씩 이틀 정도 말라위 병원에서 근무를 하고 나머지 시간은 이렇게 서점에 나와서 선교 활동을 한다고 자신을 소개했다. 그와 함께 말라위 일상 얘기를 좀 더 나눈 후 돌아오면서 생각에 잠겼다. '과연 무엇이 선교인가?'

말라위는 의료 인력이 부족해서 외국인 의사들의 도움이 절실한 상황인데 의료선교사로 온 그가 병원에서 일하는 시간은 최소화하고 선교를 위해 기독교 서점에서 책을 팔고 있는 것은 심한 인력 낭비이자 전략적으로 잘못된 방향이라는 생각이 들었다. 서점을 지키는 일은 현지인 사역자에게 맡겨도 충분할 터인데, 의사인 그가 왜 서점에 앉아서 그 귀한 시간과 재능을 낭비하고 있는지, 무엇이 더 중한 것인지, 우선순위를 어디에 두어야 하는지 모르고 있는 것 같아서 정말 답답하고 안타까웠다.

넷째, 파송교회나 후원 그룹의 시각이 변화되어야 한다. "선교사가 변화시켜야 할 궁극적인 선교지는 후원교회이다." 풀러 신학교에서 공부하던 시절, 이름이 기억나지 않는 어느 외국인 교수에게 들은 말이다. 아직 선교사로서 경험이 많지 않은 데다가 후원교회 눈치 보기에 바빴던 그 당시에는 이것이 무슨 말인지 이해하기 쉽지 않았는데, 시간이 흐르고 보니 매우 공감이 간다.

파송교회가 평신도 전문인 선교사를 파송해 놓고도 그/그녀가 하는 사역을 이해하지 못하고 동의하지 못한다면, 선교사로서 그보다 더 어려운 일은 없다. 그런데 이러한 한국 교회 내의 편협한 관점이 교회의 해외선교와 전문인 선교사들의 사역에도 그대로 영향을 끼쳐서 한국 선교사들 중 42퍼센트가 교회개척 사역과 관련되어 있으며 39퍼센트는 교회개척과 관련된(성경번역, 제자훈련, 기독교 문서 사역 등) 사역을 하고 있고, 단지 17퍼센트만이 전문인 사역 영역에서 일하고 있는 것으로 나타났다(나머지 2퍼센트는 본부 사역).[51] 한국 전문인 선교사들을 35퍼센트로 보고, 전문인 선교사역을 하는 목회자들의 숫자도 감안하면 본인의 전문 영역에서 일하는 평신도 전문인 선교사는 전문인 선교사 중에서도 50퍼센트가 되지 않는다고 볼 수 있다.

후원교회나 개인 후원자들이 평신도 전문인 선교사가 하고 있는 교회 밖 일터에서의 사역과 사회봉사를 위한 사역을 지지하고 격려해 주기보다 영혼구원을 위한 복음전도 사역과 교회개척 사역에 관심이 많아 그런 사역을 암묵적으로 요구한다면, 평신도 전문인 선교사는 그 요구에 부응하기 위해 애쓰게 되고 전문인 선교사로서의 본연의 사역에 대해서는 점점 확신을 잃게 될 것이다.

만일 평신도 전문인 선교사가 교회개척 사역이나 복음전도 사역에 은사와 부르심이 있다고 느낀다면 그/그녀는 하루빨리 신학 과정을 밟고 목사안수를 받는 것이 좋다. 그렇지 않으면 계속해서 목사선교사와 비교해서 능력과 자격의 논란 속에 휩싸이게 될 것이다. 후원 그룹은 평신도선교사의 신학 교육을 기꺼이 지원할 수 있어야 한다. 목회자들의 학업이나 연장교육을 지원하듯이 평신도 전문인 선교사가 신학 교육이나 전문성 향상을 위해 연장 교육을 받고자 할 때, 목회자나 신학생을 지원하는 것과 동일한 격려와 지원을 해 주는 것이 선교 후원의 연장임을 인식하면 좋겠다.

그뿐만 아니라 후원교회나 후원단체가 전문인 선교사들의 한 영역인 비즈니스 선교에 대한 이해가 없을 때, 선교사와 후원자들 사이에 오해가 생기고 원활한 소통이 어렵게 된다. 후원교회가 비즈니스 선교와 자비량 선교의 차이점을 바로 인식하고 BAM의 원리와 가치를 충분히 알고 동의할 수 있도록 소통하는 것은 BAM 사역을 하는 평신도 전문인 선교사 본인의 몫이다.

또한 연구 조사에 의하면, 많은 한국 전문인 선교사들이 파송교회들의 충분하지 못한 후원으로 인해 어려움을 겪고 있다.[52] 대부분의 파송교회가 평신도 전문인 선교사들을 선교사로 인정하고 기도로 후원하는 것에는 긍정적이나, 그들을 재정적으로 후원하고 훈련시키는 일에는 충분하지 못하다고 한다. 평신도선교사 파송 숫자가 전체의 35퍼센트인 데 비해 교단에서 파송하는 평신도선교사는 10퍼센트 미만인 것을 보면, 한국 교회가 선교사들을 선발하고 후원할 때도 평신도들을 차별하고 있는 경향을 여실히 볼 수 있다.[53] 평신도 전문인 선교사는 자신이 받은 평신도선교사로서의 고유한 선교 비전과 소명에 대해 후원교회나 단체들과 끊임없이 소통하여 보내는 자와 보냄 받은 자들이 현장과 본국에서 같은 마음과 생각을 가지고 서로 좋은 동역 관계로 함께 갈 수 있기 위해 부단히 노력해야 한다.

마지막으로, 교회가 평신도를 바라보는 시각의 연장선으로 목사선교사들이 평신도 전문인 선교사를 대하는 태도와 그 서열 구조에 변화가 일어나야 한다. 문성일은 한국 교회가 전문인 선교사를 포함한 평신도들의 사역을 안수받은 목회자들의 사역에 포함시키거나 보조하는 역할로 규정하려는 경향이 있는데 이것은 비성경적일 뿐 아니라 종속적인 사역 관계이며 이런 환경에서 전문인 선교사들이 자기 확신을 유지하는 것은 매우 어려운 일이라고 안타까워한다.[54]

평신도선교사에 관한 글을 쓰고 문제를 제기하다 보니 선교 역사가 오래된 서구 교회 안에서는 아무런 문제도 되지 않을 일들이 한국 기독교 문화 안에서는 여전히 문제가 되는 것을 확인하게 된다. 그중 하나가 호칭의 문제이다. 이름을 부르지 않고 서로의 관계에 의해서 호칭을 정하고 부르는 한국 사회에서는 호칭이 곧 그 사람의 신분이자 정체성이다. 적어도 특정한 호칭으로 부르고 불리는 관계 안에서는 그렇다. 그래서 평신도 선교사를 '선교사'라 부르지 않고 '집사님', '권사님', '장로님' 등 교회의 직분으로 부르면, 그 사람을 교회 안의 봉사자로 제한하는 느낌이 든다. 평신도 전문인 선교사는 지역 교회 봉사를 위해 온 것이 아니고, 그렇게 한정 지어서도 안 된다. 그/그녀가 자신의 소명에 따라 교회 밖에서 하는 사역에 대해서 인정을 해준다면 그들을 부르는 호칭에서도 그것이 나타나야 한다.

나는 선교 현장에서 안수받은 목사에 의해서 가끔 권사라는 호칭으로 불릴 때 교회 계급 구조 안에 어쩔 수 없이 갇히는 느낌을 부정할 수가 없다. 나를 권사라고 부르는 목사와의 관계에서 나는 결코 동등한 사역자가 아닌, 목사의 권위 아래 있는 평신도라는 생각을 벗어날 수가 없다. 한국 교회 정서에서 권사와 목사가 어찌 동등한 사역자일 수 있는가? 권사란 언제나 목사의 권위 아래 순종의 미덕을 보여야 하는 평신도가 아니던가?

많은 평신도 전문인 선교사들이 목사선교사와의 관계가 어렵다고 생각하는 이유는 말씀을 전하는 전도 사역에 비교해서 일터에서 하는 전문직 사역을 한 단계 낮은 차원의 사역으로 평가절하하려는 그들의 태도와, 평신도선교사를 나이와 지위, 경력과 상관없이 수직적인 계급 관계로 보는 경향이 있기 때문이다. 예를 들면, 나이가 많은 선임 선교사라 할지라도 그/그녀가 평신도선교사라면 선교지에 갓 도착한 초임 목사선교사와의 관계에서 목사와 평신도 관계의 서열을 피하기 어렵다. 그 목사가 신학 공부를 시작하기도 전에 이미 선교지에 나와서 사역한 시니어 고참 선교사라 할지라도 그/그녀가 안수받지 않았다면 안수받은 목사선교사와의 관계에서는 수직관계의 서열이 형성되는 것이다. 평신도선교사가 그동안 선교사로서 어떤 일을 하고 어떤 경력을 가졌는지에 상관없이 존재 자체에서 이미 안수받은 자와 구분하는 차별적 의식은 도대체 어디에서 온 것인지 도무지 모르겠다.

교회 안에는 목회자와 평신도를 사역의 기능과 책무의 차이와는 별개로, 존재론적으로 구분하는 차별 의식이 있고 이것이 두 그룹 간에 거리감과 눈에 보이지 않는 장벽을 만들고 있다. 그런데 한국 교회의 이런 기류가 선교 현장에도 그대로 반복되고 있는 것이 현실이다. 다만 이런 민감한 문제를 잘못 거론하면 관계를 해칠 수도 있기에 누구도 굳이 드러내어 말하지 않는다. 하지만 평신도선교사들이라면 한두 번쯤 목사선교사들과의 관계에서 계급의식과 열등의식을 느꼈을 것이다.

만일 평신도선교사로서 한 번도 그런 열등의식을 느껴보지 않았고 목사선교사와 평신도선교사 사이에 존재하는 구분이 당연한 것이라고 생각하는 이가 있다면, 오히려 그 사람에게 그렇게 생각하는 이유와 근거가 무엇인지 묻고 싶다. 이런 문제를 개선하고 넘어서서 동반자 의식을 가지고 함께 사역할 수 있는 환경이 만들어지려면 먼저 목사선교사와 평신도선교사 간에 존재하는 뿌리 깊은 차별에 대한 비판의식이 필요하다.

평신도 전문인 선교사에 관해 이렇게 긴 지면을 할애하

여 글을 쓴 것은 아마도 내가 느낀 평신도선교사로서의 정체성과 사역의 당위성에 대한 혼란과 좌절이 그만큼 컸던 탓일 것이다. 평신도 전문인 선교사로서 살면서 느꼈던 나의 고민과 아픔이 바로 남모르는 나의 뒷모습을 만들었음을 이 지면을 빌려 고백한다. 혹시라도 나와 같은 고민을 했던 평신도 전문인 선교사가 있다면, 이 글이 조금이라도 도움이 되고 위로가 되기를 바란다.

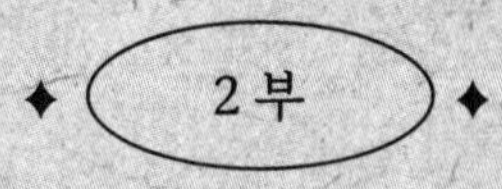

가장 하기 힘든 이야기

SINGER

동역자와의 갈등

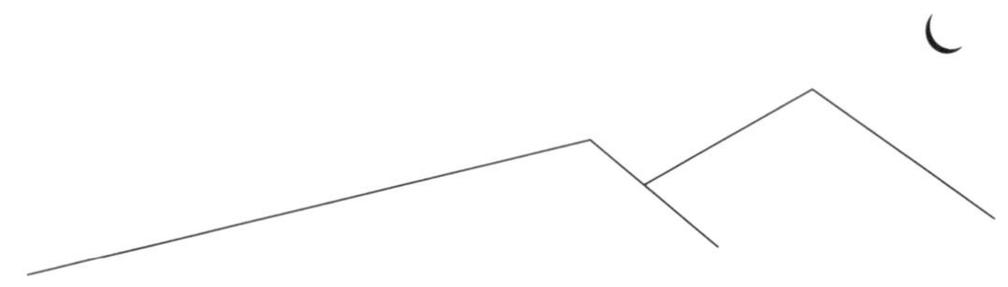

사람이 제일 어렵죠

한국에서 후원자들을 만나면, "아이고, 선교사님! 그 추운 데서 어떻게 사세요?" 또는 "그 더운 데서 어떻게 사세요?"라면서 고생스럽지 않느냐고 인사를 한다. 음식은 어떤지, 벌레가 많지는 않은지, 밥은 뭘 먹는지, 물은 구하기 힘들지 않은지 등과 함께 그런 곳에서 살며 사역하느라 힘들지 않느냐는 걱정 섞인 말을 들을 때마다 나는 이렇게 대답한다. "선교사가 힘든 건 먹는 음식, 언어, 날씨, 문화 이런 것이 아니랍니다. 물론 그런 것들이 불편하지요. 하지만 그것들은 일이 년이면 다 적응되고 해결됩니다. 선교사가 힘든 건 환경이 아니라 사람 때문이죠! 사람이 제일 힘들더라고요."

해가 거듭될수록 선교사 경력이 쌓여 갈수록 더욱 그런 생각이 든다. 나이가 들면 사람에 대해 더욱 관대해지고, 사람들의 다양함에 이해가 깊어져서 웬만하면 다 수용하고 편하게 대할 수 있어야 할 것 같은데 그것이 말처럼 쉽지 않은 마음을 보면서 또 자괴감이 드는 게 25년차 시니어 선교사인 나의 현실이다. 감사하게도 한국 교회는 아직도 선교사라 하면 무조건 존경하고 대단하게 보아 준다. 예전에 비하면 선교사에 대해 비판적이고 부정적인 시각도 많아진 것이 사실이지만, 그래도 교회에 가면 여전히 많은 성도들이 반겨 주고 고생한다며 격려를 해 준다. 그러나 선교사들이 현장에서 어떤 고생을 왜 하고 있는지에 대해서는 서로가 이해하는 포인트가 좀 다른 것 같다. 적어도 나는 그렇게 느낀다.

선교지 우크라이나에서는 지나치게 기름진 현지 음식 때문에 만성 위장병으로 고생했으나 치료도 제대로 못 받은 채 몇 년간 통증을 견디며 살았다. 월세 집을 여기저기 수없이 옮겨 다니다가 나중에는 이사할 집을 못 구해 다섯 식구가 세 팀(?)으로 나뉘어 현지인 가정 두 군데와 동료 선교사 집에서 한 달간 지내기도 했다.

몽골에서는 집 안까지 얼음이 어는 혹독한 추위도 견디어 봤고, 건조한 기후 때문에 몸이 가렵고 딱지가 지는 피부병에 시달리기도 했다. 겨울이 8개월이라고 할 만큼 긴 겨울을 보내고 4-5월이 다 되어도 여전히 춥고, 초록 빛깔이라고는 눈을

씻고 찾아도 보이지도 않는, 너무나 삭막하고 지루하던 몽골의 봄날을 지날 때면 한국의 진달래·개나리가 너무 보고 싶고, 쑥·냉이·달래 같은 봄나물 봄냄새가 그리워 지독한 향수병에 시달리기도 했다.

아프리카 말라위에 오니, 건기에 겪는 더위와 하루 두 번씩 닦아도 쌓이는 붉은 먼지는 그저 일상이고, 집 안 이곳저곳 돌아다니는 작은 도마뱀도 여기저기 똥 싸고 다니는 것만 빼면 귀엽게 봐줄 수 있었다. 하루에 7시간씩 수개월 동안 계속되는 정전과 자주 발생하는 단수로 인해 삶의 의욕이 떨어지고 무력함에 빠지는 날들은 정말 견디기 힘들었다.

하지만 나는 이 모든 불편함을 그리스도와 복음을 위해 겪는 고난이라 생각하였고, 그 가운데서도 부어 주시는 은혜가 항상 넘쳐서 지나고 나면 오히려 그것이 선교사의 훈장 같고 무용담이 되기도 했다. 그런 일들이 힘들기는 했어도 눈물을 흘리며 하나님께 매달릴 일 정도는 아니었다. 하지만 선교사로 살면서 가장 어려웠던 것은 늘 사람이었다.

세상에서 가장 힘들고 어려운 공동체

우리는 누구나 혼자 살 수 없고 늘 관계 안에서 도움을 주기도 하고 받기도 한다. 그러다 보니 사람을 통해서 사랑과 위로를 받기도 하지만, 사람을 통해 쓰라린 패배감과 절망감에 빠지기도 쉽다. 관계 안에서 일어나는 이러한 갈등은 누구나 겪는 것으로, 선교사는 뭔가 다를 것 같고 더 나아야 한다고 생각한다면 이것은 선교사에 대한 큰 오해 중 하나가 아닐까 싶다. 오히려 타 문화권 선교 현장에서 생활하는 선교사는 이 부분에 더 취약한 것이 현실이다.

초임 선교사 시절 나는 동료 선교사와 어려움이 생기면 부끄러워서 누구에게도 말하지 않고 감추려 했다. 다른 선교사들이 서로 갈등을 일으키는 모습을 보면 선교사가 왜 저것밖에 안 되는가 하는 마음이 들기도 했다. 인간적 갈등과 부딪힘은 몇몇 선교사들의 이야기일 뿐 많은 선교사들이 겪고 있는 보편적인 문제일 것이라고는 생각하지 않았다. 대부분의 선교사들이 대인관계로 갈등한다는 것을 인정하기까지는 정말 오랜 세월이 걸렸다.

여러 선교지를 돌아보고 선교사들의 실상을 많이 살펴본 선교 본부 임원들을 통해서 선교사들 사이에 갈등과 분쟁이 끊이지 않는다는 얘기를 들었을 때도 선뜻 납득이 되지 않았다. 어째서 선교사가 타국에까지 와서 함께 의지해도 모자랄 판에 동료 선교사들과 갈등관계를 만들고 그것을 제대로 해결하지 못해 본부 임원들이 관여를 해야 할 정도가 되는지 이해하기 어려웠다. 선교사들의 내부적이고 개인적인 문제를 외부에서 중재를 해야 하는 상황을 만들다니 정말 이해할 수 없었고 수치스러운 일이라고 생각했다. 혹시 후원교회나 후원자들이 이런 사실을 알까 봐 두려웠고, 그렇게 되면 선교사에 대해 얼마나 실망할지 걱정이 앞섰다.

'아니, 선교사들은 왜 이렇게 문제가 많은가? 도대체 무슨 일인가? 선교사들이 일반 사회인들에 비해 뭐가 더 문제인가? 남들은 영적으로 훌륭한 사람이라고 생각하는데 어째서 정작 선교사 본인들은 관계의 갈등에 이렇게 취약하고 쉽게 무너지는 것일까?' 이 질문 앞에서 나는 오랫동안 고민을 했다. 하지만 이런 일들을 점점 더 많이 보고 겪게 되면서 부끄럽지만 이런 선교사의 현실을 이야기하고 싶었다.

한때 세계 2위의 선교사 파송 숫자를 자랑하던 한국 교회는 교회의 성장률 하락과 함께 선교사 파송 숫자도 감소하고 있다. 이 감소 현상은 선교사의 중도 탈락과도 무관하지 않다고 하는데, 중도 탈락하는 가장 큰 이유는 동료 선교사와의 갈등이라고 한다. 이것은 한국 선교사들의 문제를 이해하는 데 매우 중요한 부분이다. 데이비드 보쉬는 선교사들이 자신의 문화를 떠나 타 문화권으로 들어갔을 때 겪는 어려움 중에 가장 큰 것이 동료들과의 관계라고 지적했고, 선교행정가였던 헨드릭 크래머도 세상에서 가장 힘들고 어려운 것이 선교사들 공동체라고 언급했다고 하니 선교사들이 관계에서 겪는 어려움이 얼마나 심각한지 엿볼 수 있다.

깨어지기 쉬운 질그릇

대인관계에서 일어나는 갈등에 선교사들이 이렇게 취약하고 제대로 해결하지 못해서 문제가 되는 첫째 원인으로 많은 선교연구가들은 스트레스를 꼽는다. 타 문화권 사역자들에게는 그 누구보다 더 많은 스트레스 요인이 삶 곳곳에 산재하고 있다. 타 문화 적응의 어려움, 고독, 과다한 업무와 어려운 사역 환경, 의료 기관이나 의약품의 부족, 현지인들로부터 오는 압박감, 선교사의 역할에 대한 혼란, 보호받지 못하는 사생활, 쉬지 못함[55] 등으로 스트레스를 받으며, 복잡한 인간관계와 힘든 문화 적응, 안전과 생존의 위기, 갈등, 고난 등도 선교사에게 심각한 스트레스 요인이다.[56]

스트레스의 정도를 지수로 표시한 토마스 홈스(Thomas Homles)가 만든 '사회 재적응 평가 척도'[57]에서는 스트레스 지수가 0에서 100까지 있다고 볼 때, 식습관의 변화 15, 거주지 변화 20, 가까운 가족의 죽음 63, 이혼 73, 그리고 배우자 사망 스트레스 지수를 100 등으로 측정하여 계산했고 한국 성인들의 스트레스 지수 합산은 보통 40-50이라고 한다. 그런데 선교사의 스트레스 지수는 평균 150에서 초임 선교사의 경우는 400까지 이른다고 한다.

선교사들은 그들이 지금까지 살아온 곳과는 너무 다른 환경에 적응하고 살면서 현지인들을 변화시키고 복음의 선한 영향력을 끼쳐야 한다는 부담까지 안고 있다 보니 해외 이민자들이나 현지 주재원들과는 비교되지 않게 스트레스를 받을 수밖에 없다. 때로는 자신이 느끼지 못하고 인식하지 못하는 사소한 것들도 다 스트레스가 되고 문제의 원인이 된다.

선교사가 겪는 대표적 스트레스를 나열하면, 타 문화 충격과 언어의 불편함에서 오는 문화적(Cultural) 스트레스(이 문화적 스트레스는 선교지에서 살다가 다시 고국으로 돌아갔을 때 역문화충격[58]으로 또다시 겪게 된다), 자연재해, 전쟁, 사고, 정치적 불안정, 기타 충격적 사건 등 위기(Crisis)로 인한 스트레스, 선교사 개인의 약점들이나 가족의 문제 등 해결되지 않은 과거의(Historical) 개인적 문제들로 인한 스트레스, 가족, 동료, 현지인들과의 관계, 자녀양육, 부부갈등, 팀 구성원들과의 갈등, 혹은 사회적 반대와 같은 인간적인(Human) 스트레스, 구체적인 사역에 대한 도전과 압력, 과도한 업무, 많은 훈련, 선교 현장에서 겪는 정부의 관료주의 등에서 오는 업무적(Occupational) 스트레스, 자신의 배경과 조직의 정서와의 부조화, 정책, 일의 방식, 기대 등의 차이에서 오는 조직적(Organizational) 스트레스, 영양 상태, 기후, 병, 노화, 환경 등 전반적으로 건강에 영향을 미치는 요인들로 인한 신체적(Physical) 스트레스, 외로움, 좌절, 우울증, 원하지 않는 습관에 관한 문제 등 감정적 안정감과 자존감에 관련한 문제들과 삶의 각 단계에 관한 이슈들과 관련된 심리적(Psychological) 스트레스, 재정, 주택, 기술적 도움, 목회적 후원 등 후원자(Support)들과의 접촉에 관한 스트레스, 경건 생활, 미묘한 유혹들, 성도들과의 시간, 영적 전쟁 등과 관련된 영적(Spiritual) 스트레스 등 10가지 정도로 볼 수 있다.[59]

이것들 중에 몇 가지를 제외하면 고국에서 생활하는 일반인들에게도 얼마든지 있을 수 있는 요인들이다. 그러나 문제는 선교사들이 이런 스트레스를 겪는 곳이 타국이라는 점이다. 내 고향이 아닌 타국에 살다 보면 작은 문제 하나도 크게 확대되거나 왜곡되는 경우가 있다. 한국에서는 그때그때 스트레스를 풀거나 보상받을 수 있는 여러 가지 방법을 찾을 수 있는 반면에, 선교지에서는 그런 방법들을 찾는 것이 여의치 않다. 특히 낯선 문화권의 적응과정에서 겪는 문화적 이질감이 선교사에게는 상당한 스트레스가 되는데 이 문화적 스트레스가 대인관계에 스트레스로 작용하는 경우도 많다. 쌓여 오는 스트레스를 해결하지 못한 채 또 다른 스트레스를 맞게 되면서 상황은 더욱 악화되기 쉽기 때문이다. 오죽하면 선교사들은 인천공항에 내리는 순간 숨 쉬는 공기가 다르다고 말할까. 어떤 선교사는 한국에만 나오면 꾀병을 앓았던 것처럼, 그토록 아프던 위장병이 사라지고 안질과 피부병이 멀쩡해지고 관절염이 낫는다고 했다. 나 역시 선교지에 있다가 한국을 방문하면 공항에 내리는 순간 어깨춤이 절로 나오고 오랜 비행시간의 피로에도 아랑곳없이 기분이 상승되는 것을 느낀다. 한국에서는 길에서 쓰러져도 죽지 않을 것 같고, 무슨 잘못이나 실수를 해도 해결할 방법이 있을 것 같아 안심이 된다.

그러나 선교지는 반대로 그곳 공항에 내리는 순간부터 긴장이 시작된다. 만반의 준비를 하고 갔어도 어디서 예상치 못한 복병이 나타날지 몰라 나도 모르게 어깨와 뒷목과 관자놀이에 힘이 들어간다. 오래 살아서 이제는 선교지가 제2의 고향 같고, 한국이 오히려 낯설다고 말하는 선교사들조차 외국인으로서 타향에 사는 생활은 말처럼 쉬운 일이 아니다. 왜냐하면 선교사로 산다는 것은 그 나라에서 늘 약자의 입장에 있는 것이다. 어떤 억울한 일을 당해도 싸울 수 없고, 싸워서 이겨서도 안 되는 입장이기 때문이다.

생각해 보면 내가 그다지 힘들지 않다고, 모두 견딜 수 있다고 생각하며 참고 버텨 냈던 선교지의 일상과 환경의 불편함들이 사실은 모두 스트레스 요인이었다. 그리고 대단한 믿음과 의지를 가지고 그런 것들을 극복한다고 생각했지만, 그러느라 긴장하고 어려웠던 것이 대인관계에서 갈등이 생겼을 때 서로를 더욱 힘들게 했고, 지혜롭게 해결하지 못한 원인이 되었을 수도 있겠다는 생각이 든다.

내가 그동안 만나 왔던 선교사들을 보면 하나같이 다들 존경스럽고 특별했고, 훌륭한 면모를 많이 갖추고 있었고, 누가 봐도 예사로운 사람이 아니었다. 놀라운 믿음의 소유자, 하나님의 부르심에 순종하기 위해 자신의 많은 것을 내려놓고 헌신했던 각자의 감동적인 스토리를 가지고 있는 사람들이었다. 그래서인지 선교사로서 스스로 자부심이 상당한 수준이었고, 자신에 대해 갖는 기대와 기준 역시 보통 이상이었다. (그렇지 않으면 어떻게 선교사로 나오겠는가.) 그러나 오히려 그것이 인간관계 안에서는 거침돌이 되기도 하는 것 같다.

우리는 모두 내 안에 보배를 가진 질그릇 같은 존재들이다(고후 4:7). 그 어떤 개인적인 배경과 특별한 간증, 훌륭한 사역의 열매, 고상한 인격조차도 그 안에 간직한 보배를 빼고 나면 그저 부서지기 쉬운 연약한 질그릇에 불과하다. 앞에 나열한 10가지 스트레스 중 몇 가지가 과하게 다가와서 선교사 안에 있는 보배인 복음의 능력을 가려 버리면 우리는 그저 연약한 질그릇이 되어 인간관계 안에서 깨지고 금이 가게 되어 버리는 것이 아닐까.

선교에 관심을 가지고 선교사들을 돕고자 한다면 선교

사들의 삶 속에 있는 스트레스를 이해하고 그 사실을 염두에 두어야 한다. 선교사들의 관계 갈등은 그들의 인격에 특별한 문제가 있어서도, 믿음이 약하거나 소명의식이 부족해서도 아니다. 과도한 스트레스에 오래 노출되면서 자연스럽게 나타나는 현상임을 선교사 본인이나 후원자 모두 받아들여야 한다.

오해하고, 대립하고

알바니아에서 오랫동안 의료선교사로 사역하면서 《선교사 팀 사역과 갈등해결》을 쓴 심재두 선교사는 선교사들 사이에서 일어나는 갈등을 인간적·제도적·사역적·신학적·재정적 갈등, 이 다섯 가지로 분류하여 얘기한다.[60] 내 경우, 평신도선교사로서 제도적·사역적·신학적 갈등을 충분히 겪었고, 이와 관련해서는 앞에서 이야기했다. 선교사라면 누구나 겪는 재정적 갈등, 특히 자녀교육과 관련해서 겪은 재정적 어려움은 3부에서 나누겠다. 여기서는 인간적 갈등, 말 그대로 사람들과의 관계에서 자신의 인간적인 면모로 인해 일어나는 갈등에 대해 말하려고 한다. 선교사에게 갈등을 불러일으키는 대인관계 대상은 함께 사역을 하거나 같은 팀 안에 있는 외국인 선교사들도 있고 현지인 사역자들도 있지만, 뭐니 뭐니 해도 현장에서 만나는 동료 선교사, 특히 한국 선교사이다.

물론 외국 선교단체에서 일하거나 주변에 한국인 선교사들이 별로 없어 외국인 선교사들과 주로 만나고 일하는 경우

(우리의 첫 선교지 우크라이나의 경우가 그랬다) 혹은 외국인 선교사와 한집에 사는 경우에는 외국인 선교사들과도 갈등이 일어날 수 있다. 이럴 경우에는 주로 언어 소통과 문화 차이로 인한 오해에서 갈등이 일어나는 경우가 많고, 한국인으로 서구인들에게 느끼는 '근거 없는' 인종차별에 대한 피해의식이 한몫할 때도 많다. 근거 없다고 하는 것은 실제로 그렇지 않은데도 불구하고 동양인으로서 서구인과의 관계에서 그렇게 느끼고 오해하는 경우가 많기 때문이다. 현지인 사역자들과의 관계에서는 언어 소통과 문화 차이에서 문제가 많이 불거지는데, 거의 충격적인 수준이라서 이로 인한 갈등은 선교사로서 피하기 어려운 일이다. 그러나 언어도 같고 동일한 문화권에서 온 한국인 동료 선교사와의 관계가 어려워지고 심각한 갈등 상황이 되는 것은 참으로 안타까운 일이 아닐 수 없다.

심재두 선교사는 대인관계 갈등의 원인 중 하나가 '오해'라고 말한다.[61] 사소한 오해가 큰 문제를 일으키고 갈등관계가 되면 그것처럼 힘든 일이 없다. 선교사들 사이에서는 서로에 대한 기대가 큰 탓인지, 스스로에 대한 믿음 혹은 영적 확신 때문인지 사소한 일로 오해가 생겼을 때 그것을 풀 수 있는 방법을 관계 안에서 찾기보다는 영적으로 해석하고 영적으로 해결하려고 하는 경우가 많다. 그러나 이것이 오히려 오해를 풀 시점을 놓치고 갈등관계를 악화시키기도 한다.

각자 고착된 성격과 나름의 행동 방식을 가진 성인들이 선교 현장이라는 긴장된 환경에서 만나서 관계를 맺고 일하려면 서로가 애를 써서 알아가고 적응하고 맞추어 가야 한다. 이것은 마치 성인 남녀가 만나서 가정을 이루고 살아가는 결혼 관계와도 비슷하다. 서로 사랑해서 만나고 결혼해서 사는 중에도 어려움이 많이 생긴다. 결혼 관계를 잘 유지하려면 양쪽 모두 부단히 노력해야 하듯이, 선교지에서 뜻이 맞아서 함께 사역하게 된 선교사들도 같이 끊임없이 노력하지 않으면 좋은 관계를 유지하기가 어렵다.

서로 다른 생각이나 다른 삶의 방식으로 인해 벌어진 사소한 오해들이 큰 문제가 되기도 한다. 인간관계 안에서 불편함이 있을 때마다 모든 것을 다 표현하고 드러내는 것도 문제이지만, 마음을 표현하지 않고 혼자서 참는 것도 문제이다. 대화하면서 오해를 풀어 가야 한다. 혼자 골방에서 기도하는 것보다 찾아가서 대면하는 것에 더 큰 믿음과 용기가 필요할 때가 많으니 상황을 잘 분별해서 대처하는 지혜가 필요하다.

갈등관계에서 '오해'가 소극적인 태도라면, '대립'이라는 좀 더 적극적이고 과격한 태도가 나타나기도 한다. 개인적인 관계에서 혹은 선교사 공동체 안에서 서로 다른 방식을 주장하면서 부딪칠 수 있는데, 이때 자신의 의견을 굽히지 않고 계속 주장하는 태도를 보인다면 이것은 당연히 피할 수 없는 갈등을 일으키게 된다. 보통 이런 경우는 서로 간에 상처를 많이 주고받게 되어 갈등관계가 상당히 오랫동안 지속된다. 어느 한쪽이 선교지를 떠나기 전에 해결이 나지 않는 경우도 있고(떠나는 것을 해결이라고 말할 수도 없지만), 오래될수록 그 갈등의 뿌리가 깊어져 해결할 길이 요원한 경우도 많다. 이런 갈등은 당사자만의 문제가 아니고 양쪽을 지켜보는 제삼자들까지도 힘들게 하는 일임에도 불구하고, 가는 곳곳마다 항상 이런 안타까운 일들이 있는 것 같다.

질그릇이면 차라리 깨어져야 질그릇답다. 나의 의로움이나 정의감, 스스로 생각하는 선의 기준을 내려놓지 못하고 나의 옳음과 내가 생각하는 선함을 끝까지 주장하고 자존심과 오기로 버티면서 나를 깨트리지 않으면, 당연히 대립관계를 만들 수밖에 없다. 선교사들은 대부분 하나님 앞에서 인정받은 의로운 사람이라는 믿음을 각자 가지고 있기에, 사람 앞에서도 자신의 믿음과 확신을 쉽게 내려놓지 못하는 것 같다. 다들 주 안에서 특별한 존재들이라는 확신을 갖고 있어서 겸손하게 자신을 낮추는 것을 어려워한다. 그런데 하나님은 능력 있고 강한 사람보다 힘없고 약한 사람을 사용하셔서 그들의 연약함 가운데 하나님의 능력이 드러나는 방법을 더 좋아하시는 것 같다.

당신이 저를 위해 기도해 주세요!

모든 선교사는 이러한 인간적인 연약함뿐만 아니라, 영적인 공격을 늘 받고 있는 존재들이다. 복음을 전하는 선교 현장은 온갖 우상과 악한 영과 싸움을 해야 하는 영적 전쟁터의 최전방이니 모든 선교사가 영적 싸움에 항상 노출되는 것은 피할 수 없는 현실이다. 따라서 선교사들은 자신의 연약함으로 인한 내적 갈등, 자신과 부딪치는 다른 선교사들과의 관계 갈등 이면에 나를 무너뜨리려는 영적인 공격이 있음을 인식하고, 이 영적인 싸움에서 승리하기 위한 노력도 게을리하면 안 된다(엡 6:12).

그러나 성도의 교제가 풍성하며 영적인 힘을 공급받을 수 있는 다양한 프로그램이 넘쳐 나는 고국과는 달리, 선교지에서는 자신의 영적인 양식을 자급자족해야 한다. ('큐티quiet time'는 이런 필요가 있는 선교사들이 처음 시작한 것이다.) 이렇게 자신의 영적인 건강을 스스로 책임져야 하는 상황이다 보니, 스트레스로 지쳐 있을 때 자칫하면 개인 경건 생활을 게을리하기 쉽다. 또한 한국어로 함께 찬양하고 말씀을 들을 수 있는 예배가 쉽지 않고, 인터넷 사정이 좋지 않아 인터넷 설교를 듣는 것도 어려운 지역이 많다. 선교사도 동료와 영적인 교제와 삶의 나눔 등을 통해 위로와 격려를 받아야 하는데, 외롭고 고독한 상황에 홀로 처해 있는 선교사들은 이런 교제와 영적인 힘을 공급받기가 더욱 힘들다.

선교사는 현지에서 만나는 사람들에게 생활적인 도움뿐 아니라 영적으로 정신적으로 공급해 주어야 하는 위치에 있는데, 주는 것에 비해 채워지는 것이 너무 부족하니 영적 상태가 금세 메말라 가고 건조해진다. 이런 현상을 심재두 선교사는 "영적 건조증"[62]이라고 한다. 영적 건강을 위해 성경을 공부하고 연구하는 데 시간을 할애하지 못해 자신은 공급받지 못한 채 타인에게 주기만 하고, 예전에 알고 있던 말씀으로 겨우 살아가다 보면 사역은 많이 하지만 정작 자신은 메말라 간다. '영적 건조증'은 이런 상태를 일컫는다. 선교사의 이러한 영적 전쟁과 영적 건조증은 선교사 본인이 항상 깨어서 스스로 다스려야 하지만, 후원자들의 중보기도가 큰 도움이 된다. 스트레스 상황에서 대인관계 갈등에 취약해져 있는 선교사에게는 누군가의 도움이 절실하기 때문이다.

후원자들을 만나다 보면, 선교사에게 기도 부탁을 하는 사람을 가끔 만난다. 특히 선교 헌금을 봉투에 넣어 주면서 기도 부탁을 할 때면 정말 기분이 이상해진다. 선교사가 무슨 영적 거장이나 기도의 능력이 대단할 것이라고 착각하는 것 같아서다. 그렇게 생각해 주시니 감사하다며 헌금하신 분의 귀한 정성과 마음에 감동하여 헌금자의 부탁과 관계없이 그들을 위해 기도하고 기도해 주려고 노력한다. 하지만 헌금 봉투를 주면서 기도 부탁을 하거나 기도 제목을 같이 넣어 주면, 누군가 용하다는 사람을 찾아가서 봉투를 놓고 소원을 비는 사이비 종교 지도자가 떠오르는 건 어쩔 수 없다. 선교사 중에 특별히 중보의 은사가 있거나 예언의 능력을 가진 분도 있겠지만, 나는 그렇게 용하지도(?) 않고 특별한 기도 능력도 없다. 그러다 보니 내가 선교사라고 해서 특별 기도 부탁을 하는 후원자를 만나면 "제발 저에게 기도 부탁을 하시지 말고 당신이 저를 위해 기도해 주세요!"라고 외치고 싶다.

선교사는 영적 최전선에서 날마다 싸우는 영적 전사들이다. 자기 몸 하나 가누기도 힘들 때가 많다. 까딱하면 죽을 수도 다칠 수도 있는 긴장 속에 있지만 사명을 받았고 그 사명에 순종했기에 그 자리를 지켜내는 사람들이다. 하늘에서 부어 주시는 새 힘과 넘치는 은혜가 없으면 사방에서 밀려오는 스트레스로 인해 한순간에 어떻게 될지 알 수 없는 연약한 질그릇 같은 존재이다. 그런 선교사들에게 기도 부탁을 한다는 것은, 전방에 나가 총 들고 싸우는 보병들에게 후방에 있는 사람들이 자신의 삶의 문제를 부탁하는 것과 같은 것 아니겠는가.

기도는 선교사이건 아니건 우리 모두의 호흡이고 영적 통로이니 누구나 성령의 인도하심에 따라 해야 하는 것이다. 선교사를 무슨 영적 능력이 대단한 사람으로 생각해서 기도 부탁을 하기보다 선교사가 견뎌 내는 어려움을 생각하고 오히려 기도로 힘을 더해 주면 좋겠다. 선교사를 위해 드린 그 기도 한마디가 오늘 선교지에서 외롭고 힘들고 영적으로 메말라 분투하고 있는 선교사에게 단비가 될 것이다.

영광스러운 상처

인도와 네팔에서 오랫동안 의료선교사역을 하면서 수많은 선교사의 정신건강을 돌보아 온 정신과 의사 마저리 훠일(Marjory F. Foyle)은 선교사들이 현장에서 사역하면서 얻게 되는 육체적·정신적·심리적·영적인 상처들을 "영광스러운 상처(honourably wounded)"라고 표현했다. 그가 그렇게 표현한 이유는 선교사들이 현장에서 선교사역을 하는 과정 중에 얻게 되는 상처를 자신의 잘못으로 인한 것이라고 생각하지 않도록 하기 위해서라고 한다.[63]

하나님의 부르심을 받아 선교지로 떠날 때 선교사들은 여러 가지 고난과 위험이 있을 것을 예상하고 오랫동안 기도하며 준비하고 또 기도 후원자들에게 중보기도를 부탁한다. 그러나 막상 현지에서 동료 선교사들과 관계가 어려워져 갈등을 겪고 그 일로 깊은 상처를 받게 될 줄은 생각하지 못한 터라 당황한다. 그래서 그런 일이 생기면 내가 무슨 잘못을 해서 이런가 하며 자책부터 하기 쉽다. 갈등으로 인한 상처와 고통도 힘들지만 이런 갈등 상황이 벌어진 것 자체로 자괴감은 물론 실패감과 수치심까지 든다. 그러다 보니 이런 사실을 드러내 놓고 말하지 않고 숨기고 싶어 한다. 선교사들의 이런 심리를 누구보다 많이 보아 왔고 상담해 온 훠일은 선교사들에게 "이것은 당신만의 잘못이 아닙니다"라고 말해 주는 듯하다. 그녀는 선교사들을 그 땅에 보내신 하나님 아버지에게 오는 위로를 상처받은 선교사들에게 전하고 격려해 주고 싶어 하는 것 같다.

현대사회에서 인간관계에서 벌어지는 갈등을 말할 때 '성격 차이'는 항상 등장하는 핵심 이슈이다. 많은 사람들이 성격이 맞지 않아 갈등이 유발된다고 생각한다. 그런데 훠일은 정신과 의사답게 개인의 성격 차이를 심리적인 측면에서 바라보면서, 선교사 간에 벌어지는 대인관계 갈등이 성격 차이 때문에 일어난다고 말하지 않는다. 선교지에서 그녀가 관찰한 바에 의하면, 성격이 비슷한 사람도 서로 경쟁하며 잘 지내지 못할 수 있고, 성격이 완전히 다른 사람도 갈등하고 긴장하며 잘 지내지 못한다는 것이다. 결국 인간관계에서 벌어지는 갈등은 성격 차이보다 '인격의 미성숙'에서 온다고 본다.

인간이 발달 단계를 거치며 성숙해 가는 과정 중에 어느 단계에서 그 발달이 지연되면서 인격적인 미성숙 상태에 머물게 되는데, 이러한 미성숙한 인격이 성인이 되어 스트레스를 받으면 부정적인 감정으로 나타나서 특별한 이유 없이 다른 사람에게 표현될 수 있고, 대인관계에 어려움을 초래하게 된다는 것이다. 그러면서 누구를 신뢰하지 못하는 것, 자랑하는 것, 과다하게 교리적인 것, 사건을 극화시키는 것, 지속적으로 과장하는 것, 부정적인 감정이 지나치게 계속되는 것, 동료·가족·친구를 지나치게 의존하는 것, 말하자면 어떤 문제에서 지속적으로 과잉 반응을 보이는 것을 미성숙함을 나타내는 표시로 꼽고 있다.[64] 선교지에서 선교사들이 단순히 성격 차이 때문에 갈등을 겪는 것이 아니라 미성숙된 인격이 스트레스를 받으면 부정적인 감정으로 올라와 특별한 이유 없이 관계를 어렵게 할 수 있다는 휘일의 통찰은 관계의 갈등 아래 있는 선교사들이 스스로 기억하고 신중하게 인식해야 할 문제이다.

그럼에도 불구하고 이런 개인적 문제로 인한 갈등과 그로 인한 상처조차 영광스러운 상처라고 할 수 있는 까닭은, 그렇게까지 받지 않아도 되는 과다한 스트레스를 받으면서 그 현장에 있기로 스스로 선택한 사람들이기 때문이다. 선교사들은 하나님의 나라와 그의 거룩한 복음의 뜻을 위해 그 삶을 살기로 선택한 사람들이기에 그들이 받는 수많은 상처와 아픔을 영광스러운 상처라고 말할 수 있는 것이다.

뭉치면 살고 흩어지면 죽는가?

선교사는 대인관계에서의 인격적인 부딪침 외에도 사역

적인 측면과 조직적인 측면에서도 어려운 상황에 처하고, 이것이 결국 대인관계의 갈등 요인이 되는 경우가 많다. 주로 같은 조직에서 일하는 팀 사역 구조에서나 동역관계에서 일하는 스타일이 맞지 않을 때, 공동체의 비전이나 사역의 방향에 대한 이해나 동의 부족으로 함께 뜻을 맞추기 어려울 때, 팀의 내부 규칙의 모호함이나 규정의 적용과 해석 차이, 또는 각자 맡은 역할에 대한 이해 차이가 생길 때 갈등이 생긴다. 때로는 내부 규칙을 지키는 것을 타인에게 속박당하는 것으로 여기는 선교사 개인의 독립심과 자율성을 우선적으로 요구함으로써 갈등이 일어나기도 한다.[65] 이런 문제가 많아서 그런지 한국 선교사들은 서구 선교사들에 비해 의외로 팀 사역을 어려워하며 팀 사역을 제대로 하는 선교사가 많지 않다고 알려져 있다.

한국 선교사들의 동료 간의 갈등 중 가장 흔한 예는 선임 선교사와 후임 선교사 간의 갈등이다. 사실 두 가정만 모여도 팀 사역이라고 할 수 있는데, 이런 경우에도 문제가 생기고 갈등을 일으켜 상처만 남고 헤어지는 경우가 많다. 한국 사회는 예로부터 공동체의 가치를 소중히 여기고 개인보다 집단을 우선시하는 문화가 있는 걸로 알려져 있는데, 개인주의적 가치를 중요시한다고 알려진 서구 선교사들보다 한국 선교사들이 팀 사역을 더 어려워하고 잘하지 못한다는 사실은 참 이해하기 어려운 대목이다.

많은 사역자를 상담해 온 루이스 맥버니(Louis Mcburney)는 선교사들의 특징을 개인주의 성향이 강한 유형으로 보았다. 대부분 모험적인 일을 좋아하고 혼자 일하는 성향이어서 팀에 소속되어 다른 사람의 지시를 받는 일에는 그다지 기량이 좋지 않고 독립적인 자기만의 방식으로 일하는 것을 좋아한다고 한다. 또한 그들이 만나는 현지인들은 다 그들을 '지도자'로 보아 주기 때문에 현지인들과 일할 때 훨씬 편안하고, 팀 안에서 소속되어 보고를 하고 지시를 받는 일은 영 불편하게 느끼기 때문이라고 한다.[66]

휘일은 선교사들 사이에서 특별히 선임 선교사와 후임 선교사가 팀을 이루어 사역을 하는 경우에 서로 간에 과도한 기대가 관계를 망치는 경우가 있음을 설명하고 있다.[67] 어떤 선임 선교사는 후임 선교사가 오면 본인 혼자 감당하던 일을 나누어서 진행하고, 혼자서는 감당하지 못해 생각만 하고 있던 일도 함께 할 수 있으리라 믿는다. 또 외롭게 혼자 일할 때보다 스트레스와 부담이 훨씬 덜할 것이라고 생각한다. 하지만 그것은 정말 과도한 기대이고 오산이다.

후임 선교사는 선임 선교사를 도우러 오는 것이 아니다. 후임 선교사에게도 선교 비전이 있고 본인의 장점과 약점이 있다. 후임 선교사는 선임 선교사가 미리 닦아 놓은 선교 기반 위에서 자신의 장점을 이용해 본인의 비전을 펼치기 원하지, 선임 선교사의 뜻에 맞추어 나가다가 자신의 약점이 드러나는 것을 원치 않는다. 또한 선임 선교사와 세대가 다른 후임 선교사는 선임 선교사의 '낡은 방법'을 마음에 들어하지 않게 되고, 자신이 새로 배운 훈련을 바탕으로 한 영향력을 선교지에서 드러내고자 애쓰게 된다. 그런 상태를 선임 선교사는 반가워할 리가 없기에 두 세대 간에 긴장 상태가 생기며 상태가 악화되면 협력

을 거부한 채 각자 따로 행동하는 상태에 이르게 된다.[68]

이런 관계에서 함께 지내다 보면 선임 선교사는 후임에게 실망을 하고 후임 선교사는 열정이 좌절로 변해 선교의 목적과 방향이 흔들리면서 관계가 어려워진다. 서로에게 원하는 기대가 다른데, 자신의 기대를 내려놓고 지혜롭게 서로의 뜻을 맞추어 나가지 못한다면 두 선교사가 오랫동안 화합하며 동역하기란 쉽지 않다. 하나님의 뜻 안에서 만난 관계를 귀하게 여기고 서로 인내하고 기도함으로 성령의 하나되게 하심에 힘써야 하지만, 때로 그 과정이 너무 소모적이라 생각된다면 일찌감치 분리하여 사역의 규모가 다소 줄어들더라도 각자 독립적으로 사역하는 것이 더 나은 방법일 수 있다.[69] 함께 사역하는 관계가 아니면 훨씬 더 편하게 지낼 수 있는 사람인데 공동 사역으로 얽혀서 갈등하고 상처 입는 경우가 많기 때문이다. 갈등관계에 있을 땐 재빨리 나의 연약함을 인정하고 불편한 관계를 정리하는 것도 선교지에서 갈등을 해결하는 한 가지 방법이 될 수 있다.

나의 경우, 팀 사역에 대한 환상이 있었다. 잘해 보고 싶은 마음에 이런저런 노력도 많이 했으나 생각대로 되지는 않았던 것 같다. 초임 선교사 시절에는 선임 선교사의 선교마인드나 사역 방식을 보고 회의감과 비판적인 생각이 드는 것이 사실이다. 그래서 뜨거워서 데일까 무섭다는 소리를 듣기도 하지만, 그렇다고 초임 선교사로서 선임의 구세대적인 기존 방식에 모두 동의하고 비판의식이나 문제의식을 갖지 않는 것도 좋은 태도는 아니다. 그러나 그것을 표현하거나 자신의 삶과 사역에 적용할 때는 하나님이 주시는 믿음과 지혜 그리고 개인의 인격 성숙이 더욱 필요하다.

내가 선임이 되었을 때는 후배 초임 선교사들에게 적어도 기득권을 주장하는 식의 '갑질'은 하지 않으려고 노력했다. 갓 도착한 젊은 후배 선교사들보다 한국 사회나 교회의 분위기를 파악하는 센스와 현대 선교 동향에 대한 이해는 뒤떨어질 수 있으나, 선교지에서 먼저 살아온 세월만큼의 여유를 가지고 그들을 수용하고 이해해 보려고 했다.

하지만 선교사 간에도 세대 차이는 피해 갈 수 없었는지 나도 모르게 옛날 고생한 얘기가 나오고, 그들이 현재 겪고 있는 부적응의 고통을 당연히 거쳐야 할 절차로 여겨 많이 공감해 주지 못하는 나 자신을 발견했다. 내가 거쳐 왔던 실수와 실패를 반복하지 않았으면 하는 마음에 하는 말이 결국은 불필요한 조언이 되거나 "나 때는 말이야"라는 '라떼'를 나도 모르게 제작하는 모양새가 연출되기도 했다.

젊은 세대들의 독립성과 자율성, 그들의 경계를 다 인정하고 보장해 주기에는 내 사고가 너무 경직되어 있음을 깨달았지만, 그 격차를 좁혀 가는 것이 생각보다 감정 소모가 많았고 그 자체로 스트레스가 되었다. 하나님의 은혜로 말라위에서의 팀 사역은 자연스럽게 해체되고 각자 독립해서 사역을 잘 감당하고 있지만, 내 안에 남은 실패감은 연약한 질그릇으로서의 나의 한계를 깨닫게 하였고 더욱 겸손히 나의 영원한 동역자, 선교사 선배, 내 삶과 사역의 리더가 되시는 주님만 의지하게 하는 계기가 되었다.

현지인 사역자와의 갈등

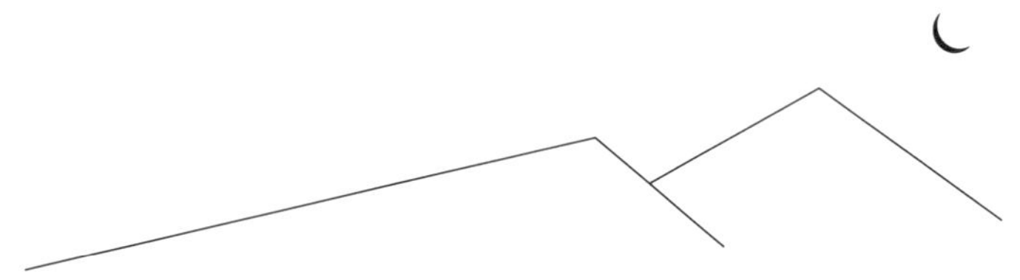

관광비자와 거주비자

선교훈련을 받을 당시에 들은 일화 중에 잊히지 않는 것이 하나 있다. 누군가 "단기 비전트립으로 선교지에 갔을 때는 모든 것이 그렇게 감동스럽고 좋은데, 장기 선교사로 가면 똑같은 곳의 상황이 왜 그렇게 힘들고 어렵게 느껴지냐"고 물었다. 그러자 가르치던 선교학 교수님이 "아~ 그건 관광비자와 거주비자의 차이입니다"라고 답하여 모두 배를 잡고 웃었던 기억이 있다. 벌써 오래전 일인데도 잊어버리지 않고 생각이 난다. 농담 같은 그 말에 담겨 있는 깊은 선교학적 통찰 때문일 것이다.

며칠간 단기선교를 온 사람들은 선교 현장의 모든 것이 아름답게 보이고, 모든 현지인이 순수해 보이고, 선교지의 형편을 안타깝게 여겨 어떻게든지 더 도와주고 싶어 한다. 그러나 선교 현장에서 항상 그들을 대하고 일하는 장기 선교사들의 입장은 그렇지 않다. 장기 선교사들이 바라보는 현지인, 특히 현지인 사역자들은 거짓말을 잘하고, 성실하지 못하고, 시간 약속뿐 아니라 다른 약속도 잘 지키지 않고, 계속 받기만 하려 하고, 주어도 고마운 줄 모르고, 바라는 것을 얻기 위해 옆에서 충성하는 척하다가도 어느 한순간 배신하고 떠나가고, 잘하지도 못하면서 근거 없는 자신감만 앞서 자기가 한 일의 결과에 책임지려 하지 않는 사람들이다. 잠시 단기선교를 위해 다녀가는 사람들과 그곳에서 장기로 사역하는 선교사들의 현지인들을 향한 시각이 이렇게 차이가 나는 이유는 무엇일까? 이 문제를 따져보기에 앞서 장기 사역 선교사가 현지인 사역자들을 향해 이와 같은 부정적 시각을 가지고 있다는 것 자체가 선교사 자신에게 얼마나 큰 스트레스이며 불편한 일인지 생각해 보면 참 답답하고 가슴 아프다.

현지인들을 향한 이런 부정적인 시각에는 선교사가 받는 문화충격이 큰 역할을 한다. 문화충격은 잠시 머무는 여행객들에게도 나타나지만 장기로 체류하는 사람들에게 더 흔히 나타나는 현상이다.[70] 장기로 사역하기 위해 현장에 파송된 선교사들도 처음에는 모든 것이 새롭고 신기한 마음에 배우려는 자세를 가지고 더 알아가기 원한다. 하지만 그 나라 문화와 사람들을 점점 더 알게 되고 함께 일하는 과정에서 이런저런 실망스러운 일들을 경험하면서, 소위 말하는 선교사와 선교지 사이의 '밀월 기간'이 끝나게 된다. 그러면 선교사는 그 나라 문화와 사람들의 관습과 태도를 신기하고 새롭게 느끼기보다 부정적이고 비판적으로 생각하게 된다.

선교사가 다른 문화를 접하면서 단지 놀라고 신기한 느낌을 넘어서서 타국에서 자신의 존재 기반까지 흔들리는 경험을 하게 되면, 그 잃어버린 자신의 기반을 되찾기 위해 그 문화의 모든 신호를 다시 익히려 하니 그 과정에서 스트레스를 받게 된다.[71] 그것이 얼마나 힘들고 어려운 과정이었던지, 나의 지난날을 회상하니 새삼스레 피로감이 몰려온다. 내가 살아가며 관계해야 하는 그 사회의 문화적 기반 가운데 어떤 것은 마음으로 받아들이기가 정말 힘들고 시간이 오래 걸렸으며 여전히 이해도 동의도 안 되는 것들이 많으니 말이다.

알고 보면 다 사정이 있다

나는 25년 동안 남편과 함께 세 곳의 선교지를 옮겨 다녔다. 옮기는 곳마다 각각 다른 문화충격을 경험해야 했다. 처음 우리가 발 디딘 선교지 우크라이나는 1990년대 중반 구소련에서 갓 독립한 직후라 소련의 간섭에서 자유로워진 대신 물자 지원이 끊긴 상태로 모든 것이 부족했다. 사람들은 정말 가난했는데, 농사를 지어 구소련 각 지역으로 수출했던 그 넓고 비옥한 땅은 농기구가 제대로 보급되지 않아 그대로 방치되어 있었고,

관공서나 학교 등에 근무하는 직장인들도 6-10개월씩 급여 대신 설탕이나 소시지를 받는 등 말도 안 되게 어려운 상황이었다.

우리는 그때 우리 생활비에서 십일조와 구제헌금을 따로 떼어놓고 기도하면서 우리가 만나는 사람 가운데 도움이 필요한 사람들을 돕고 있었다. 우리도 어렵지만 아끼고 아껴 도움을 주는데 정작 그 사람들의 돈 쓰는 방법이 우리 문화와 너무 달라 참 마음이 많이 상했다. 이들은 돈이 없다고 도와 달라고 하고선 돈이 생기면 여자들은 제일 먼저 옷, 신발, 가방, 염색 등 몸치장을 하는 데 썼다. 또 어떤 사람은 10개월 만에 밀린 월급을 받아 당시 최신 평면 텔레비전을 샀다고 자랑을 했고, 어떤 여성은 몇 달치 월급에 해당하는 모피코트를 샀다.

그런 이야기를 들으면 맘이 상해 더 이상 그들을 돕고 싶지 않았고 도와줬던 것도 빼앗아 오고 싶은 생각이 들기도 했다. 내 상식으로는 돈이 없다가 생기면 식구들의 건강을 위해 먹을 것을 먼저 사고 여유가 되면 어려울 때를 대비해 저축을 할 것 같은데, 그들은 자신을 치장하는 일과 꼭 필요하지도 않은 신형 가전제품을 사는 일에 돈을 쓰니 도무지 이해가 되지 않았다.

그러나 나중에 알게 된 사실은, 보릿고개의 아픔이 있던 한국과 달리 광활하고 비옥한 땅을 가진 농업 국가에 살았던 그들은 양식이 풍족했기 때문에 먹는 것은 그다지 중요한 일이 아니었다. 그들에게 중요한 것은 다른 사람에게 보여지는 체면과 자존심이었다. 슬라브 여인들에게는 '스타일'보다 더 중요한 것이 없다고 스스로 말할 정도였다. 그리고 혼란한 시국을 지나며

화폐 개혁을 몇 번 단행했고, 그때마다 현금이 휴지조각이 되는 쓰라린 경험을 했기에 이들에게 현금은 더 이상 중요한 재산이 아니었다. 이들은 돈보다 현물이 안전하고 실용적이라고 생각해서 돈이 생길 때마다 먼저 값비싼 물건을 샀고, 형편이 어려워지면 옷이든 가전제품이든 되팔아 썼던 것이다.

나와는 전혀 다른 그들의 사회 환경과 문화 구조에서 나온 가치관과 생활 방식을 알게 되니 성급하게 그들을 평가했던 것이 너무나 부끄러웠다. 이는 내가 다른 문화적 차이들을 볼 때 성급하게 판단 내리는 것을 보류할 수 있는 큰 교훈이 되었다.

나중에 몽골로 사역지를 옮겼을 때 몽골도 구소련의 영향인지 비슷한 소비 성향이 있는 것을 발견했는데, 우크라이나에서의 기억을 떠올리며 그들을 이해하려고 노력했다. 결국 문화충격이라고 하지만, 내 입장에서 충격이지 그들에겐 다 그럴 만한 사정이 있는 그들만의 생존 방식이었던 것이다.

선교사이며 유명한 문화인류학자인 폴 히버트(Paul Hiebert)는 사람들의 익숙했던 삶의 대처 방식과 기준들이 제기능을 발휘하지 못할 때 문화충격에 놓이게 되고 이때 혼동과 두려움으로 분노가 일어난다고 말했다.[72] 휘일은 환경을 바꾸게 되면서 낯익은 문화적 신호를 잃게 되는 것이 문화적 충격의 원인이 된다고 한다. 고국에서는 사람들의 다양한 신호를 잘 알기 때문에 그것을 통해 상대방의 행동을 해석하고 이해할 수 있지만, 새로운 곳에서 환경이 바뀌면 한 문화가 지니고 있는 모든 신호를 다시 익혀야 하기에 이런 일이 사람을 힘들게 하고 충격을 받게 한다는 것이다. 이렇게 문화적 충격을 받으면 성품이 좋은 사람도 갑자기 화를 터트리는 등 분노와 과잉 염려의 증상이 나타나며, 새로운 문화를 익히고 적응해 가는 과정에서 피로감을 느낀다고 한다.[73] 이런 현상에 대해 《선교 심리학》을 쓴 로널드 코체스키(Ronald L. Kotesky)는, 문화충격은 1-2년 안에 회복되는 반면 문화적 스트레스는 선교사들이 선교지에서 새로운 사고방식과 방법으로 살아가면서 그 새로운 환경을 받아들이고 자신의 문화처럼 편하게 받아들이게 되기까지 겪게 된다고 말한다.[74] 이 말을 적용해 보면, 내가 선교지의 방식을 받아들이고 나의 것처럼 편하게 생각하기 전까지는 문화 차이에서 오는 충격이 내게 스트레스를 주는 요인으로 남아 있었던 것이다.

손님은 거실에

선교훈련을 받는 동안 들은 잊히지 않는 또 하나의 교훈이 있다. 선교사 신분으로 오랫동안 한국에 와 있던 미국 선교사가 선교 영어를 가르치면서 했던 말이다. "사역하는 그 나라에서 여러분은 언제나 손님인 것을 잊으시면 안 됩니다. 손님은 주로 거실에 앉아 있다가 돌아갑니다. 절대로 안방에까지 들어가서는 안 됩니다." 당시에는 물론이고 그 후로도 오랫동안 나는 그 말뜻을 제대로 이해하지 못했다. 후에 풀러 신학교에서 문화인류학을 공부할 때 내부자와 외부자 개념을 배우면서 선교사는 손님이고 외부자의 입장에 있다는 것을 알게 되었다.

선교사가 선교지 문화 안에서 비기독교적인 요소를 볼

때는 매우 안타깝고 답답하다. 그래서 저들에게 그리스도의 복음을 가르치고 그들의 비성경적인 문화가 하나님이 기뻐하시는 형태로 속히 바뀌기를 간절히 소망한다. 하지만 선교사의 역할은 딱 여기까지다. 여기에서 더 나아가 선교사가 직접 그 문화 구조를 뜯어고치려 한다면, 그것은 손님의 신분을 넘어서는 것이다. 그런데 나를 포함해 많은 선교사들은 선교지의 문화를 바꾸는 것이 선교적 사명인 줄 알고 앞장서 실행해 왔던 것 같다. 선교사는 어디까지나 외부인의 입장이고 손님의 신분임을 잊지 않아야 하는데, 기독교의 이름으로 말씀의 잣대를 들이대면서 그들 고유의 문화적 형태나 가치관을 함부로 판단하고 그들의 삶에 간섭하고 나서서 왈가왈부하는 것은 거실의 경계를 넘어 그들의 안방에까지 들어가는 형태이다.

피치 못해 그들의 안방에 들어가야 할 때는 동의와 허락을 구해야 함에도 그렇게 하지 않는 경우가 많다. 혹시라도 동의와 허락을 구해도 그들은 약자의 입장에 있기 때문에 거절이나 싫은 내색을 잘 못한다. 억지로 동의하는 척했던 것을 선교사가 민감하게 알아채지 못하기도 하고, 더 심한 경우에는 선교사가 가진 막강한 권력이나 재력으로 그들의 가치 체계와 오랜 삶의 방식 깊숙한 곳까지 들어가는 경우도 있다. 이것은 그들의 문화의 본질을 건드리고 간섭하는 것이며 눈에 보이지 않는 폭력을 행사하는 태도이다.

풀러 신학교 인류학 교수였던 찰스 크래프트(Charles H. Kraft)는 선교사의 손님됨의 개념을 "배우는 자인 하급자의 지위"라고 표현했다.[75] 그들의 사회 문화 구조와 생활 방식이 비기독교적으로 보이거나 선교사가 가지고 있는 문화적 양식과 맞지 않는다 할지라도, 그것을 부정적으로 보고 반대하고 바꾸려고 하기 전에 그 사회가 그것을 어떻게 수용하고 있는지, 기뻐하는지 힘들어하는지, 그 안에서 일하시는 성령 하나님은 그 문화 구조를 어떻게 사용하고 계시는지를 손님의 위치에서 배우려는 자세가 있어야 한다. 낮은 자로서의 이러한 겸손한 태도를 가진다면, 큰 소리 치며 가르치려 하거나 지배하려 들지 않고 현지인들과 거실에서 차를 마시며 담소하듯이 서로 편안하게 이야기하는 중에 신뢰를 쌓고 협력하는 동반자 관계를 가질 수 있을 것이다.

인류학적 관점에서 보면 변화의 주체는 손님인 선교사가 아니라 내부자, 즉 현지인들이 되어야 한다. 그들이 성령의 인도하심에 따라 스스로 일어나 변화의 주체가 되기까지 기다리지 못한 채 너무 앞서가고, 변화가 잘 되지 않는다고 애를 태웠던 수많은 기억과 함께 떠오르는 현지인들의 얼굴을 생각하니 참 부끄럽고 미안하다.

잊지 못할 실수

몽골 사람들의 소비문화에 대해서는 우크라이나에서의 경험이 있어서 그런대로 이해할 수 있었지만 그들의 성 문화와 결혼 문화, 가족 구성 형태와 관련해서는 수용하기 참으로 난감한 부분이 많았다. 몽골에서 만난 많은 소녀들은 사춘기가 지나면서 남자 친구가 생기면 성관계를 하고 임신을 하는 데 매우 자유로웠다. 부모도 사회도 그런 성 문화를 그다지 규제하지 않는 듯했다. 아이의 아빠가 동의하면 아이를 낳고 함께 살기 시작하고, 너무 어린 나이에 출산을 해서 아이 아빠가 책임을 지지 않으면 외할머니나 다른 가족이 아이를 양육하는 것이 아주 흔했다. 어떤 이유에서인지 한국이나 서구권처럼 혼전 임신을 해도 낙태를 하는 경우는 그리 많지 않았다.

이런 현상은 대학생 나이가 되면 더욱 두드러져서 신학생이나 사역자들, 교회 리더들, 그리고 나름 신앙심이 깊다고 생각한 청년들도 혼전 임신이 꽤 흔하게 일어났다. (돌이켜 생각해 보면 그것은 신앙심과는 그다지 관련 없는 그들의 문화적 분위기였던 것 같다.) 그래서 많은 선교사들이 골머리를 앓았고, 해결 방법이라고는 임신을 한 자매들의 사역을 갑자기 중단시키고(심한 경우에는 다니던 신학교에 통보해 퇴학 조치를 한 경우도 있다) 설교 시간이나 성경 공부 시간을 통해 순결 교육을 시키는 것이 최선이었다. 그 사회에서는 충분히 있을 수 있고 받아들여지는 일이었어도 선교사들이 이를 싫어하고 반대하니 소녀들은 임신을 하면 연락을 끊고 교회에 나오지 않는 일이 잦았다. 결국 선교사들은 열심히 양육하고 훈련한 청년 자매들을 혼전 임신으로 잃게 되었다.

결혼을 하고 가정을 이룬 다음에 아이를 낳아 기르는 전통적인 가족 구조만이 성경적이라고 생각한 선교사들에게는 그들이 결혼도 하지 않고 아이부터 낳는 것이 불편하다. 그런데 몽골에서는 아버지가 누구든 크게 상관없이 아이를 낳고 기르는 것이 흔해 한 가정에 아버지가 다른 형제자매가 여럿 있는 것이 예사였다. 이런 몽골의 성 문화와 결혼 문화, 가족 구조는 그야말로 문화충격이었다. 기독교 1세대인 몽골 교회는 주로 청년들로 이루어져 있었는데, 이런 교회에서 청년들과 사역을 해야 하는 선교사들은 이 문제를 어떻게 다루어야 할지 고민이 깊었다.

우리 부부가 치과대학생들과 함께 개척한 교회의 한 청년 사역자에게도 이런 일이 생겼다. 개척교회에 아직 전도사도 없고 리더도 딱히 세워지지 않았던 터라 찬양 인도자가 현지인 리더 역할을 할 때가 많았는데, 그 청년 사역자가 찬양 인도자였다. 어느 날 여자 친구를 교회에 데리고 나와 소개시키면서 지금 임신 중이라고 했다. 그동안 나는 이미 듣고 본 일이지만 그래도 우리 교회에서 일어나니 몹시 당황스러웠다. 지금 생각하면 그다지 큰일이 아니나, 10여 년 전에만 해도 청년 사역자의 혼전 동거와 임신은 선교사로서 용납하기 쉽지 않았다. 그러나 매주 앞에 나와 찬양 인도를 하고 회중 기도를 인도하는 그 청년에게 사역을 그만두라고 할 수가 없었다. 그를 대체할 사람도, 그럴 여유도 없었다. 그래서 내가 취한 방법은 두 사람을 빨리 결혼시키는 것이었다.

당시에 몽골 선교사들은 결혼하지 않고 동거하고 있는 부부들을 위한 웨딩 사역을 많이 진행하고 있었다. 한국 교회에서 웨딩드레스와 예식 장식품 등을 가져와서 결혼식을 하지 않고 사는 몽골 부부들에게 성경적인 결혼관과 가정의 의미, 아내의 역할과 남편의 역할 등을 가르치고, 결혼 예식을 해 주는 사역이었다. 나 역시 그 사역에 많이 참여하고 있어서 예식에 필요한 물품이 우리 교회에도 구비되어 있었다. 나는 두 사람을 불러서 교회에서 결혼식을 하면 어떻겠는지 물었다. 그런데 놀랍게도 그들은 원치 않는다고 했다. 그들의 부모님이 기독교인이 아니기 때문에 교회에서 하는 결혼식에 참석하지 않을 것이라는 이유에서였다.

그러면 부모님을 모시고 나중에 따로 결혼식을 하더라도 먼저 하나님과 여러 성도 앞에서 혼인서약을 하고 두 사람이 정식으로 부부가 되는 것이 어떻겠냐고 제안했으나 그들은 별로 내키지 않아 했다. 그뿐만 아니라 교회의 리더 역할을 했던 다른 청년들도 그 두 사람이 아직 결혼할 준비가 안 되어 있다면서 내 계획에 동의하지 않았다. 난감해진 나는 고민이 많이 되었으나 어떻게든 이들이 결혼식을 해야 한다는 생각에 사로잡혀 두 사람을 한동안 집으로 불러서 수차례 혼전 상담을 하고, 마지막에는 서로가 서로를 남편과 아내로 생각하는지 확인을 얻어 낸 후 그 대답 하나만 가지고 두 사람의 결혼식을 깜짝 이벤트로 준비하였다.

나는 교회의 원로 격이신 나이 많은 몽골 의사 선생님께 결혼식 순서를 가르쳐 드리며 주례를 부탁했고, 몽골 예식대로 두 사람의 화합을 상징해 불을 피우는 작은 화로를 비롯해 결혼식 음식과 꽃다발, 부케, 웨딩드레스 등을 예배실 옆방에 준비해 놓았다. 그런 다음, 주일 예배 후 광고 시간에 두 사람을 예고 없이 앞으로 불러내어 부부임을 광고하고 축하를 해주겠다고 했다. 그리고 자매를 옆방으로 데려가 준비한 웨딩드레스를 입혔다. 주례를 부탁한 몽골 의사 선생님이 앞에 나오셔서 성경 말씀을 읽어 주고 혼인서약을 시키니, 갑자기 벌어진 깜짝 이벤트에 청년 사역자는 놀라면서도 재미있어했고 신부도 예쁜 웨딩드레스와 부케에 기분이 좋아져 시키는 대로 혼인서약에 동의를 했다. 서양식인지 한국식인지 모를 결혼식이 몽골 교회에서 치러졌지만 모두 함께 웃으며 행복하게 기념사진을 찍고 즐거워했다. 신랑신부만 몰랐지 온 교회가 함께 준비한 이벤트였기에 결혼 예식은 내가 계획한 대로 잘 치러졌고 그제야 안심하고 그 청년을 찬양 인도자로 세울 수 있었다.

일 년쯤 후에 이들은 부모님과 온 교회 성도들을 초대해 몽골식으로 성대한 결혼식을 다시 올렸고 우리 모두 참석해 축하해 주었다. 한편 나는 그 결혼식에 앉아서 많은 생각을 했다. '내가 준비했던 깜짝 결혼식은 누구를 위한 것이었는가? 과연 그렇게 할 필요가 있었는가? 나는 그 깜짝 이벤트를 통해 이들이 정식으로 부부가 되었다고 스스로 만족해하고, 그 청년이 교회에서 떳떳하게 찬양사역을 할 수 있게 되었다고 좋아했었는데, 과연 그렇게 하는 것이 맞았는가? 이들은 자기들의 혼인 문화 안에서 적절한 타이밍을 찾고 있었던 것 아니었을까? 관혼상제는 그 나라의 가장 본질적이고 핵심적인 문화인데, 외국인인 내가 무슨 권리로 그들의 문화와 전통에 무례를 범했는가? 결혼 예식이 그만큼 신성하고 거룩한 것이라면 더욱더 현지인들의 입장에서 그들이 생각하는 신성한 기준에 맞춰 그들이 준비되었을 때 해야 하는 것 아닌가? 찬양 인도자라면 정결해야 한다는 나의 종교적 가치관 때문에 깜짝 이벤트를 하면서까지 오로지 나의 기준과 만족을 위해 아이들 장난 같은 결혼 예식을 했던 것은 아니었나?' 이런 생각이 밀려오니 미안함을 감출 수가 없었다. (벌써 십수 년이 지난 일이다. 이제 그들도 마흔을 바라보는 원숙한 부부로 아이들 낳고 잘 살면서 우리 부부와 자주 연락을 하고 있지만, 그 일에 대해 정식으로 사과를 한 적이 없다. 이 지면을 통해서라도 미안하다고 말하고 싶다.)

그리고 몽골의 성 문화와 결혼 문화, 가족 형태가 잘못되었다고 판단했던 나의 기준은 기독교적·성경적 가치관이라기보다는 유교적인 것, 남성 우월주의적이고 가부장적인 제도와 문화에서 나온 것임을 이후 더 깊이 알게 되었다.[76] 요즘 한국도 성 문화와 결혼 문화, 가족 구조가 많이 변화하고 있는 것을 보면 더욱 나의 섣부른 행동에 부끄러운 생각이 든다. 선교사가 가진 문화적 기준이 모두 성경적이고 그 시대를 막론하여 항상 진리가 아닐 수 있다는 것을 생각하게 하는 사건이었다.

쉬운 선교는 없다!

겨울이면 영하 40도까지 쉽게 내려가고 비도 눈도 잘 오지 않아 건조한 사막 기후인 척박한 자연환경 속에서 유목 생활을 하며 동물들과 함께 생존하기 위해 강해질 수밖에 없었던 몽골 사람들의 거친 성격으로 인해, 마음 약한 나는 몽골 선교사로 있던 내내 많이 힘들었다. 안식년을 이용해 선교학 공부까지 하다 보니 아는 게 병이라고, 아는 만큼 부담은 더 많아지는데 아는 만큼 실천하지 못해 더 고민해야 했다. 그러다가 몸이 아파서 미운 정 고운 정이 다 들었던 몽골을 떠나게 되었다.

한국에서 투병 생활을 하는 동안 힘들기도 했지만, 그 시간을 통해 새롭게 하나님을 만나면서 나 자신을 돌아보게 되었고 기적과 같이 몸과 마음이 회복되는 은혜를 경험하였다. 성령의 일하심보다 앞섰던 나의 열심과 하나님의 이름으로 만족시키려 했던 나의 인정 욕구, 그리고 하나님의 거룩한 성전인 줄 모르고 내 육체를 귀하게 돌보지 않았던 지난날을 회개하고 나니, 다시 한번 기회를 주시면 그동안의 잘못을 돌이켜 제대로 선교하고 싶다는 소망이 생겼다. 그리고 때가 되니 마치 기도의 응답처럼 남편이 오랫동안 마음에 품었던 아프리카 땅, 말라위에서 사역 요청이 왔고, 나는 선교사로서 내 삶의 마지막 장을 쓰는 마음으로 남편과 함께 우리 인생의 마지막 선교지가 될 말라위로 오게 되었다.

말라위는 영어권이라 언어를 새로 배우지 않아도 되었고, 지금껏 만났던 그 어떤 사람들보다 온순해 보이는 현지인들을 보면서 그동안 쌓은 경험과 경력으로 이제 좀 쉽게 선교할 수 있으리라 생각했다. 그러나 그것은 내 인생 최대의 착각이었다. 세상에 쉬운 일은 없고, 쉬운 선교는 더더욱 없다. 선교사로서 그동안의 경험과 경력이 새로운 땅 새로운 사람들 앞에서는 아무런 도움도 되지 않는 것 같았고, 문화충격이라면 아프리카만 한 곳이 또 있을까 싶을 정도이다. 검은 대륙 아프리카, 광활하게 넓은 땅이니만큼 다양한 측면이 있겠지만, 아직은 사람들에게나 선교사들에게 너무나 알려지지 않은 미지의 땅. 텔레비전에서 보여 주는 자선 단체들의 후원 모금을 위한 홍보 영상은 너무나 자극적인 단면만을 보여 주고 있다.

세계 최빈국 중 하나인 말라위에 와서 6년째 사역하고 있는 나는 이곳에서 또다시 아프리카 선교란 무엇인가 날마다 고민하고 있다. 주변을 보면 온통 도와 달라는 사람뿐인데, 어디서부터 어떻게 도와야 할지 아직도 잘 모르겠다. 문화인류학적 관점인 손님의 자세로 이들의 가난에 깊이 관여하지 않고 자신들이 스스로 살길을 찾기를 바라며 기다리자니 나 혼자 배부르게 먹고 있는 것 같아 마음 깊이 죄책감이 밀려온다. 그래도 아프리카는 구제 사역이 최우선이니 뭐라도 도와야겠다 싶어 두 팔 걷어붙이고 구제 사역을 시작하면 밑 빠진 독에 물을 부어도 이보다는 낫겠다 싶게 도무지 아무런 표도 안 나고, 어떤 만족감의 표시나 감사함의 표현도 제대로 없다. 줄수록 끝없이 더 달라고만 하는 이들을 보면서 나는 블랙홀보다 더 깊은 이들의 가난과 굶주림에 대책 없이 함께 빨려 들어가는 것 같아서 분노가 치밀어 오를 때가 많다.

휘일은 문화충격의 내용 중에 '죄의식'이 있다고 한다.[77] 아프리카처럼 극심한 가난이 가장 큰 문제인 나라들은 텔레비전에서 내보내는 홍보 영상만 봐도 상대적으로 부유하게 사는 사람들에게 죄책감을 불러일으켜 지갑을 열게 하고 후원을 약속하게 한다. 그런데 선교사로서 말라위 현지에 와서 보니 현실은 언론매체에서 보는 것보다 훨씬 더 심각하고 비참하게 느껴지는데 그들의 필요를 어떤 식으로 충족시켜 주어야 할지 이들의 실상을 알아 갈수록 무력감만 커진다. 휘일은 이런 죄책감과 무기력감을 극복하기 위해 고국에 연락해서 모금을 하고 이들을 성급히 도우려 하는 것도 현명한 행동은 아니라고 경고한다.[78] 이들의 뿌리 깊은 가난의 벽은 선교사의 일시적인 모금 운동으로 해결되지 않는다. 자원의 부족이라는 문제를 넘어 사회 전체에 만연한 부패와 부조리한 구조, 사람들 안에 있는 습관적인 의존감, 비도덕적이고 무책임한 생활 습관에 기인한 요인들이 많아서 결국은 아무리 도와줘도 나아지지 않고, 감사하지 않고, 변화되지 않는 이들의 상황에 분노하게 될 수밖에 없기 때문이다.

어느덧 선교사역을 한 지 25년이 넘어가는 중견 선교사가 되어 생각해 보니, 가장 쉬운 선교는 돈으로 하는 선교였다는 고백을 하게 된다. 우리 눈에는 물자가 부족하고 열악한 상황에 있는 현지인들을 물질적으로 도와주는 선교가 단기적으로 볼 때 매우 효과적으로 보인다. 또 가난하고 어려운 현지인들을 돕는 일은 선교사가 명분을 잘 만들면 후원자들도 매우 적극적으로 참여하기 때문에 모금도 그리 어렵지 않다. 도움을 받은 현지인들은 선교사의 말에 매우 수용적이 되고, 선교사가 하는 일에 협조적으로 보인다. 바로바로 결과가 보여지는 일이기에 선교사에게는 세상 신나는 일처럼 느껴진다.

우리 부부도 이렇게 현지인들을 많이 도왔고, 특히 말라위처럼 극도의 빈곤층이 대다수인 곳에서는 물질로 돕는 긍휼사역이 매우 중요하고 필수적이다. 그럼에도 이렇게 물질로 도와주는 원조가 과연 저들의 삶에 도움이 될지 독이 될지 점점 더 의문스럽고 고민이 된다. 당장 눈앞에 보이는 가시적인 결과만 바라보고 계속 도움을 주는 것이 물질을 더욱 의지하게 하는 결과를 만드는 것은 아닌지, 도움을 얻기 위해 복음 앞에 진실하기보다 도움을 주는 선교사를 더 기대하고 선교사에게 잘 보이려는 가식적인 지도자를 양성하고 있는 것은 아닌지 늘 생각하게 된다. 주는 것이 당장에 쉽고 눈앞에 보이는 그들의 궁핍함에 마음이 약해지더라도, 그것이 그 영혼에게 진정한 도움이 될 거라는 확신이 없다면 주지 않는 것이 차라리 나을 때가 많은 것 같다. 선교사가 주는 도움 때문에 몰려오는 '라이스 크리스천(rice christian)'[79]의 숫자에 기뻐하기보다, 그들이 복음과 주님 앞에 진실로 변화되어 바로 설 수 있도록, 그들의 삶과 영혼을 위해 고뇌하고 눈물로 기도하는 선교사가 되고 싶다. 그 길이 비록 쉽지 않은, 좁은 길을 가는 선교라 할지라도 결국에는 하나님 나라의 확장을 위해 꽃을 피우고 열매를 맺기 위해 걸어야 할 길이다.

내 바나나 주세요

인도에서 40년 이상 사역하다가 은퇴하신 어느 여선교사님은, 처음 인도에 갔을 때 시장에서 바나나를 한 뭉치 사 가지고 오는데 아이들이 바나나를 달라고 외치며 쫓아오기에 막 뛰어 집으로 들어와 문을 닫고 '하나님, 왜 저를 이런 곳에 보내셨어요' 하면서 한참 울었다고 한다. 그 이야기를 처음 들었을 때 나는 도저히 이해가 가지 않았다. 바나나를 좀 나누어 주면 될 것을 왜 그랬을까 생각했다. 그게 뭐 아깝다고….

그런데 인도보다 더 가난한 아프리카 말라위에 와서 보니 그 선교사님의 심정이 확실히 이해가 된다. 마구 몰려오는 아이들에게는 내게 있는 바나나를 하나도 남김없이 다 나눠 준다 해도 아무것도 아님을 알았기 때문이다. 더 사서 나누어 줘도 여전히 아이들은 몰려올 것이다. 하루 종일 시장 통에 앉아 바나나를 나눠 준다 한들 누구도 배부르지 않고 선교사도 만족스럽지 않을 것이다. 못 받은 아이들은 나에게 와서 "나는 왜 안 주냐"고 원망할 것이고, 자기들끼리 서로 뺏으려고 치고받고 싸우다가 누군가 다치기도 할 것이다. 그것이 극심한 가난에 처한 나라들의 형편이고, 그 가운데서 뭘 어떻게 해야 할지 몰라 울음을 터트릴 수밖에 없는 것이 선교사의 현실이다.

말라위의 굶주림과 가난은 길거리 아이들의 문제만이 아니기에 더욱 슬프다. 치과에서 함께 일하는 직원들도, 길거리에서 차를 세우는 경찰관과 공항에서 마주치는 직원들도, 세관이나 관공서에 일하는 사람들도, 가끔 만나는 국회의원이나 변호사처럼 상당한 지위가 있는 사람들도, 함께 동역하는 현지인 목사들도, 모두 다 자기가 원하는 수준의 바나나를 달라고 한다. 선교사는 마치 이들이 원하는 바나나를 나눠 줄 때에만 이곳에 있을 자격이 된다는 듯한 태도이다. 그래서 이들의 끝없는 굶주림에 화가 나고 마음이 상한다. '하나님, 도대체 이들은 왜 이렇게 가난한 거예요? 이 끝없는 가난은 대체 어떻게 해야 되는 거예요?' 휘일은 이런 분노에 지친 선교사들의 상한 감정이 이 땅에서 오해받으셨던 주님과의 하나됨을 증거하게 하며, 우리의 상한 마음으로 환난 중에 있는 다른 사람을 위로하게 될 것이라고(고후 1:3-4) 하면서 나와 같은 선교사들을 위로한다.[80]

이 가난한 나라 아프리카로 나를 보내신 그분이 내게 주신 숙제를 다 마치려면 나는 아직 한참 더 이곳에 있어야 할 것 같다. 이런 문화충격으로 인해 현지인 사역자들과 갈등을 하면 할수록 인간적으로 나는 참 낮아지고 겸손해질 수밖에 없는 은혜가 있어서 감사하다. 이 땅에서 사명을 마치고 떠날 때쯤에는 지금보다 좀 더 은혜로운 고백을 할 수 있기를 기대해 본다.

가족 안에서의 갈등

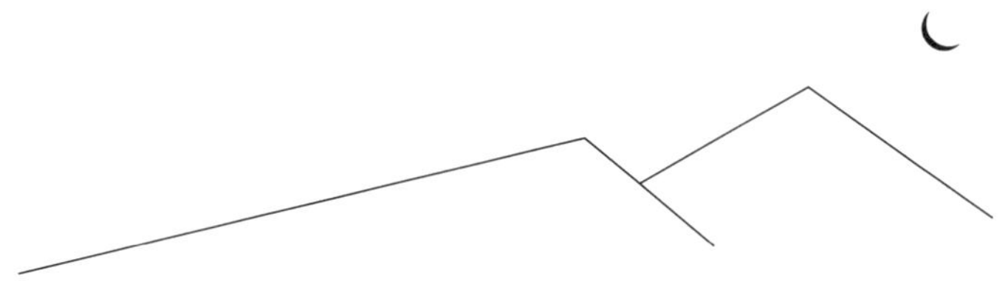

선교사 부부도 갈등이 있다

선교사의 삶에 스트레스를 주고 사역에 방해가 되는 대인관계 갈등 중에는 동료 선교사 및 현지인 사역자와의 갈등뿐 아니라 가족 안에서의 갈등도 있다. 가족이라 함은 자녀도 있고 선교사의 부모나 형제자매도 있다. 아시아 선교사들은 서양 선교사들이 잘 겪지 않는 가족 관계 스트레스를 조금 더 경험한다. 가족 간에 관심이 많고, 부모에 대한 충성심과 효심으로 인해 부모와 가족의 필요와 요구에 부응해야 하는 의무감이 있기 때문이다.[81] 이러한 부분은 4부에 있는 멤버 케어 부분에서 살펴보기로 하고, 여기서는 선교사 부부의 갈등에 대해 이야기하고자 한다.

부부간의 갈등은 선교사의 삶과 사역을 거론할 때 매우 중요하게 다루어야 한다. 왜냐하면 선교사란 다른 사람들에게 영향력을 주어 그들의 삶에 변화를 불러일으키는 공적인 사역을 하는 영적 지도자들인데, 그들의 사적인 삶이 견고하지 못하면 남들이 알지 못하는 사이에 본인의 삶이 서서히 무너질 수 있기 때문이다. 그러므로 건강하고 선한 영향력을 주는 사역을 하려면 무엇보다 선교사 자신의 사적인 삶의 환경인 가정이 건강하고 견고해야 한다.

리더십 이론으로 알려진 풀러 신학교의 로버트 클린턴 교수는 영적 지도자가 사역을 끝까지 잘 마치는 것의 중요성을 강조하였는데, 오늘날 많은 영적 지도자들의 타락한 이야기들을 접하면서 좀 더 귀담아 들어야 할 메시지가 아닌가 생각하게 된다. 그는 모든 사역자가 자신의 사회적 기반(social base)을 잘 관리하는 것이 끝까지 열매 맺는 사역을 할 수 있는 중요한 요소 중 하나라고 지적하면서, 사회적 기반에서 제일 중요한 사람은 친밀한 관계 속에 있는 사람이고, 기혼 선교사의 경우는 당연히 배우자가 그들의 중요한 사회적 기반이라고 말한다.[82] 그러므로 선교사가 자신의 사역에서 끝까지 열매를 맺고 선한 영향력이 흘러가는 삶을 살기 위해서는 건강한 부부 관계를 유지하는 것이 매우 중요하다.

부부간의 갈등은 어디에서든 일어날 수 있지만, 특별히 타 문화권에서 사역하는 선교사 부부는 선교 현장에서 겪는 다양하고 급격한 변화와 그로 인한 정신적·육체적·심리적 스트레스 때문에 동일 문화권의 사역자보다 부부 갈등의 가능성이 훨씬 높다. 문화충격, 동료 선교사와의 불편한 관계, 현지인 사역자와의 갈등 외에도 자녀교육의 고충, 재정적인 압박, 사역의 부담, 외부에서 오는 정치적 긴장감, 종교 분쟁이나 종족 간의 내전으로 인한 위기 상황, 기후와 음식, 의료 요건의 불편함 등 스트레스를 유발하는 요인은 매우 많다. 이런 불편한 상황을 견디며 인내로 자신을 다스려 가면서 지내다 보면 부부간의 필요를 돌아보고 배려하는 마음을 잃기 쉽고, 제때에 해결을 못 한 작은 문제가 쌓이면서 부부 사이 갈등이 큰 갈등으로 이어질 수 있다.

선교사 부부는 제한된 인간관계와 열악한 환경, 그리고 사역의 특성상 두 사람이 함께 지내는 시간이 월등히 많아서 서로에 대해 더욱 의존적이 되고 부부 결속력이 강해지기도 하지만, 서로 간에 어려움이 생겼을 때 그것을 보완하거나 해결할 방법을 외부에서 찾기 어려워 부부 안에서 더욱 심화될 가능성이 높다. 선교지에 나오기 전에 건강하고 별 문제가 없었던 부부라도 선교지의 열악한 환경에서 정신적·육체적으로 소진되어 문제를 일으킬 가능성이 많아지며, 본국에서 이미 문제가 될 요소를 많이 가지고 있던 부부는 선교지의 환경이 더욱 심각한 갈등을 유발할 수 있다.

그렇기에 선교사 부부는 선교지로 오기 전에 부부 문제를 점검하고 둘 사이에 해결되지 않은 것들이 있다면 치유와 회복 과정을 거치고 오는 것이 바람직하다. 그런 과정 없이 선교지에 왔다가 여러 가지 다른 문제로 파급되거나 중도에 탈락하고 돌아가는 경우가 많기 때문이다. 뒤늦게 부부간의 갈등이 불거지거나 전에 알지 못했던 문제를 발견하게 됐을 때, 각 선교단체의 멤버케어팀의 도움을 받을 수 있어야 하는데 이런 도움을 주고받는 것이 현실적으로 얼마나 가능한지는 모르겠다.

선교사 부부간 갈등에 대해서 휘일은 기대의 변화, 소명, 역할 문제, 성적인 스트레스, 그리고 성격 차이 등을 언급했다.[83] 기대의 변화라 함은 결혼 전에 부부가 각각 서로에게 가졌던 기대가 무너졌을 때 오는 것으로 일반 가정에서도 흔히 보이는 갈등 중 하나이다. 그러나 선교사의 경우 타 문화권으로 이주하면서 오는 환경 변화와 역할 변화 등으로 인해 이런 기대가 더 빨리 심각하게 무너질 수 있으며 이것이 부부간의 갈등으로 이어질 수 있다.

선교 현장에서 부부가 갈등관계에 놓이고 적절한 방법으로 이것을 해소하지 못하면, 자녀들에게도 부정적인 영향을 미치고 현지인 사역자나 동료 선교사와의 관계 갈등까지 일으켜 걷잡을 수 없는 파장을 일으킬 수 있다. 나아가 선교사 자신이 배우자가 아닌 다른 사람과 부적절한 관계에 이르는 경우까지 생길 수 있다. 그러므로 선교사 부부 사이에 갈등이 생겼을 경우, 적절한 해결을 위한 세심한 주의가 필요하다.《모든 남자의 참을 수 없는 유혹》[84]에 이어《모든 여자의 들키고 싶지 않은 욕망》[85]을 쓴 스티븐 아터번과 섀넌 에트리지는 부부 관계에서 외도를 피하고 순결을 지키는 방법은 서로 간의 정서적 필요를 채워 주는 것이라고 말한다.

부부간에 서로가 채워 주어야 할 정서적 필요나 친밀감의 욕구는 단순히 남녀 간의 차이로만 볼 문제가 아니다. 남녀의 성적 차이를 넘어 서로 다른 개성을 가진 개인의 기질 차이도 있고, 각자가 성장하고 성숙해 가는 과정에서 그 필요와 욕구가 다르게 나타나기도 한다. 때로 사역에서 높은 성취도를 경험한 이후이거나 계속되는 사역 실패로 좌절을 겪었을 때도 정서적인 욕구가 높아질 수 있는데, 서로 민감하게 상대의 정서적인 필요를 느끼고 채워 주지 못하면 그로 인한 여러 가지 문제가 발생할 수 있다.

자신의 사역과 현지인들과의 관계에 지나치게 몰두해 모든 에너지를 쏟아붓느라 배우자의 정서적인 필요에 민감하지 못하면 연약한 다른 한쪽은 유혹에 취약하게 될 수 있다. 선교사가 자기 가족과 배우자의 정서적인 필요를 희생하면서까지 일에만 치중하고 있다면, 그것이 과연 영적이고 거룩한 소명에 대한 책무 때문인지 아니면 본인의 연약함이나 열등감으로 인한 보상욕구를 채우기 위함인지 스스로 돌아보고 하나님 앞에서 정직하게 점검을 받아 보아야 한다. 그렇지 않으면 나중에 치러야 할 대가가 생각보다 클 수 있다.

선교사는 자신의 사역과 자녀교육을 포함한 기본적인 생존에 필요한 재정을 충당하는 것만 해도 힘에 겹다. 하지만 정신과 육체의 건강을 위해 휴가를 가거나 여가 시간을 내어 취미활동을 하는 것이 필요하며, 이를 위해 기꺼이 재정과 시간을 사용하는 데도 자유로워야 할 것이다. 윌라드 할리(Willard F. Harley Jr.)는 사랑하는 사람과 함께 하는 여가 생활에 관한 욕구

가 남성에게는 성욕 다음으로 중요하다고 언급하였다.[86]

누구든 건강해야 건강한 사역을 할 수 있다. 건강한 사역이란 성공적인 프로젝트만이 아니라 건강한 관계를 포함한다. 부부 관계가 건강할 때 동료 사역자들과도 건강한 관계를 유지할 수 있고, 타인들과 의도치 않게 갈등을 겪게 되어도 견디고 해결할 수 있는 힘이 있다. 선교 현장에서 겪는 여러 가지 스트레스 상황에도 불구하고 부부 갈등을 만들지 않고 건강하게 사역하려면 때로는 사역을 잠시 접어 두고 둘만의 여가 시간을 즐기며 서로 간에 무너졌던 기대와 상했던 감정이 자연스럽게 회복될 수 있는 시간을 가져보는 것이 필요하다.

선교사 부부는 왜?

얼마 전에 내가 속한 교단 선교부에서 '가정 매니지먼트'라는 주제로 세계에 흩어져 사역하는 여선교사들을 위한 화상 포럼이 열렸다. 그 포럼에서 부부 갈등에 대해 강의한 장로회신학대학교 세계선교연구원 원장 김영동 교수는 타 문화권에 사는 선교사 부부의 갈등이 동일 문화권에 있는 일반 부부와 어떻게 다른가 하는 질문에 "타 문화권에 사는 선교사가 가지는 갈등의 가장 큰 특징인 '본토 친척 아비 집을 떠남'(창 12:1)으로 인한 관계의 단절에서 오는 문제들"이라고 답했다. 특별히 아내들은 관계 중심적인 성향이 짙은데 선교 현장에서 겪는 여러 스트레스를 해소할 수 있는 관계가 주변에 많지 않아 불만이 쌓여 그것이 부부간의 갈등으로 심화될 수 있다고 말했는데, 이에 매우 공감하였다. 물론 아내만이 관계 중심적이라는 법은 없다. 우리 부부처럼 남편이 더욱 관계 중심적인 가정도 있을 것이다. 어쨌든 외부적인 스트레스가 있을 때 그것을 관계를 통해 풀기는커녕 주변의 동료 선교사나 현지인과의 힘든 관계로 인해 스트레스가 더 쌓일 수 있는 선교지의 환경에서는 부부간의 문제도 더욱 어려워지는 것 같다.

또 다른 특징으로는 선교사·목사들의 남성 중심적인 성향 역시 문제가 되는 것 같다. 김영동 교수는 가정에서 수행해야 하는 남편의 역할에 대한 훈련이 덜 되어 있어 갈등이 유발된다고 지적한다. 한국 교회 지도자들은 보통의 남성들보다 더욱 가부장적이고 남성 중심적인 경향이 있다. 교회에서 최고 권위에 있는 목사나 선교사가 선교지에 왔을 때, 그 사회의 가부장적인 분위기로 인해 남성 우위의식이 더욱 강화될 수도 있다. 더불어 남편 선교사가 일 중심적이고 성과 중심적으로 열정을 다해 사역할 경우, 아내와 가족의 소외감과 외로움, 불편함을 배려하고 그 고통을 나누는 역할을 제대로 감당하지 못하는 경우가 많다. 그럴 경우 부부간에 어려움이 생기는 것은 당연한 일일 것이다.

이럴 때 아내 선교사들이 자녀교육과 남편의 보조 역할에만 자신을 한정시키기보다 하나님이 주신 비전에 따라 본인의 재능과 은사를 발휘해 본인이 열중할 수 있고 의미와 보람을 느낄 수 있는 자신만의 사역을 찾을 수 있다면, 부부 사이에 갈등이 생겼을 때 도움이 되지 않을까 싶다. 하지만 부부간의 갈등을 일로만 해소하려고 한다면 오히려 그 사역이 문제를 회피하는 도구가 될 수도 있기에 갈등이 심각하다면 전문가의 도움을 받기를 권한다.

아내도 선교사다

선교사 부부의 갈등은 각자 받은 소명의 차이 때문에 생기기도 한다. 여기서 소명은 하나님께서 부부를 선교사로 부르실 때 주시는 독특한 선교적 사명을 말한다. 하나님은 부부에게 선교의 소명을 주실 때, 한 사람에게 먼저 주시고 그 배우자는 따르도록 하시기보다 각자의 연약함과 그 체질을 아시고 각각 따로 불러 세워 각자에게 소명을 주는 분이시다. 간혹 한 사람이 선교적 사명을 먼저 받은 다음, 배우자가 하나님과의 시간을 가질 때까지 기다리지 못한 채 비행기를 타게 되었다면 그/그녀는 선교지에 도착해서라도 부르심을 확인하는 시간을 가져야 될 것이다. 만일 부르심의 확신 없이 선교지에서 살고 있다면 그/그녀는 매우 힘든 시간을 보내게 되고, 그 가정은 선교지에서 오랫동안 사역하기 힘들 수도 있다.

어떻게 한 가정이 선교사로 헌신하고 다른 나라로 가는 것이 한 사람의 뜻만으로 될 수 있겠는가? 선교사로의 부르심의 소명은 비행기를 타기 위해서만 필요한 것이 아니고 현장에서 살아가는 순간순간 기억하고 되새겨야 하는 중요한 삶의 원동력이다. 이런 힘은 내가 받아서 옆 사람에게 나눠 준다고 되는 것이 아니다. 날마다 그 배에서 생수의 강이 흘러나오는 것처럼 나를 부르신 그분께서 직접 부어 주시는 은혜의 강이 순간마다 흘러야 그/그녀가 그 땅에서 살아갈 수 있다.

아내로서 후원자들에게 가장 많이 들었던 말은 "(남편) 선교사님이 선교사로 나오기로 하셨을 때 반대하지 않으셨어요? 아내로서 많이 힘드셨을 텐데 어떻게 동의하고 나오게 되셨어요?"라는 질문이다. 어째서 사람들은 하나같이 남편이 하나님의 부르심을 받으면 아내는 마지못해 동의하고 따라 나왔을 것이라 생각하는지 모르겠다. 내 남편이 한국에서 잘나간다는 '치과의사'이다 보니 아내인 내가 편안한 생활을 포기하기가 더 어려웠을 것이라 짐작하는 것 같은데, 어째서 여자들은 그렇게 속물적이고 세속적이고 편한 것만 좋아할 것이라고 생각하는지…. 이 역시 여성에 대한 편견이라고 생각한다.

그 반대의 경우도 얼마든지 있을 수 있다. 예로부터 교회에는 여성들이 많았고 그녀들이 남자 성도들보다 더 영적이라고 말하는 사람도 많이 있지 않은가? 굳이 성경의 예를 들자면, 바울의 동역자인 브리스길라와 아굴라 부부의 경우에는 그 아내 브리스길라의 이름이 항상 먼저 거론되고 있지 않은가? 내가 이제까지 만나 본 아내 선교사들은 현장에서 남편 못지않게, 어떤 경우에는 오히려 앞장서서 씩씩하게 많은 사역을 감당하고 있다. 이런 여성들이 모두 남편이 부르심을 받아 바늘 가는데 실 가듯이 따라 나왔을 거라고 생각한다면 그것은 정말 여성의 다양한 삶의 측면을 모르는 사람의 말일 것이다.

치과병원을 개원해 일하고 있던 남편과 세 아이 돌보기

에 바쁜 가정주부인 내가 선교사로 하나님의 부르심을 받았을 때, 주변의 모든 사람은 믿을 수 없다는 듯이 매우 놀라워했다. 그 당시 선교에 헌신했던 다른 많은 선교사들처럼 우리는 청년 때 부르심을 받아 언젠가 선교사로 나가기로 하나님 앞에 약속했던 사람들도 아니고, 학생 때 제자훈련이나 선교훈련을 받으면서 준비된 사람도 아닌 그저 평범한 일상을 살던 성도였기 때문이다.

모태신앙인 나는 대학교 1학년 때 어머니의 죽음과 아버지의 사업 실패를 마주하고는 하나님을 떠나 방황하며 힘들어하고 있었다. 그러다가 치과대학생이던 남편을 만나서 저 사람이면 나의 어려움과 고통을 해결해 줄 수 있으리라 믿고 결혼했다. 하지만 결혼생활은 또 다른 어려움으로 들어가는 길목이었다. 기독교 가정 풍습밖에 모르던 나는 시댁의 불신 가정 분위기에 적응하기 힘들었고, 어머니도 안 계신 몰락한 가정의 장녀로 어디 의지할 데 없던 어린 나에게 시집살이는 너무나 고된 경험이었다.

그때 내가 찾고 기댈 곳이라고는 하나님밖에 없었기에 나는 열심히 하나님께 매달리고 기도하고 성경을 읽고 공부했다. 방황하던 못된 신앙이 정신 차리면 얼마나 무섭게 변할 수 있는지를 나는 내 모습에서 보았다. 아이를 업고 예배며 성경 공부를 하러 다녔다. 집에서는 우는 아기를 어르거나 재울 때도 눈높이 선반 위에 성경을 올려놓고 읽었고, 한글 성경이 이해가 안 되면 사전을 찾아가며 영어 성경도 읽고, 줄을 치면서 읽다가 이해가 안 되면 노트에 요점 정리를 하거나 도표를 그리면서 읽었다. 뭔지 모르는 내 마음의 슬픔과 이해할 수 없는 고통의 해답이 오직 말씀 안에 있다고 믿었기에 그 답을 찾기 위해 성경을 읽고 공부하고 또 연구하였고, 날마다 성경을 묵상하면서 하루하루 내가 겪는 문제의 해답을 얻으려 했다.

스스로 이해할 수 없던 내 삶의 어둠을 헤쳐 가기 위해 빛 되신 말씀으로 인도함을 받으려 했고, 그 말씀에 나를 맡겨 순종하려 했을 뿐 특별히 선교에 관심이 있었던 것은 아니었다. 그런데 어느 날 보니 내가 지구를 반 바퀴 돌아 머나먼 이국땅에 와 있는 것이 아닌가. 그래서 사람들이 "어떻게 선교사가 되신 거예요?" 하고 물으면 나는 "큐티하며 말씀 따라 살다 보니 여기까지 왔네요"라고 대답했다. 그것은 성의 없이 하는 말도 아니고, 꾸며 낸 겸손의 말도 아니며, 내가 선교사로 살게 된 그 여정을 그려 낸 가장 단순하고 정확한 표현일 뿐이다.

그 과정 속에 있었던 많은 이야기들은 이 책의 주제가 아니므로 세세히 적을 수 없지만, 한 남자의 아내이자 세 아이의 엄마로서 그리고 며느리이자 딸로서 남달리 예민하게 겪었던 많은 아픔과 눈물을 아시는 하나님께서 나를 선교사로 부르시었고, 나는 내 눈물을 닦아 주시고 위로하실 분이 오직 그분이심을 알았기에 그 부르심에 응답했던 것이다.

나에게 선교란 어쩌면 말씀 따라 순종하며 살아가는 그리스도인의 일상, 그것에서 시작해 그것으로 끝나는 것이 아닌가 싶다. 하나님이 나를 어둠 가운데서 불러내셨듯이 치과의사인 남편 역시 그 약함을 아시는 그대로 그 가운데서 부르셨다. 그리고 감사한 것은 그렇게 문제 많고 연약한 우리를 선교사로 부르신 것을 그분께서 결코 후회하지 않으신다는 것이다(롬 11:29). 이렇게 각 사람을 불러내어 선교사로 세우시는 그 소명은 하나님께로부터 오는 것이지, 그 어떤 남편이나 아내라도 인간적인 주도권이 강하여 그것으로 배우자를 인도하기에는 선교사의 삶은 진정 걷기 어려운 길이다.

남편이 의료선교사로 부름을 받을 때 어린아이 셋을 키우는 가정주부였던 나는 특별한 직업도 없었고 선교를 위한 특별한 기술훈련도 받지 못한 채 선교지에 나왔다. 요즘에는 선교사로 나가려고 준비하는 사람은 평신도뿐 아니라 목사의 아내일지라도 간호, 미용, 한국어, 커피 내리기, 요리, 제빵 등 선교지에서 사용할 수 있는 기술을 배우고 익히는 경우가 많다. 하지만 내가 처음 선교사로 나올 1990년대 중반 무렵에는 그런 기술을 배울 생각도, 그럴 만한 여건도 마련되지 않았다.

대부분의 선교사 아내들은 선교사 남편을 보필하고 자녀를 키우는 일이 주임무라 생각했고, 여건이 허락하면 남편의 사역을 돕는 정도였다. 후원자들뿐 아니라 때로는 아내 선교사 본인조차 공동체 안에서 자신을 선교사로 인지하기보다 남편 선교사가 사역을 잘하도록 돕는 역할에 머무는 경우가 많았다. 그러나 요즘은 인식이 많이 바뀌어 선교사의 아내도 자신의 부르심을 확인하고 함께 선교훈련을 받고 그 소속 단체에서 한 사람의 선교사 멤버로 당당하게 파송을 받아 온다. 선교사로서의 그 정체성과 소명을 확실히 하고 오는 것이다.

하지만 요즘도 선교 대회를 한다고 하면서 선교사를 초청할 때 남편 선교사의 항공 경비는 대회 측에서 부담하고 아내 선교사는 본인 부담으로 오라고 하는 경우가 종종 있다. 이럴 때면 아직도 아내를 선교사로 받아들이지 않고 있다는 생각이 들어 마음이 씁쓸하다. 그것이 과연 예산 때문만인지 다시 한번 생각해 볼 일이다.

아내에게도 물어봐 주세요

선교사 부부의 또 다른 갈등 요인은 부부간의 역할 문제이다. 나는 후원교회에 선교 보고를 하러 가거나 선교 대회에 참석하기 위해 혹은 기타 다른 일로 선교 관련 단체에서 사람들을 만날 때면, 언제나 남편 선교사의 아내로 간단한 안부 인사를 하는 것 외에는 거의 하는 일 없이 꾸어다 놓은 보릿자루마냥 가만히 앉아 있다가 오는 일이 다반사였다. 모든 질문과 관심은 남편에게 향하고, 선교 보고를 하는 일도 전적으로 남편의 몫이었다. 가끔 나에게 관심을 두고 질문하는 사람이 있다면 그것은 어김없이 주부로서의 역할에 대한 것이었다. 먹고사는 일은 어떤지, 아이들의 교육은 어떤지 등과 같은 질문이 대부분이었다. 사실 그 정도의 관심이라도 가져 주면 나도 존재 가치가 있구나 싶어서 감사할 정도였다. 그 누구도 나에게 선교사로서의 삶이 어떤지, 선교사로서의 고민이 무엇인지, 어떤 사역을 하고 있는지, 앞으로 어떤 비전을 가지고 있는지 등을 물어봐 주지 않았다.

아내 선교사는 특별히 전문적인 자격이 있어서 역할이

주어지지 않는 한, 싱글 여성 선교사보다도 그늘에 가려져 있고 존재감이 없는 듯이 느껴질 때가 많다. 많은 아내 선교사들이 암이나 기타 심각한 질병에 시달리거나 우울증에 걸렸다는 이야기를 심심찮게 듣게 된다. 직접 사역에 뛰어든 남편보다 스트레스가 덜할 것임에도 불구하고 아내 선교사들이 육체적·정신적으로 더 고통받고 있다는 것은 생각해 보아야 할 문제이다.

교단 선교부에서 선교사 심사를 하고 선발을 할 때도 마찬가지이다. 아내는 남편 선교사를 수발하고 그 사역을 보조하기 위해 따라가는 사람이 아니라 당당하게 부름 받은 한 사람의 선교사라고 말은 하지만, 실제로 아내 선교사가 어떤 사역을 감당하기를 기대하지도 지원하지도 않았던 것 같다. 그래서 아내 선교사의 선교 비전이 무엇인지, 재능과 능력은 무엇인지, 선교지에서 어떤 일을 할 수 있을지에 대해서 묻지도 궁금해하지도 않았다.

선교지 결정을 위해 그곳에 미리 방문하여 현장을 살펴보는 과정에서도 경제적인 이유를 들어 남편 선교사만 대표로 탐방을 하는 경우가 많다. 이는 남편이 정하면 그대로 따라야 함을 가정하는 태도로, 본인이 가서 살 곳이 어떤 곳인지 제대로 알지도 못하고 그곳에서 본인이 선교사로서 해야 할 역할에 대한 어떠한 설명도 없이 가게 된다. 이렇게 해서 선교 현장에 도착하면 아내는 본인의 결정권이 배제된 채 정해졌기 때문에 정착 과정에 어려움이 있을 때마다 사역지에 대해, 선교부와 남편에 대해 원망하는 마음을 품게 되기도 한다.

휘일은 선교사 선발을 위한 면접 시에 남편과 아내 두

사람이 같이 참여해야 하며 각각의 후보자로서 따로 면접을 받아야 한다고 주장한다.[87] 그리고 이런 개별적인 면담 기회를 갖지 못하면 아내들이 '쓴 마음'을 품게 된다고 보고한다. 나 역시 공적인 장소에서 단 한 번도 개별적인 선교사로서의 관심이나 대우를 받아 보지 못했고, 늘 남편 선교사 뒤에 조신하게 앉아 기다리는 역할만 암묵적으로 요구받았던 것 같다. 그래서 때로는 선교사로서 나 자신의 책무에 대해 소극적이게 되고, 역량을 개발하고 적극적으로 나서야 했던 일에서도 안이한 태도로 남편의 그늘 뒤에 숨어 그 시간을 보낸 적도 많았다.

선교사도 중년의 위기가 있고 갱년기가 있다. 젊을 때는 자녀양육과 집안일로 바빠서 느끼지 못하던 비존재감이 중년이 되면 불쑥 올라와 허무하고 허전한 감정과 우울감으로 다가와 부부 갈등 요인이 될 수 있다.

얼마 전 사회에서 조기은퇴를 하고 실버 선교사로 온 중년 부부를 만나게 되었다. 남편분은 의료선교사로 왔기 때문에 어떤 일을 할지 짐작이 되었지만, 아내분은 이곳에 어떤 마음으로 왔는지 궁금해 계획을 여쭈었다. 처음에는 남편 건강을 위해 식사를 잘 챙기는 것이 본인의 사명이라고 답하다가 재차 물으니 마음속에 있는 소망을 꺼내서 들려주었다. 안 물어봤으면 어쩔 뻔했나 싶게 오랫동안 자신의 마음속에 있던 하나님이 주신 비전과 소망을 털어 놓고 이야기하는데 그분의 눈빛은 남편을 위해 열심히 밥 짓고 요리하는 것이 사명이라고 말할 때와는 사뭇 다르게 열정과 힘이 느껴졌다.

아내가 남편과 자녀를 위해 가정을 돌보고 내조하는 것

이 그 어떤 사역보다 중요할 수 있다. 하지만 하나님이 나를 부르실 때 주신 비전이 무엇인지 알고 거기에 소망이 있다면, 나 자신을 그 거룩한 뜻 가운데 내어 드리는 것도 용기이고 헌신이다. 나는 힘없고 연약하지만, 하나님께서 이런 나를 어떻게 사용하셔서 그분의 뜻을 이루어 가실지를 바라보는 것이 선교사가 가져야 할 믿음이다.

진짜 심각한 문제

선교사 부부의 소명이나 역할에서 오는 부부 갈등은 어느 선교사 가정에나 있을 수 있는 작은 문제일지 모른다. 안타깝게도 영적 거장으로 보이는 선교사들에게 이보다 훨씬 더 심각한 부부 갈등이 있다. 그것은 선교사들도 보통 사람들과 마찬가지로 성적인 죄에 대해 연약하다는 것이다.[88] 휘일은 선교지 주거시설의 열악함, 현지 문화의 특성에 따른 사생활 보호의 취약함, 자녀교육이나 사역을 이유로 부부가 오랜 기간 떨어져 지내는 것 등으로 인해 충족되지 못한 성적 욕구가 생기고, 이로 인한 스트레스가 선교사를 성적 유혹에 취약하게 할 수 있다고 말한다.[89]

우리는 최근 목회자나 찬양사역자들의 성추문 뉴스를 적지 않게 접하고 있다. 영적인 일을 하는 사역자들은 상처받은 사람들을 상대하며 감정적으로 깊은 관계를 맺는 환경에 놓이는데, 이것은 성적인 죄악에 쉽게 빠지게 하는 요인이 되기도 한다. 심리학자들은 영적인 것과 성적인 것 둘 다, 상호 관계의 장벽을 허물고 친밀감 안에서 내면의 감정을 최대한 오픈해야 한다는 면에서 매우 유사한 점이 있다고 말한다.[90] 타 문화권에서 사역하는 선교사는 국내 사역자들이 가지는 이런 취약점에 더해 외로움, 익명성, 충족되지 않는 감정의 필요, 성적으로 더 개방된 선교지 문화 환경, 가족·교회·친구와 같은 지지 그룹의 부재 상황 가운데서 장기간 지속적으로 받는 스트레스로 인해 성적 유혹을 이길 힘이 약해진다.[91] 이러한 이유로 선교사들, 특히 남자 선교사들이 선교지에서 쉽게 빠지는 성적 유혹으로 포르노 중독이 있고, 남녀 선교사 할 것 없이 간음과 외도, 혼전 성경험, 동성애, 근친상간, 어린이 성범죄와 같은 유혹에 연루되어 있다고 한다.[92]

나는 오랜 세월 선교지에 있으면서 가까운 지인 중에서 이런 일에 연루되어 사역을 그만두고 본국으로 송환되어 가는 경우를 여러 건 지켜보았다. 때로 이런 성적인 범죄와 유혹이 가정 폭력으로까지 이어지는 경우도 목격했다. 하지만 선교사라면 '슈퍼 크리스천'이라서 부부 관계도 완전하고 아무런 갈등도 없어야 한다는 선입견이 선교사 본인이나 주위 사람들에게 있기 때문에 문제가 발생해도 본인들이 그것을 드러내 놓고 도움을 요청하기가 쉽지 않다.

도움을 받고 싶어도 선교 현장에는 부부 관계 상담가나 제도적인 멤버케어 장치가 매우 부족하다 보니 부부 갈등은 선교사 개인의 문제로 덮어 두고, 문제가 터지면 본국으로 송환하는 것으로 서둘러 사건을 마무리한 채 마치 아무 일도 없었던 것처럼 모두가 침묵하고 마는 경우가 많다. 선교사들의 이런 안타까운 뒷모습을 미리 방지하고 더 이상 방치하지 않으려면, 선교사 선발 과정에서부터 세심한 주의가 필요하며 주기적으로 선교사 부부와 가정을 돌보는 제도적인 멤버케어 장치가 활성화되어야 할 것이다.

선교사 부부, 선교사 가정은 개인적인 영역에만 국한되는 것이 아니다. 그리스도인들의 결혼 관계는 "하나님으로부터 동역자로 부름 받은 관계"이고[93] "결혼의 동반자는 세상을 위한 돌봄의 소명을 함께 나누고 다른 사람을 위한 삶을 함께 만들어 가는 사람"이다.[94] 하나님의 부르심을 받아 타 문화권에 사는 선교사 가정은 선교 현장에서 현지인들뿐 아니라 동역하는 동료 선교사들에게 건강한 가정의 역할 모델이 되어야 한다. 왜냐하면 선교지의 많은 가정이 가부장주의와 여성억압주의, 인종차별주의, 계급주의문화 아래 병들어 있기 때문이다. 그러므로 선교사들이 건강한 가정상을 보여 주며 행복한 가정생활을 하는 것, 그 자체가 선교이다.

풀러 신학교에서 가정상담과 가족학을 가르치는 엄예선 교수는 선교사가 이웃 사랑을 외치고 하나님의 사랑을 증거하는 일을 하면서 자기 가족을 사랑하지 못하는 역기능 가정상을 보여 준다면 그들이 선포하는 복음의 힘을 약화시키는 결과를 초래할 것이라고 지적한다.[95] 반면에 선교사가 결혼을 통해 그 가정에 주시는 소명이 자녀 출산이나 친밀한 관계, 성적 욕구 충족 등 개인적인 차원에서의 만족을 넘어 하나님 나라의 확장이라는 궁극적인 목적을 가지는 것임을 알게 되면, 결혼생활 가운데에서 어려운 문제들로 인해 고통을 경험하는 때에도 그 가정에 대한 희망을 가지고 힘을 얻게 될 것이라고 한다.[96]

어린 세 남매를 데리고 선교훈련을 받기 위해 한국을 떠날 때, 우리는 어느 선교지로 갈지, 앞으로 어떤 삶을 살게 될지 아무것도 알 수 없었다. 이때 하나님께로부터 받은 말씀이 창세기 12장 1-3장 말씀이다. "…너의 고향과 친척과 아버지의 집을 떠나 내가 네게 보여 줄 땅으로 가라…." 많은 선교사들이 공감하고 좋아하는 그 말씀을 받고 '내가 어디로 갈지 모르지만, 믿음으로 순종하고 가면 하나님이 인도하시겠구나'라고 생각하고 떠났다.

우리 부부는 두 사람 다 미성숙했고, 인간적인 연약함이 많았고, 치유되지 못한 어린 시절의 상처로 인해 부부 안에 해결되지 않은 문제들이 있었다. 하지만 우리가 선교사로 파송될 당시에는 요즘처럼 심리검사나 심리상담 프로그램 등이 실용화되기 전이라 아무런 준비 없이 그저 박수갈채만 받고 선교지로 파송되어 나왔다. 그러다 보니 선교지에서의 삶이 결코 쉽지 않았다. 수많은 광야와 골짜기를 지나야 했다.

선교지를 세 번이나 옮겨 다녔고, 세 아이를 중학교 과정까지 홈스쿨링을 하면서 힘에 부칠 정도로 사역을 감당해야 했다. 안식년에는 공부하느라 전혀 쉬지 못했고, 정신도 육체도 쇠약해져 부부가 돌아가며 죽을 고비를 넘길 만큼 큰 병도 치렀다. 이렇게 삶과 사역에서 많은 스트레스를 겪다 보니 부부 관계도 어렵고 한계점에 도달했다고 느끼는 순간도 여러 번 있었다. 특히 내 경우에는 선교지에서 현지인들의 가정을 세우는 사역을 많이 했는데, 그럴 때마다 "네 가정도 잘 돌보지 못하면서 무슨 남의 가정을 세운다고…" 하는 사탄의 비웃는 소리가 들리는 것 같아서 많이 힘들었다. 그러나 그때마다 나를 견디게 하고 세워 주신 말씀은 한국을 떠날 때 받은 말씀 가운데 창세기 12장 2절이었다. "내가 너로 큰 민족을 이루고 네게 복을 주어 네 이름을 창대하게 하리니 너는 복이 될지라."

그 말씀이 내게 다가온 것은, 어느 날 영어 성경(NRSV)을 읽다가 "이 땅에 사는 모든 '가정'이 너를 통해 복을 받으리라(All the families on earth will be blessed through you)"라는 구절에서 '가정'이라는 단어를 찾았을 때였다. 내 삶에 어려움이 많아도, 내 가정이 온전치 못하여 아픔이 있고 갈등이 많아도, 그런 나의 삶과 내 가정을 통해 이 땅의 다른 가정들에게 복이 흘러가 그들이 복받게 하실 것이라는 약속의 말씀은 선교사로서의 나의 험한 세월을 견디게 하는 힘이요 원동력이었다. 선교사로서 살아가는 삶이 힘들어도, 거기에 하나님이 주신 소명이 있고 그것을 이루실 약속이 있기에 오늘도 감사하며 새 힘을 얻는 것 같다.

그날은 생각보다 빨리 온다

내가 40대 초반부터 50대 중반까지 사역한 선교지 몽골은 수도인 울란바타르에 선교사들이 모여 있어서 연합해서 사역하기에 여건이 좋았다. 특히 여성 선교사의 경우, 혼자서는 어떠한 사역을 펼치기 힘들지만 함께 모여 기도하고 연합할 때 여러 가지 흥미로운 일을 진행할 수 있었다. 나는 남편과 함께 했던 교회개척 사역 외에 다른 여성 선교사들과 중보기도, 가정 세미나, 찬양사역 등을 같이했다. 그리고 그런 사역을 함께 하다 보니 좀 더 공부해서 내 역량을 더욱 계발해야겠다는 동기부여가 많이 되었다.

예전에는 학사학위 정도 있으면 선교사가 선교지에서 현지인들을 가르치는 데 별문제가 없었다. 그러나 몽골의 경우에는 최근 들어 현지인들의 학력 인플레 현상이 일어나 석사·박사 출신이 많아지기 시작했다. 현지인들의 경우, 대학을 졸업하고도 일자리를 구하기가 어려운 반면, 장학금을 받거나 선교단체의 지원으로 대학원 과정을 공부할 기회는 본국에서는 물론 외국에서도 쉽게 열리기 때문이다. 그래서 많은 몽골 청년들이 본인의 의지만 있다면 석사학위나 박사학위까지 취득하는 일이 잦아졌다. 그러니 선교사들도 공부하지 않으면 현지인들 앞에서 가르치기 어렵게 되었고, 그래서 나를 비롯해 많은 여선교사들이 석·박사 공부를 하려고 애쓰게 되었다. 그 결과 몽골의 여선교사들의 역량이 많이 강화되었고, 이는 매우 다행한 일이다.

아내 선교사들의 경우, 열악한 선교지 환경에서 집안일만으로도 벅찬 데다가 이중 언어를 구사해야 하는 자녀들 양육 때문에 본인이 어떤 사역을 하거나 공부하기에는 시간적·경제적 여유가 없다고 생각할 수 있다. 그러나 돌아보면 아이들은 생각보다 빨리 자란다. 나 역시 그 당시에는 그렇게도 길고 지루하게 느껴졌던 자녀양육의 시간이 어찌 그리 빨리 지나가 버렸는지 아쉽기만 하다. 할 수만 있다면 그때로 돌아가서 다시 한번 잘해 보고 싶을 정도이다.

그런데 여기서 꼭 기억해야 할 한 가지는 시간이 그렇게 빨리 흘러 지나가기 전에, 아이들이 모두 떠나는 그날이 올 것을 미리 알고 대비를 하지 않으면 어느 날 갑자기 무엇을 하려고 할 때 어떻게 해야 할지 모르는 무력한 자신을 발견하게 된다는 것이다. 소위 말하는 '빈 둥지'의 계절이 선교사에겐 훨씬 빨리 찾아온다. 자녀들은 대부분 대학 진학을 위해 선교지를 떠나게 되고, 고등학교 때 떠나는 경우도 상당히 많기 때문이다. 나의 세 아이는 홈스쿨링을 하다가 고등학교 때(한국 학제로 중학교 3학년 때) 다른 나라로 보냈으니, 십대 중반도 되기 전에 이미 모두 집을 떠난 셈이다.

선교사들이 자기계발을 위해 미래를 대비하기 위해 사역지를 떠나기는 어렵지만, 안식년을 이용하거나 현장 사역 중에 시간을 내어 선교사 연장 교육이나 집중 강의 프로그램, 혹은 온라인 과정을 이용해 공부할 수 있다. 현지 학교에서 공부하는 것도 하나의 방법이다. 또 정규 학위 과정이 아니더라도, 각종 자격증 프로그램이나 본인의 적성을 살려 필요한 기술을 배울 수 있는 과정도 생각해 볼 수 있다.

이런저런 것들을 미리 준비해 두지 않으면 자녀교육 기간이 지나서 이제 무언가 해 보려 할 때 준비가 전혀 되어 있지 않은 자신의 모습에 당황할 수 있다. 내가 아는 한 여선교사는 어린 아들 셋을 키우는 것만도 힘에 벅찬 젊은 시절부터 자신의 관심사를 찾아 준비를 했다. 한국에 나갈 일이 있을 때는 반드시 자신이 원하는 세미나 혹은 훈련 스케줄에 맞추어 한국 방문 계획을 짰고, 어린아이들로 인해 시간을 내기 쉽지 않은 일정 가운데서도 시간을 쪼개고 주변의 도움을 받아 가면서 자신의 경력을 위한 준비를 게을리하지 않았다. 그 결과, 선교지를 떠나 한국에 재정착한 지금은 그동안 꾸준히 준비한 덕분에 자신이 원하는 영역의 자격증을 소유한 유능한 전문강사가 되어 국내외 선교지를 다니며 활발히 활동하고 있다.

나는 몽골에서 가정 사역을 하면서 필요성을 느껴 현지 학교에 입학해 가정학 석사 과정을 마쳤고, 더불어 온라인으로 상담심리를 공부했다. 두 번의 안식년 기간은 남편과 함께 선교학 석사 과정을 공부하는 데 시간을 보냈다. 안식년에 선교사가 공부를 할 때는 남편 선교사만 대표로 하는 경우가 많지만, 우리 부부는 두 사람이 함께 공부하였다.

선교사가 공부를 하려면 경제 사정이 큰 제약이라고 생각하지만, 나는 그렇게 보지 않았다. 다수의 선교사들이 자녀교육에는 많은 재정을 쓰면서도 자신의 학업을 위해서는 쓸 돈이 없다고 생각한다. 그러나 나는 선교사의 학업이 자신을 위한 것이 아니라 하나님 나라의 확장을 위한 것이며 선교사의 발전은 그가 하는 사역에 큰 도움을 주므로 자녀교육 못지않게 선교사 자신의 교육도 중요하다고 생각했다. 그러므로 선교사역을 위해 기도하고 후원 모금을 하듯이 선교사의 학업을 위해서도 기도하고 모금을 해야 하며, 하나님과 사람 앞에서 떳떳하게 학업을 위한 후원을 요청할 수 있다고 생각한다. 후원자들도 선교사의 학업을 위해 후원하는 것이 궁극적으로 선교를 돕는 일임을 인식하고 아량을 가지고 협조해 주면 좋겠다. 특히 여선교사들이 공부할 수 있게 후원하는 일은 빈 둥지 시기를 맞은 중년 선교사들의 부부 갈등을 예방하는 차원에서도 효과가 있지 않을까 생각해 본다.

많은 사람들이 부부 중 남자 선교사는 아무개 선교사라고 이름을 부르면서 여자 선교사를 지칭할 때는 굳이 '○○선교사의 아내' 혹은 '사모님'이라는 호칭으로 부른다. 그럴 때는 그 선교사의 정체성을 '아내' 역할로 제한하고 있는 듯한 느낌을 받는다. 그러나 실제로 선교 현장에서 여선교사는 아내와 엄마 역할 이상으로 남편 사역에 없어서는 안 될 중요한 임무를 감당하고 있으며, 남편과 독립적으로 사역하는 경우도 매우 많다.

전도서 기자가 말했듯이 모든 일에는 때가 있다. 아내 선교사가 자녀양육에 전심을 기울여야 할 때가 있고, 남편의 사역을 돕고 남편의 건강을 위해 내조해야 할 때가 있다. 어떤 여선교사는 가정을 돌보는 일을 천직이라 여기고 다른 일에는 전혀 관심도 없고 재능도 없다고 말하기도 한다. 하나님이 우리 모두를 각자 다르게 지으셨고 은사와 재능이 각각이니 그럴 수도 있겠다.

요즘 나온 용어 가운데 'LAM(Life As Mission)'이라는 단어가 있다. 말 그대로 사는 것 자체가 선교라는 뜻이다. 여선교사가 눈에 보이는 특별한 프로젝트나 정규적인 사역 프로그램을 하지 않아도 그녀의 삶 자체가 선교이다. 가정에서의 주부 역할을 통해서도 삶 가운데서 거룩한 선교의 사명을 감당할 수 있고, 영혼을 살리고 구원에 이르는 샬롬을 전할 수 있다. 시장에 가서 물건을 사고, 현지인 도우미를 대하고, 이웃을 만나고, 남편의 현지인 동역자에게 밥 한 끼를 대접하는 일에도 하나님의 사랑을 드러내고 그분의 복음의 능력이 전해지는 삶을 산다면 그 자체로 선교적인 삶을 사는 것이다. 선교사로 부름을 받은 선교사의 삶은 날마다 순간마다의 삶이 선교이고 그 속에서 하나님 나라의 샬롬이 전해져야 한다.

하지만 여기에서 더 나아가 아내이지만 선교사로 부르심을 받은 이상 자신의 존재와 가치를 가정 안에서의 역할에만 제한해서는 안 된다. 하나님 나라의 시각으로 자신을 바라보고, 질그릇같이 연약한 인간의 한계로 인해 갈등하기보다 믿음의 후손을 양육하는 일에 자기 존재를 헌신하여 내게 보내 주신 민족과 그 영혼을 품는 열방의 어미로서의 삶을 살아간다면, 부부 갈등의 문제를 넘어서서 거룩한 소망을 품고 살아가는 여성 선교사의 삶을 살 수 있지 않을까 생각한다.

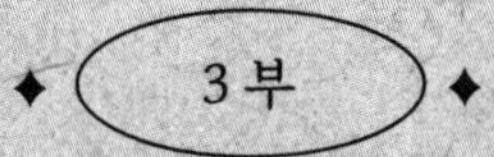

선교사 자녀 이야기

OTISTE SOURCE DE
THE STREAM OF LIFE PENT
CHURCH
AMOS 8:11
PIERRE 2:5
MARDI : Prièr
MERCREDI : Cult
JEUDI : Prièr
VENDREDI : Cult
DIMANCHE : Cult
NB : Jeû

TAL
fin du
Players

MK는 누구인가?

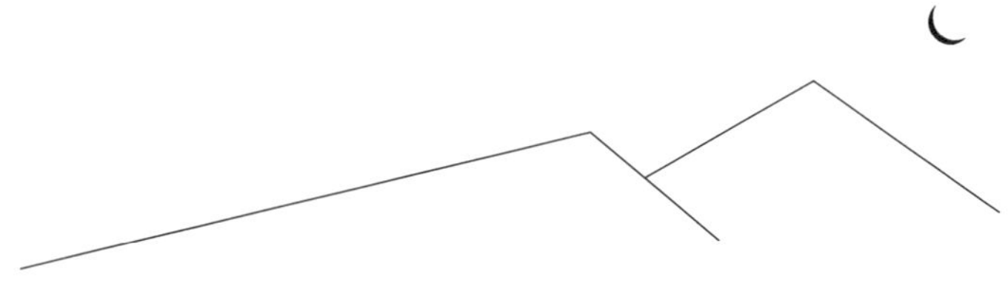

다 포기해도 자식만은 포기가 안 되기에

선교사들에게 "선교사로 살면서 가장 힘든 점이 무엇이었습니까?" 하고 묻는다면 뭐라고 답할까? 선교사가 처한 환경에 따라 또는 그/그녀가 지나고 있는 인생의 시기에 따라 여러 가지 대답이 나올 수 있겠지만, 나는 자녀교육이 제일 힘들었다고 대답하겠다. 앞에서 이야기한 대로 수없이 많은 광야와 선교사로서의 정체성 문제, 동료 선교사 혹은 현지인 사역자들과의 갈등, 부부 갈등, 생활 혹은 사역에 필요한 재정 압박까지 수많은 어려움이 있었다. 선교사의 거취를 흔드는 후원자와 후원교회와의 갈등도 있을 수 있었고, 육체적·심리적 건강 문제도 매우 힘든 일 중 하나였다. 그러고 보니 무엇 하나 힘들지 않은 게 없는 것이 선교사의 삶이구나 싶다. 그러나 그 선교사가 자녀를 키우는 부모라면 가장 힘들고, 그래서 가장 많은 기도제목이 올라오는 것은 뭐니 뭐니 해도 자녀양육인 것 같다.

"자식 농사가 제일 힘들다"는 말처럼 누구에게나 자녀교육이 힘들지만, 선교사의 경우 자녀를 대할 때 가장 본성적인 모습이 나오기 때문이 아닌가 싶다. 많은 것을 포기하고 선교사의 삶을 택했지만 자식 문제만큼은 절대로 포기가 안 되는 마음이 선교사들에게 있다. 그래서 가장 기도가 많이 필요한 시기가 자녀양육의 시간이고, 하나님이 가장 많이 만지시고 깨뜨리는 시기도 부모로서 자녀를 양육하는 시간이다.

나 역시 다른 것은 희생하고 내려놓을 수 있어도 자녀교육 문제만은 쉽게 내려놓지 못했기에 눈물로 기도했다. 자식이 우상이 되고 믿음과 사역에 걸림돌이 될까 봐 아브라함이 이삭을 바치는 심정으로 한밤중에 일어나 두 손을 들고 기도하기도 했다. 아무리 부르심을 받고 떠난 선교사라 하더라도 자녀 문제 앞에선 부모됨이 먼저이고, 자녀의 진로를 걱정할 때는 영락없는 학부형의 마음이 앞서는 것은 어쩔 수 없는 것 같다.

지금 우리 집 세 아이는 모두 성장해서 둘은 결혼을 하였고 막내도 성인이 되어 독립했다. 그러기에 자녀양육을 하던 시절의 기억은 까마득하게 옛날 일이라서 생각도 나지 않을 것 같았는데, 글을 쓰기 위해 이런저런 자료를 찾다 보니 이전 기억이 떠올라 또다시 가슴이 메이고 이전에는 애써 덤덤하게 넘겼던 일에까지 감정이 북받쳐 오른다. 부모는 그런 것 같다. 엄마라서 더욱 그런 것 같다. 선교사는 부모일 때 가장 약해지는 것 같다.

잃어버리기에는 너무 소중한 사람들

우리 가정이 처음 선교사로 파송될 1990년대만 해도, 선교사 자녀를 대할 때 부모님 때문에 할 수 없이(혹은 '아무 죄 없이'라고까지 말한다) 선교지로 가서 고생한다고 안쓰럽게 보는 시선이 많았다. 하지만 최근에는 선교사들의 숫자가 늘어나면서 그들의 자녀들이 성장해 가는 모습도 가까이에서 보게 되니 예전의 인식이 많이 바뀐 것 같다. 선교사 자녀는 해외에서 살기 때문에 영어나 현지어 등 외국어에도 능통하고(한국 사람들이 제일 부러워하는) 한국의 치열한 입시 전쟁을 치르지 않고도 한국의 좋은 대학에 들어가거나(더욱 부러운 부분일 것이다) 미국이나 유럽 등으로 유학도 간다고 하면서, 오히려 선교사 자녀를 부러워하기까지 하는 사람도 많아졌다.

그래서 자녀들에게 가끔 어려움이 생길 때 후원자들에게 조용히 나의 마음을 나누고 기도를 부탁하면, "선교사 자녀들은 다 잘되던데 무슨 염려를 그리하느냐"면서 나의 이야기를 다 듣기도 전에 가로막는 경험을 종종 했다. 그럴 때면 내 믿음 없음을 회개하고 쓸데없는 이야기를 꺼냈던 나를 부끄러워하기도 했지만, 마음 한편으로는 '선교사 자녀라고 다들 꽃길만 걷는 건 아닌데…'라는 아쉬움이 남기도 했다. 선교사 자녀를 바라보는 사람들의 이러한 인식이 아주 틀린 것은 아니지만, 선교사 자녀에게는 사람들이 알지 못하는(때로는 부모도 알지 못했던) 그들만의 아픔이 있고, 같은 선교사가 아니면 누구도 관심을 두지 않는 그들만의 그늘진 뒷모습이 있다. 여기서는 그 이야기를 꺼내 보려고 한다.

선교지로 부름 받아 정착하는 과정은 어른들에게도 고되지만 아이들에게도 참 어렵고 힘든 시간이다. 최근에는 과거보다 선교사 자녀에 대한 관심도 커지고 여러 가지 정보도 쉽게 접할 수 있으니 타 문화권으로 나가는 젊은 선교사들은 이 시간을 지혜롭게 사용하여 자녀의 마음이 잘 준비되고 새로운 땅에서도 뿌리를 잘 내릴 수 있도록 충분한 배려를 해 주리라 믿는다. 하지만 내 자녀들이 한국을 떠날 당시에는 선교사 자녀에 대한 정보나 지식이 너무 없었다.

우리 가정은 해외에서 2년간 선교훈련을 받고 선교지로 떠난 후에 다시 귀국해 교단 파송을 위해 국내 교단 선교부에서 훈련을 받았다. 하지만 그 과정 어디에도 자녀들에 대한 배려나 교육은 없었던 것으로 기억한다. 한국에 살아도 젊은 부부가 아이를 키우려면 여러 가지 어려움도 많고 시행착오도 있는데, 교육 환경도 열악하고 경제적 여건도 힘든 타 문화권에서 선교사가 자녀를 양육하고 교육한다는 것은 사역 못지않게 큰 부담이다. 그럼에도 불구하고 최근까지도 선교사 자녀에 대한 연구는 미비한 실정이고, 선교사를 파송하는 단체에서도 자녀교육에 대해서는 별다른 규정이나 체계 없이 자녀양육에 대한 모든 부

담을 각 가정의 재량에 맡겨 두고 있는 실정이다.[97]

더욱 안타까운 것은 선교단체나 교회가 선교사 자녀의 교육과 양육의 책임을 각 가정에 맡길 뿐만 아니라, 자녀양육을 선교사역의 일환으로 여겨 자녀양육에 문제가 있으면 선교사역을 잘하지 못하는 것으로 평가하기도 하며, 이런 평가가 선교후원에 영향을 주기도 한다.[98] 선교사 자녀의 고민과 상담에 대한 요구 조사를 실시한 한 보고서에 따르면, 이런 분위기를 짐작한 선교사 자녀가 부모님의 사역과 후원에 지장이 있을까 염려되어 고민이 있어도 말하지 못한다고 한다.[99]

이런 현실이다 보니 사역적 어려움보다 자녀양육에 대한 어려움 때문에 많은 선교사들이 사역을 포기하고 귀국하는 일이 잦다. 굉장히 열정적이고 확실한 사역 비전을 가진 선교사가 사춘기 자녀의 현지 적응 실패로 돌연히 사역을 접고 귀국하는 것을 목격한 적이 있다. 해외 연구 조사에서도 선교사가 사역을 포기하고 중도 귀국하는 여러 이유 중에 자녀들에 대한 염려를 두 번째 큰 이유[100]로 보고하고 있으며, 한국 선교사들 역시 중도 귀국하는 이유 중 자녀교육이 큰 문제[101]라고 알려져 있다. 한 가정이 선교지로 파송되기까지 선교사 개인이나 후원교회, 파송단체 모두 오랜 기간과 많은 비용을 들여 준비하고 훈련하는 것을 생각해 볼 때, 사명을 끝까지 감당하지 못하고 중도 귀국하게 되는 것은 참으로 안타까운 일이 아닐 수 없다. 그렇기에 선교사 자녀 문제를 선교사 가정의 문제로만 볼 것이 아니라 하나님 나라 전파의 사명을 가진 모두가 함께 나누어 지는 거룩한 부담으로 여기고, 좀 더 세밀한 관심과 지원으로 함께하면 좋겠다. 선교사와 선교사 자녀 모두 '잃어버리기에는 너무나 소중한 사람들'이 아닌가?[102]

제3문화의 아이들

'MK(missionary kids)'라고 불리는 선교사 자녀를 '제3문화의 아이들(The Third Culture Kids)', 또는 영문 약자를 살려 'TCK'라고도 한다.[103] TCK란 성장기의 중요한 시기를 부모의 문화가 아닌 다른 문화권에서 지낸 아이들을 일컫는 용어로, 선교사 자녀들뿐 아니라 상사 주재원이나 외교관 자녀 혹은 조기 유학으로 해외에서 성장하는 아이들도 TCK라 할 수 있다. MK는 TCK 안에 있는 하나의 집단인 셈이다.

'제3의 문화'라는 용어를 처음 사용한 사회학자 존과 루스 힐 유심(John Useem and Ruth Hill Useem)은 부모에게서 오는 모국의 문화(Home Culture)를 '제1의 문화', 그들이 가족들과 살았던 현지의 문화(Host Culture)를 '제2의 문화'라고 할 때, 이들 자신이 살았던 이주한 공동체의 삶의 스타일을 '틈새 문화(Interstitial Culture)' 혹은 '문화 사이 문화(Culture Between Culture)'라고 정의하고, 이것을 바로 '제3의 문화'라고 명명했다. 그리고 이 틈새 문화 속에서 성장하는 아이들을 '제3문화의 아이'라고 정의했다.[104] TCK의 대부라고 불리는 데이비드 폴락(David C. Pollock)은 이들 제3의 아이들에 대해서 "성장기의 중요한 시기 대부분을 부모의 문화권이 아닌 다른 문화권에서 자랐으며, 각각의 문화들과 관계를 맺고 있지만, 어느 문화에도 충분한 소속감을 갖지 못하고 있다"[105]고 말한다. 데이비드 폴락은 TCK를 지칭할 때는 이들이 다시금 고국으로 돌아온다는 것을 가정하였지만, MK들은 고국으로 영구적으로 돌아오지는 않는다고 했다. 또한 MK들은 잠시 한국에 재입국하더라도 다시 해외로 나가는 경우가 많이 있다.[106] 왜냐하면 이들은 성장 과정에서 취득한 언어와 뛰어난 문화 적응 능력으로 인해 다양한 기회를 선택할 수 있는 능력이 있기 때문이다. 하지만 그보다 더 큰 요인은 부모님도 안 계시는 모국에서 소속감을 느끼지 못하고, 모국의 문화에 재적응하는 데 어려움을 느끼기 때문이다. 그래서 이 MK들에 관해 연구를 하는 사람들은 한국 선교사 자녀의 특징을 크게 세 가지로 설명한다. '잦은 이동성'으로 인한 이별의 아픔, '소속감의 부재'로 인한 뿌리 의식의 결여, 다양한 문화 경험으로 인한 '다중 정체성'을 가진 아이들로 보고 있다.[107] 그리고 이 세 가지 특징 속에는 남모르는 아픔들이 깃들어 있다.

우리 가정이 선교훈련을 받기 위해 한국을 떠날 때 아이들은 한국 나이로 아홉 살, 네 살, 그리고 막내는 갓 돌 지난 아기였다. 네 살, 두 살이던 아들들에게는 한국을 떠나는 것에 대해 부모로서 크게 신경을 쓰지 못했던 것 같다. 그래도 초등학교 2학년을 마친 딸에게는 우리가 미국 하와이[108]로 간다고 말해 주고, 친구들과 생일 파티 겸 송별회도 열어 주었다. 딸아이는 본인이 고국을 떠나고 친구를 떠나는 것에 대해 어느 정도 마음의 준비를 할 시간이 있었는지, 어느 날 내게 와서 말하기를 머리를 노랗게 염색해야겠다고 했다. 깜짝 놀라서 물으니 자신이 미국에 가려면 미국 사람들처럼 염색해야 하는 것 아니냐고 물었다. 아이의 어처구니없는 이유를 그때는 웃음으로 넘겼지만, 미국에서 새로 사귈 친구들과 비슷한 외모를 하고 어울리고 싶다는 소망을 담아 딸아이는 나름대로 준비를 했다는 것을 시간이 한참 지나서야 이해할 수 있었다.

떠나고 이별하는 아이들

선교사 자녀를 어렵게 하는 공통적인 요인 중에서 그들을 가장 힘들게 하는 것은 '잦은 이동성'이다. 한국을 떠나 외국 선교지로 가게 되었다는 부모의 말을 들은 아이들은 친구와 친지 그리고 자신에게 익숙했던 모든 것을 떠나 낯선 곳으로 가야 한다는 생각에 다소 두렵기도 하지만, 비행기를 타고 해외로 가기 때문에 들떠 있기도 하고, 자기 앞에 펼쳐질 새로운 일에 대한 기대감으로 한껏 부풀기도 한다. 하지만 어른들 못지않게 아이들도 고국을 떠나면 심한 상실감을 느낀다. 정든 친구, 사랑하는 조부모와 친지, 장난감, 놀이터, 좋아하는 음식과 간식 등 많은 것을 포기하고 떠나기 때문이다. 떠나기 전에는 실감이 나지 않다가 막상 고국을 떠난 후에는 감내해야 하는 많은 상실감이 있다.

부모를 따라 고국을 떠나는 것만 해도 큰 이동 경험인데, 선교사 자녀는 부모의 선교적 목표와 활동에 따라 '인선 →

훈련 → 선교지 도착 → 임시 정착 → 정착 → 사역의 방향에 따라 나라에서 나라로 이동 → 안식년 → 다시 선교지로 이동' 등 여러 번의 장거리 이동을 하게 된다.[109] 이렇게 거듭해서 움직여야 하는 과정에서 아이들은 자기 의사와는 상관없이 많은 이별을 거듭하게 된다. 또 선교지의 특성상 수많은 사람들이 짧게는 일주일, 길게는 1-2년씩 단기선교를 목적으로 다녀가는데, 선교지에서 늘 외롭게 지내며 사람을 그리워하는 선교사 자녀에게는 그들과 만났다가 헤어지는 이별 과정도 힘든 경험이다.

우리 가정도 한국을 떠난 이후 해외에서 선교훈련을 받기 위해 여러 번 거주지를 옮겼고, 단기선교팀들을 만나고 헤어지는 경험, 안식년을 떠났다가 다시 돌아오기, 사역지 재배치에 따른 이동, 고등학교 진학을 위해 아이들이 다른 나라로 이동, 대학을 위해 또 이동 등 수없는 이동을 경험해야 했다. 그때마다 그 나이의 아이들이 감당하기 벅찬 이별의 아픔을 우리 자녀들이 경험했을 텐데, 그것이 아이들에게 얼마나 상처가 되는지 그 당시에는 깊이 이해하지 못했다. 지금 생각해 보니 세 아이를 키우면서 뭔지 모르지만 가슴이 무너지듯이 슬펐던 기억의 대부분이 이별을 경험하고 슬퍼하고 힘들어할 때 즈음이었던 것 같다.

뿌리째 뽑혀 버린 꽃나무 같은 아이들

머리를 노랗게 물들이고 싶을 정도로 미래에 만날 미지

의 친구들과 잘 지내고 싶었던 아홉 살짜리 딸아이는 그 바람대로 하와이에 도착해서 친구도 잘 사귀고 재미있게 지냈다. 한국 학교보다 미국 학교 환경이 잘 맞았는지 영어도 금방 익혀 공부도 잘하고, 적극적으로 환경에 적응하면서 마치 물고기가 물을 만난 듯 매우 행복해했다.

하지만 1년 9개월 정도 하와이에서 선교훈련을 받는 동안, 그런 훈련 기관의 특성상 많은 사람이 오고가는 과정에서 아이는 정든 친구들과 몇 번의 이별을 경험해야 했다. 그리고 아이가 11세쯤 되던 어느 날, 우크라이나로 파송받아 가기 전에 남편의 치과 연수를 위해 캘리포니아에 잠시 머물 때였다. 나는 여느 한국 엄마들처럼 몇 달만이라도 친구들도 사귀고 밀린 한국어 공부도 할 수 있는 학원에 보내려고 딸아이에게 권했으나, 딸아이는 얼굴을 무릎에 묻고 울면서 아무 데도 가지 않겠다고 했다.

지금 생각해 보니 정든 친구들과 헤어지고 온 지 얼마 되지 않아 딸아이는 그 슬픔이 채 가시지 않았는데, 나는 또 새로운 곳에 가서 새 친구를 사귀라고 했던 것이다. 그 정도로 나는 무심했다. 딸아이는 그 몇 달 동안 아무 데도 가지 않고 집에만 머물렀고, 몇 달 후에 우리는 다시 한국으로 가서 우크라이나로 파송을 받아 떠나기 위해 한동안 어수선한 시기를 보냈다. 그때도 너무 바빴다는 핑계로 나는 그 기간 동안 아이들이 어떻게 지냈는지 기억조차 못 한다.

우크라이나에 도착한 우리 가정은 홈스쿨링을 했기 때문에 딸아이에게는 여전히 친구가 없었다. 사춘기에 들어서는 딸에게 나이 차이가 있는 어린 남동생들은 별 도움이 안 되었다. 동네에 살던 또래 현지인 소녀들이 딸에게 관심을 보이고 여러 번 다가왔으나 딸은 오랫동안 누구에게도 마음 문을 열지 않은 채 외로운 사춘기를 보냈다. 내성적이고 예민한 사춘기를 보내는 딸아이 때문에 선교지에서 내가 힘들었다고만 생각했지, 그 아이가 받았을 상처와 외로움에 대해서는 제대로 알지 못했다는 것이 이 글을 쓰는 지금에야 깨달아져서 너무나 가슴이 먹먹하고 미안하다.

마음이 따뜻하고 감성이 풍부한 둘째는 만 4세가 되기 전에 한국을 떠났지만, 한국에서 어린이집을 다닐 때는 또래 친구들을 잘 이끄는 리더십 있는 아이였다. 그런데 갑자기 미국으로 가서 영어로 말하고 노래하고 게임하는 유치원의 분위기에 스트레스를 받았는지, 어느 날은 유치원에 가기 싫다고 했다. 아이를 억지로 떠밀어 유치원에 보내지 않고, 훈련 중이던 남편이 하루 수업을 빠지고 시간을 내어 아이를 바닷가로 데리고 나가 놀아 주었다. 그랬더니 다음 날부터 아이는 유치원에 다시 잘 다니게 되었고 아이답게 금방 적응을 했다. 이후 영어가 자유로워지면서 또래 친구들과 잘 사귀어 재미있게 지냈으나, 훈련 과정 중에도 몇 번을 이동해야 했기 때문에 아이는 그곳에서도 친구들과 헤어지는 경험을 여러 번 해야 했다.

우크라이나에서도 홈스쿨링을 하다 보니 둘째는 또래 친구가 없어서 늘 외롭고 심심해했다. 일 년에 한 번 오는 단기 선교팀 안에 또래 친구가 있으면 그들과 며칠 재미있게 노는 것이 아이에게는 큰 낙이었다. 하지만 핸드폰도 없던 그 시절, 친구들을 만나려고 설레는 마음으로 단기선교팀이 머무는 숙소에 찾아갔다가 친구들이 부모님을 따라 사역 프로그램에 함께 나가고 없어서 허탕 치고 올 때도 있었다. 실망한 마음으로 고개를 떨군 채 아이와 함께 집으로 걸어오는 내내 속상했던 기억이 아직도 가슴을 저민다.

몽골에 가서는 한국 MK 중에 또래 친구들이 있어서 정말 행복해했다. 그러다가 중학교까지 홈스쿨링을 하고 고등학교 진학을 위해 몽골을 떠나야 하는 그 시기에 아이는 이유 없이 귀와 머리와 배가 많이 아프다고 했다. 이때 우리 가족도 미국에서 안식년을 보내기 위해 함께 몽골을 떠나야 했는데, 아이는 일주일이라도 친구 집에 더 있고 싶다고 해서 일주일간 혼자 몽골에 더 머물다가 나왔을 정도이다. 아이가 필리핀에서 4년을 머물며 고등학교를 마치던 졸업식 날, 그날도 많이 아파서 행사에 겨우 참석했다.

지금 생각해 보니 이별의 순간이 올 때마다 둘째는 힘든 감정을 표현하지 못해서 몸이 아팠던 것 같다. 그런데 엄마인 나는 아이가 고등학교에 갈 때나 대학에 갈 때나, 아이의 진로만 생각하고 걱정했지 친구들과 이별을 앞둔 아이의 마음에 대해서는 무심하게 넘겼었다. '그게 뭐 그리 대단한 일이라고…' 하면서. 부모조차 자녀의 이런 아픔을 공감하지 못하는데, 그 누가 이해하고 위로해 주었을까 싶다. 언어와 문화가 다른 해외에서 마음이 통하는 친구를 만나 사귀는 것이 쉽지 않은데, 친구와 사귈 만하면 본인의 의사와 상관없이 헤어지기를 반복하는 아이들의 그 심정이 어땠을지 당시에는 잘 몰랐다. 부모로서 그저 건강을 챙겨 주고 공부를 잘하게 도와주면 되는 줄 알았다. 아직 어려서 마음을 제대로 표현하지 못하는 아이들의 마음속까지 헤아리지는 못했던 것이다.

나에게 기쁨과 웃음과 눈물을 제일 많이 안겨 준 막내는 한국을 떠날 때 아직 걸음마도 떼지 못한 아기였다. 선교훈련을 받던 하와이 열방대학 캠퍼스에서 첫걸음을 떼고, 훈련생 가족들이 모두 공동체 생활을 하는 캠퍼스 내에서 늘 외국 아이들 틈에 둘러싸여 있다 보니 한국어보다 영어를 먼저 배운, 그야말로 영어가 모국어로 자란 아이다. 그래서인지 외모만 한국 사람이지 생각하는 것이나 말하는 것이나 완전 서양 사람 같다. 밝고 명랑한 성격 탓에 모든 사람의 사랑을 독차지하던 귀여운 막내가 겪은 첫 이별의 아픔은, 우리가 몽골에서 미국으로 안식년을 떠나던 만 11세쯤이 아니었나 싶다.

미국 풀러 신학교에서 공부하면서 학교 근처 선교관에서 지낼 때였는데, 어느 날은 어떤 햄버거집에 가자고 무조건 조르기 시작했다. 우리가 평소에 잘 가지 않던 햄버거집이라서 모른 척하다가 하도 졸라서 이유를 물었더니, 그 햄버거집에서 경품 행사를 하는 텔레비전 광고를 보았는데 1등 상품이 비행기 티켓이라는 것이었다. 정확히 어디로 가는 티켓인지 몰랐지만 아이 생각에는 비행기표만 있으면 떠나온 몽골로 다시 갈 수 있다고 생각했던 것 같다. 아이는 안식년 때문에 잠시 떠나온 몽골의 친구들을 늘 그리워하고 있었던 것이다.

한번은 몽골에 중요한 일이 있어서 안식년 기간 중에 남편 혼자 몽골에 다녀와야 할 일이 생겼다. 아이는 몽골로 가는 아빠에게 우리가 살던 동네 앞 공터를 꼭 찍어 오라고 부탁했고, 남편은 아이의 말대로 사진을 찍어 왔다. 그런데 남편이 찍어 온 그 사진을 본 아이는 실망하는 모습이 역력했다. 아이가 원했던 것은 집 앞 공터만 찍힌 사진이 아니라, 그곳에서 놀고 있는 친구들의 모습이 사진에 담겨 있기를 기대했던 것이다. 그런데 아쉽게도 아직 날씨가 추울 때라 밖에 나와 있는 아이들이 아무도 없었다. 미리 말을 해 주었으면 어떻게라도 친구들의 모습을 담아 왔을 텐데 아이는 자신의 마음을 표현하는 법을 잘 몰랐던 것 같다.

그런 막내의 마음을 이런저런 일로 조금이나마 짐작하고 있던 즈음에 본 아이의 글은 정말 충격이었다. 아이만을 위한 컴퓨터가 없다 보니 내 컴퓨터를 빌려서 학교 숙제를 하던 중이라 보게 된 막내의 글이었다. 다음은 내가 그 글을 읽고 당시 유행하던 한 SNS에 올린 내용들이다.

H의 슬픈 추억

며칠 전에 달력을 넘기다 보니까 ○월 ○일에 Day of unfor-gettable Horror(잊을 수 없는 끔찍한 날)라고 써 있었습니다. 뭐지? 가만히 생각해 보니까 그날은 작년에 우리가 몽골을 떠난 날이었습니다.

몽골을 떠나기 며칠 전부터 이유 없이 배가 아프고, 머리가 아프고, 귀가 아프다고 한 형 M과 달리 동생 H는 그다지 별다른 내색을 안 하기에 아직 어려서 생각이 없나 보다 했는데 공항에서 사람들과 작별 인사를 하고 입국장에 들어가서 수속을 하려는 순간, H는 의자에 털썩 앉더니 소리 없이 눈물을 막 흘리고 있어서 사람을 놀래키고 당황시켰던 아이였습니다.

얼마 전에 학교에서 "인생에서 가장 감명 깊었던 일"을 쓰라는 숙제가 있었나 봅니다. 거기에 H는 몽골에서 홈스쿨한 얘기, 친구들과 놀았던 얘기, 축구한 얘기 등을 다 쓰고 나서 이렇게 썼습니다.

"마지막 날, 짐은 다 쌌다. 떠날 준비가 다 되었다. 하지만 나는 아직 준비가 안 됐다. 나는 떠나고 싶지 않았다. 하지만 우리는 떠나야 했다. 우리를 공항에 데리고 갈 차에 탔을 때 나는 마지막으로 우리 동네를 흘깃 돌아보았다. 오늘 몽골의 그 마지막 모습이 여전히 내 머릿속에 있다. 지금도." (On the very last day we finished packing and were ready to leave. But I wasn't, I didn't want to leave, but we had to. When I was on the car that was going to bring us to the airport, I took a glimpse of the district we lived in. Today I still have that last glimpse of Mongolia in my head right now. - 원문입니다.)

그리고 일 년이 다 되어 가는 지금까지 그날을 그렇게 끔찍하게 가슴 아픈 날로 기억하고 있네요.

저와 남편은 이 글을 읽고 웃다가 울다가 했습니다.[…]

2004. 09. 30. 16:23

어린 마음에 다시는 못 돌아갈 것이라고 생각했는지, 막내는 떠나온 그곳과 친구들을 그렇게 그리워하며 지냈다. 하지만 미국에서도 학교 친구들과 잘 놀고, 또 우리가 살던 선교사

숙소에서 만난 다른 MK들과는 더욱 잘 지냈다. 그리고 일 년간의 안식년을 마치고 다시 몽골로 되돌아가야 할 무렵 아이는 선교관에서 함께 지낸 MK 친구들과 다시금 헤어져야 하는 것을 너무 힘들어하고 괴로워했다. 미국을 떠나 다시 몽골로 갈 즈음에 아이가 겪었던 힘든 마음을 나는 또 이렇게 기도제목으로 올렸다.

H와 M을 위해 기도해 주세요!!

몽골을 떠나와서 한동안 그렇게 몽골을 그리워하면서 힘들어하던 H가 이제 이곳 생활에 익숙해지고, 친구도 사귀고, 학교생활도 재미가 들려고 하는데 다시 떠나야 하니까, 감수성이 예민한 사춘기에 들어선 H에게는 몹시 어려운 모양입니다. 또 유달리 표현력이 풍부하고 다양한 H는 자기의 아픈 마음을 여러 가지로 표현하고 있습니다.

"떠나는 게 너무 힘들어." "missionary life는 왤케 힘든 거야?" "쫌… 한 나라에서 쭈욱 살면 안 돼?"

"오늘이 내 인생에 끝이다!" "엄마, 만약 비행기가 delay 되어서 내년까지 안 오면 어떻게 돼?"(몽골에서 공항 나갔다가 비행기가 안 떠서 그냥 되돌아오는 일이 종종 있는 것을 기억하면서 하는 말….)

아무리 그래도 일 년씩 연착될 수는 없는 법이니까 "아예 꿈깨!"라고 말하고 싶은 걸 꾹 참고, "그럼 우리 내년까지 안 가는 거지?" 하고 묻는 말에… "응"이라고 말합니다.

나중에는 웃으면서 기억할 추억이 될지 모르고, 그래도 이렇게 저렇게 자기의 생각을 표현하는 H가 귀엽기도 하지만… 아이가 제법 심각하게 한숨을 들이쉬고 내쉬고 하며 힘들어하니까… 엄마의 마음도 아프고 눈물이 납니다.

이제 필리핀에 있는 선교사 자녀 학교로 떠나게 될 M은 그래도 제법 커서 나름대로 참는 듯하기에, "너는 이제 필리핀에 가서 새로운 좋은 친구 많이 사귈 거야" 하니까 "알아! 하지만, 새로운 친구 사귄다고 해서 옛 친구가 잊혀지는 건 아니야!"라고 합니다.

또 가슴이 뜨끔합니다.

H는 하필이면 몽골에서 헤어진 친한 친구들 4명이 모두 안식년을 떠나거나 아주 철수를 하여서 당분간 몽골에 돌아가도 좀 외롭고 심난할 것만 같습니다.

H와 M을 위해 기도해 주십시오.

한창 예민한 사춘기 시절에,

친구가 인생의 전부인 듯한 이 시기에, 잘 자라고 꽃피우고 있는 꽃나무를 뿌리째 홱 뽑아서 다른 곳으로 옮기는 것 같은, 자기들 나름대로는 참 황당한 경험을 일 년 전에 하고 지금 또다시 하는 느낌입니다. […]

2005. 01. 05. 07:25

미국을 떠나면서

H는 떠나기 전에도 떠나는 날에도, 자기가 가지고 가는 가장 무거운 짐은 절망이라느니(my heaviest carry is despair!)….

비행기에서 인상을 쓰고 있어서 귀 아프냐고 물으니, 귀보다 마음이 더 아프다고(my only pain is despair!!) 구시렁대고 있습니다.

2005. 01. 09. 10:08

당시에는 자신의 힘든 이별 경험에 대해 이렇게 저렇게 표현하는 막내가 부모로서 마음이 아프기도 했지만, 한편으로는 그렇게나마 표현하는 것이 기특하고 고마웠다. 힘들다고 하면서도 또 금방 새 친구를 사귀고 잘 지낸다고 생각했다. 하지만 지금 생각해 보니 이제 막 사춘기에 들어가는 아이가 일 년여 동안 그토록 힘든 이별을 선교사 자녀라는 이유만으로 오며 가며 두 번이나 했고, 아이의 이별 경험은 그 이후에도 멈추지 않고 성장기 내내 계속되었다는 것이 참 가슴 아프다. 그리고 그런 아이의 아픔에 제대로 공감하고 위로해 주지 못했다는 것이 정말 미안하다.

감수성이 예민한 성장기에 잦은 이동을 경험하는 MK들은 어디에 가든지 그곳의 삶에 잘 적응하는 유연성과 개방성을 갖추면서 초문화적인 사람으로 성장하게 되는 반면, 잦은 이동에 따른 빈번한 이별 경험으로 인해 대인관계에 부정적인 신념을 갖게 되기도 한다. 잦은 이별 경험으로 인한 상처는 깊은 대인 관계를 갖기 어렵게 하고, 인간관계의 가치와 의미에 대해 회의적이 되어 사람과의 관계는 깨어지기 쉽다고 생각하게 만든다.[110] 사람과의 만남은 언제나 이별을 전제로 한다고 생각해 친밀한 관계를 맺으려 하지 않는 성향으로 발전할 수도 있다.

이는 선교사 자녀에게 깊은 인간관계를 어렵게 하고 지속적인 소속감을 갖지 못하게 해 정체성 형성에까지 문제를 유발할 수 있다.[111] 심리학자들은 이들의 잦은 이동이 심리적 불안과 우울증을 일으킬 수 있으며, 이별로 인한 분리 불안,[112] 해결되지 않은 슬픔으로 인한 분노와 좌절, 헤어짐이 주는 슬픔을 부인하거나 반항하는 것 등으로 나타날 수 있다[113]고 우려를 표한다.

가치관과 세계관이 다른 아이들

선교사 자녀는 잦은 이동으로 늘 유목민 같은 삶을 살지만, 이를 통해 다양한 문화를 접하면서 폭넓고 확장된 생각과 세계관을 가진 사람으로 성장하게 된다. 단일 문화권에서 자란 부모 세대와는 달리 다양한 인종 속에서 다양한 언어와 문화를 경험하면서 이들은 융통성이 많고 적응력도 강하며, 세상을 바라보는 식견과 안목이 폭넓어져 단일 문화권 내에서 성장한 또래 아이들보다 더욱 성숙한 가치관과 세계관을 가지게 된다. 또한 주로 제3세계에서 사역하는 부모의 선교 현장에서 가난하고 고통스럽게 살아가는 사람들을 보면서 성장하다 보니 동정심도 많고 자기중심적인 사고의 틀에서 벗어나 삶에 대한 깊은 이해가 있다.[114] 그런가 하면, 이들은 고국의 일상적인 문화에 대해 무지하고, 그 문화권에서 자란다면 당연히 습득하게 되는 사소한 규칙들을 알지 못해 고국에 돌아오면 당황스러운 상황에 놓일 때가 많다.

학교에서 사용하는 학습 언어가 외국어이다 보니 모국어인 한국어가 부자연스러울 뿐만 아니라, 한국 문화와 그에 수반되는 역사와 유머, 규칙을 잘 몰라서 어려움을 겪고, 결과적으로 한국 사람을 소극적으로 대하게 된다. 또한 자신들의 다양한 문화 경험에서 나오는 폭넓은 사고와 통찰을 보통 사람들이 잘 이해하지 못한다고 생각해서 본인의 생각을 드러내지 않으려는 경향이 있는데, 이러한 태도가 자칫 건방지다는 오해를 받게 하기도 한다. 그리고 이들은 모국에 대해 편파적이고 주관적인 애국심보다는 객관적인 관점을 가지고 있기 때문에 모국에 대해 사랑이 없는 것처럼 보여 비애국적이라는 말을 듣기도 한다.[115] 이런 오해를 받아야 하는 것도 MK들에게는 슬픈 일이고, 같은 MK가 아닌 사람들과의 관계를 어렵게 하는 요인이 된다.

나의 자녀들도 한국을 방문해서 사촌 형제들을 만나면 매우 어색해하며 대화를 제대로 이어 가지 못했었다. 한국어가 서툴러서 그랬던 이유도 있지만, 한국 문화에서 벌어지는 일상적인 상황이 매우 어색하고 부자연스러운 자신을 발견하고는 혹시 실수할까 봐 자신이 없어서 그랬다고 나중에야 고백했다. 상대의 말을 완전하게 알아듣지 못하니 적당히 건성으로 대화하기도 했지만, 그것보다는 세계관과 가치관, 관심사의 정도와 깊이의 차이가 커서 깊은 대화는 회피하는 경향이었다. 그러다 보니 어릴 때는 가깝게 지냈던 사촌들과도 성장기에 들어서면서 어색하고 거리감이 생겼다.

공항이 제일 편한 아이들

어느 날 두 아들이 친구들과 모여 앉아 이야기하는 것을 우연히 듣게 되었는데, 누가 "Where are you from?(너 어디서 왔니?)"이라고 물으면 제일 대답하기 어렵다고 했다. 선교지에서 자라는 아이들이 학교에서 외국인 혹은 현지인 친구들을 만나게 되면 항상 듣게 되는 첫 질문이 "Where are you from?"인데, 이 질문을 받을 때마다 바로 대답을 못 하고 "음…" 하게 된다는 것이다.

MK들은 "나 한국에서 왔어!"라고 자신 있게 말하지 못한다. 한국은 부모와 자신의 모국이지만, 가끔 한국을 방문했을 때 받는 인상은 자신들이 살고 있는 선교지보다 오히려 낯설고 자신이 한국인으로 소속되고 받아들여지고 있다는 느낌도 없기 때문이다. 그래서 자신들의 국적이 한국인 것은 알지만 "나 한국에서 왔어"라는 대답이 바로 나올 만큼 한국인으로서 확신이 없다. 그렇다고 부모님이 사역하시고, 자신이 성장한 선교지가 자기 고향이라는 느낌도 갖기 힘들다. 외모도 다르고 언어와 문화가 다른 MK들은 그곳에서 살지만 그곳에 속해 있다는 느낌을 받지 못하고 늘 이방인으로 살아가기 때문이다.

우리 아이들도 어릴 때 한국을 떠나서 미국에서 유아·유년 시절을, 우크라이나에서 초등학교 시절을 보내고, 몽골에서 중등학교를 다니고, 필리핀에서 고등학교를 졸업한 뒤 미국, 몽골, 한국에서 대학에 다녔다. 이런 아이들에게 너 어디서 왔느냐는 질문은 대답하기 정말 난감하다. 그래서 아이들은 이렇게 말했다. "나는 공항에 있을 때가 제일 마음이 편해!" 웃고 넘어갈 재미있는 에피소드 같으나 이 이야기 속에는 선교사 자녀의 특징과 아픔이 고스란히 담겨 있다.

선교사 자녀의 다중문화 경험은 다양한 문화 적응을 가능하게 함으로써 이들의 삶을 풍성하게 해 주고 또래보다 성숙하고 가치 있는 삶을 살게 만들어 주기도 하지만, 반면에 어디에도 소속감을 느끼지 못하는 소속감 부재 현상을 일으킨다. 이런 소속감 부재 현상은 자신이 누군지, 어디에서 온 사람인지에 대한 확신을 주는 뿌리 의식을 갖기 어렵게 하고 이로 말미암아 정체성 혼란 현상을 가져오게 된다.[116] 집이 있어도 없는 것 같고 고향이 있어도 어딘지 몰라서 차라리 공항이 편하다고 하는 MK들의 농담이 참 슬프다.

아시안 오렌지 컬러가 편했던 아이

필리핀에 있는 선교사 자녀를 위한 고등학교에 진학한 막내가 방학이 되어 몽골 집에 들렀는데, 아주 진한 노란색으로 머리를 염색하고 왔다. 깜짝 놀라서 "이게 뭐니?" 했더니 "아시안 오렌지 컬러"라고 했다. 설마 내가 색깔을 몰라 물어본 것은 아닐 텐데 아이는 컬러 이름을 말하고는 스스로에게 아주 만족해하는 것 같았다. 거울을 들여다보면서 "그래! 바로 이거야! 이게 바로 내 색깔이지!" 하면서, 예전의 검은 머리카락으로 되돌아가는 것은 상상도 하기 싫다고 했다. 아뿔싸! 노란색으로 변한 머리카락을 보고 기뻐하는 모습이 마치 15년 전에 자신을 낳아 놓고 떠난 친엄마라도 찾은 듯이 행복해 보였다. 우리 부부는 아이들이 사춘기를 지나면서 노랑머리 한번은 해 볼 수 있다는 정도로만 생각했는데, 그 아이에게 노랑머리 염색은 그냥 한번 해 보는 일탈 정도가 아니라 자신에게 부족하게 여겨지는 뿌리 의식과 문화적 소속감을 찾기 위한 몸부림이었던 같다.

어느 날 생일에 미역국을 끓여 주며 한국 사람은 생일에 미역국을 먹는다고 '새삼스레' 알려 주었더니, 자기는 한국 사람이 아니니 그럴 필요 없다고 했다. 그래서 "너, 한국 국적이야!" 하며 한국인임을 상기시켰더니, "알아! 하지만 난 한국 사람이라고 느껴지지 않아! 국적은 한국이지만 마음은 한국 사람이 아니야! 그러니 나에게 한국 문화를 강요하지 말아 줘!"라고 한다. 나는 가슴이 싸아~ 했다. 내가 아이를 잘못 키웠는가 싶어서 겁이 덜컥 났다.

선교사 자녀는 어려서부터 여러 나라를 거치면서 다양한 문화와 다양한 언어, 다중 종족 집단들 사이에서 성장하기 때문에 다중 정체성을 가지게 된다.[117] 다문화 경험을 통해 세워진 정체성은 상황에 따라 혼란을 일으키고 때로는 가치 판단을 어렵게 하기도 한다.[118] 가정에서 부모님을 통해 받는 고국의 전통과 풍습, 국제학교나 선교사 자녀 학교에 다니면서 선생님과 친구들에게 받는 서구 문화, 그리고 부모가 사역하고 아이가 사는 곳에서 접하는 현지 환경, 그 어느 곳에도 아이는 자신이 소속되어 있다고 느끼지 못하고 성장하다 보니 자신을 이중적·삼중적 존재로 발견하며 정체성의 혼란을 겪는다.[119]

자신이 현재 살고 있는 그곳 문화 속에서 자신을 다른 존재로 느끼는 아이들이 부모에게서 배운 고국의 문화와는 다른 낯선 곳에 적응하는 과정에서 때로는 급격한 변화로 말미암아 성격적인 장애를 가지게 되는 선교사 자녀도 있다고 한다.[120] MK들의 이런 정체성에 관한 문제는 그들이 부모 선교사인 기성세대와는 다른 차원의 경험을 하게 되는 문제 중에서 가장 대표적인 예이며, 한국 MK와 관련한 연구와 교육 차원에서도 가장 중요하게 다루어지고 있는 문제이다.[121] 하지만 한국 선교사 부모 대부분은 타 문화권 사역을 처음 시작한 1세대 선교사이기 때문에 어려서 모국을 떠난 자녀가 겪는 이러한 정체성의 문제에 대해 잘 공감하지도 심각하게 받아들이지도 못하고 있다. 따라서 MK들의 정체성 위기 문제가 여전히 체감되지 못하고 있는 것이 한국 선교의 현실이다. 부모 선교사들이 자녀의 이런 정체성 혼란에 대해 방치하는 경우가 많다 보니 MK 중에는 사춘기가 지나서까지도 자신의 정체성 확립을 제대로 하지 못하는 경우가 많이 있다고 한다. 특히 대학 입학, 군입대, 취업과 결혼 등의 이유로 성인이 되어 한국에 돌아오는 경우에 이들은 선교지에서보다 한국에 돌아와서 더 큰 정체성 위기를 맞이한다고 한다.[122]

후회하는 부모 뒤의 멋진 능력자

선교사로 아이들을 키우던 지난 시간을 회상하며 글을

쓰다 보니 여러 가지 상념에 젖게 된다. 처음 한국을 떠날 준비를 하던 그 시간으로 다시 돌아갈 수 있다면, 이 아이들이 그렇게 혹독한 이별의 아픔을 겪게 될 줄 미리 알았더라면, 소속감의 부재로 인해 자신이 어디에서 왔는지 대답도 못 한 채 공항이 차라리 편하다며 공허한 미소를 짓는 사춘기를 보내게 될 줄 알았더라면, 노란색으로 염색한 머리 색깔이 자신의 머리카락 색이라며 정체성에 혼란을 겪게 될 줄 알았더라면, 고국을 떠나올 때 된장·고추장을 챙기느라 여유가 없던 가방에 한국에 대한 아름답고 의미 있는 기억과 추억을 좀 더 챙겨 넣어 왔더라면…. 그랬더라면.

무거워서 못 가져갈 것 같아 다른 친구에게 주고 온 아들의 커다란 로봇 장난감. 사진으로 볼 때마다 늘 갖고 싶어 했지만 선교사 훈련 기간 동안에는 비싸다고 새로 사 주지도 못했다. 자기가 사랑하고 아꼈던 것들을 이유도 모른 채 빼앗기고 박탈당해 버렸던 아이의 그 상실감이 돈 몇 푼보다 더 지키고 보살펴 줘야 했던 것임을 그때는 알지 못했다. 비행기를 셀 수 없이 타고(비행기를 몇 번 탔는지를 손가락으로 자랑스럽게 세던 아이들도 열 번을 넘어가니 더 이상 세지 않았다) 이곳저곳을 다니는 동안에도 아이들은 늘 짐짝처럼 잃어버리지 않고 옆에만 꼭 붙어 있으면 되는 걸로 생각했지, 이동 기간에 아이들이 느꼈을 불안함이나 두려움 같은 감정 따위는 고려할 생각조차 못 했던 그 시간이 너무나 후회되고 부끄럽고 미안하다.

한국 방문을 할 때도 아이들은 한국 음식과 학용품 몇 가지에 만족해야 할 뿐 한국인으로서 자신들이 누릴 수 있었던 유년기와 청소년기, 사춘기의 모든 정서와 특권은 배제된 채 부모 선교사의 일정과 필요에 맞춰져 있었다. 부모에게 모든 것이 맞춰져 있어 고스란히 희생되었어도 어찌하지 못했던 그 시절의 그 아이들의 상실감을 성인이 다 된 지금에 와서는 어떻게 보상해 줄 길도 없다. 부모가 선교사가 되어 많은 것을 포기하는 삶을 살기로 했으니 너희도 이제부터 포기해야 할 것이 많다고 하면서 이미 여러 가지를 상실한 아이들에게 더 많이 포기하라고 요구하는 것이 당연한 줄만 알았다.

선교사 자녀로서 제한된 환경 안에서도 하나님이 주시는 풍성함을 더 누리고, 본인들이 부모의 선교사역보다 훨씬 더 귀하고 소중하고 사랑받는 자녀임을 알고 자랄 수 있도록 배려해 주었으면 얼마나 좋았을까 생각하니 아쉬움이 몰려온다. 이런 부족한 부모임에도 불구하고, 많은 아픔 속에서도 그들을 멋지게 자라게 해 주신 하나님 아버지는 역시 멋진 능력자이시다.

> 그들이 나온 바 본향을 생각하였더라면 돌아갈 기회가 있었으려니와 그들이 이제는 더 나은 본향을 사모하니 곧 하늘에 있는 것이라. 이러므로 하나님이 그들의 하나님이라 일컬음 받으심을 부끄러워하지 아니하시고 그들을 위하여 한 성을 예비하셨느니라(히 11:15-16).

MK 교육, 진로 그리고 결혼

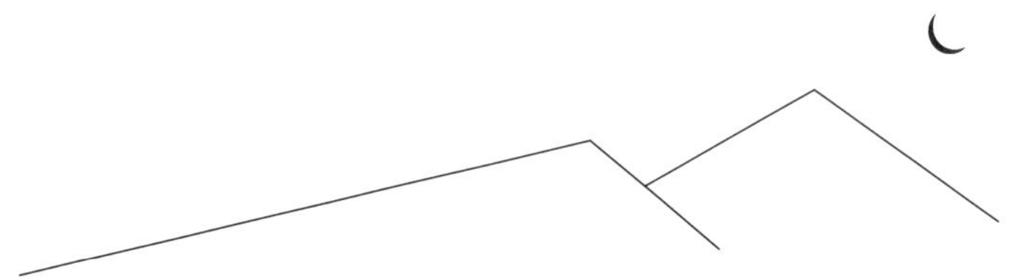

MK들의 학교

선교사들에게 자녀양육의 비중이 사역 못지않게 크고 부담스러운 만큼 자녀교육 방식을 선택하는 데도 항상 고민이 따른다. 선교지마다 선교사 자녀를 보낼 만한 시설이나 학교가 항상 있는 것은 아니다 보니 적당한 자녀교육 시설 유무가 사역지를 선택하는 데 우선 요인이 되기도 한다. 사역지 근처에 마땅한 학교가 없는 경우, 자녀교육을 위해 선교사가 사역지와 상당히 떨어진 곳에서 가족과 함께 생활하기도 하고, 자녀들과 아내는 학교 근처에 두고 남편만 사역지에서 지내는 경우도 있다.

선교사 자녀의 교육 시설은 현지 학교, 국제학교, 선교사 자녀 학교 등으로 크게 나눠 볼 수 있고, 홈스쿨을 선택하는 경우도 있다. 현지 학교라 하면 현지 주민의 자녀가 다니는 국공립 또는 사립학교를 말하며, 선교사 자녀 학교에는 한국 선교사 자녀들을 위해 한국 교육부와 현지의 인가를 받고 한국 학제에 따라 교육하는 학교와 서구 선교사들이 자녀교육을 위해 세운 서구 학제에 따라 교육하는 학교가 있다.[123] 그리고 서구 선교사들이 자녀교육을 위해 세운 서구 학제에 따라 교육하는 학교들이 있다.[124] 국제학교는 현지에 있는 고위층 자녀나 해외에서 오는 공관 혹은 주재원 자녀가 주로 다니는 학교로서 선교사 자녀에 대한 특별 혜택이 없는 한 선교사 자녀 학교에 비해 비용이 많이 높다. 하지만 선교지 근처에 선교사 자녀 학교가 없는 경우에는 해외로 자녀를 보내기보다 항공비와 생활비 등 전체 비용을 고려해서 국제학교에 보내는 선교사들도 있다.

국제학교에 보내든지 선교사 자녀 학교에 보내든지, 어쨌든 기숙사가 있는 해외로 자녀들을 보내어 교육하려면 재정적으로 상당히 부담이 된다. 자녀가 여러 명이면 부담이 두세 배가 됨은 말할 것도 없다. 그래서 학령기에 있는 자녀를 둔 선교사들에게는 생활비에서 자녀교육비가 가장 비중이 큰 지출이고 부담이 되어서 항상 기도하는 문제이다.

어떤 이들은 "선교사들은 어째서 그렇게 비싼 학비를 내면서 아이들을 국제학교나 선교사 자녀 학교에 보내는가? 한국 아이들은 대부분 동네에 있는 공립학교에 다니는데, 선교사들도 그곳에 선교하러 갔으면서 현지에 있는 학교에 보낼 수 없는

가?" 묻는다. 그러나 한국 사람이 한국에서 공립학교에 다니는 것과 선교사 자녀가 선교지에서 현지 학교에 다니는 것은 전혀 다른 문제이다. 물론 현지 학교에 보낼 경우 여러 가지 이점이 많다. 자녀를 멀리 떨어뜨려 놓지 않아도 되며 학비 부담이 적다는 것 외에도 자녀가 현지 문화를 익히고 현지 아이들과 잘 사귀는 동안 현지에 대해 좋은 인상을 품고 성장할 수 있고, 자녀가 현지 학교 졸업 후 부모의 사역에 동참하거나 부모의 대를 이어 효과적으로 선교를 할 가능성이 있기 때문이다. 또 자녀의 학교생활로 인해 부모 선교사도 현지 문화와 현지인들에게 더 가까워지면서 사역의 접촉점을 찾을 수 있다는 이점이 있다.[125]

하지만 현지 학교에 다니면서 생기는 문제점이 좀 더 심각하다. 모두 그런 것은 아니지만, 현지 학교의 교육 수준이 떨어지는 경우가 많아서 학년이 올라갈수록 아이들 스스로 교육 내용에 대해 만족하지 못하는 경우가 많다. 이것은 자녀의 미래 교육에 지장을 주는 것이다. 게다가 학교는 학습하는 곳일 뿐만 아니라 아이들이 많은 시간을 보내며 선생님과 또래 친구들을 통해 세계관과 가치관이 형성되는 아주 중요한 장소이다. 그런데 선교지 현장의 문화와 가치체계 중에는 선교사 자녀에게 좋지 않은 영향을 주는 것들이 많이 있다. 선교사가 선교지에서 하는 일 중 가장 중요한 것이 현지인들에게 기독교적인 세계관과 가치를 심어 삶의 변화를 일으키는 것인데, 자녀들을 현지 학교에 보낼 경우 본인의 자녀가 현지 문화에 동화되어 버리는 일이 발생하는 것이다.

한편 현지 학교에 다니는 자녀들이 현지 문화에 동화되

지 않는다면 그것 역시 자녀들에게는 차별과 따돌림의 원인이 되어 적응을 어렵게 할 수 있다. 그러니 자녀들은 이럴 수도 저럴 수도 없는 상황이 된다. 현지 학교는 다양한 국적의 아이들이 다니는 국제학교와 달리 외국인에 대한 문화적인 배려나 이해가 부족하고, 현지 학교의 문화적·교육적 요구나 압력이 선교사 자녀의 적응과 신앙 발달에 큰 장애가 되기도 한다.[126]

현지의 종교나 이념이 아이들에게 어려움을 주는 경우도 있다. 무슬림 지역에 있는 선교사들이 현지 학교에 자녀를 보내면 무슬림의 영향을 받게 되고, 공산주의 지역에 있는 선교사들이 현지 학교에 자녀를 보내면 공산주의 사상을 배울 수밖에 없는 일이다. 내가 몽골에 있을 때 그곳에 사는 교민 자녀 중에 현지 학교에 다니는 청소년들이 있었는데, 자녀가 몽골의 개방된 성 문화와 술·담배뿐 아니라 여러 가지 비행을 일삼는 또래 친구들의 영향을 받아서 매우 곤란해하던 일이 기억난다. 또 공산화된 베트남 현지 학교에 보냈다가 자녀들이 학교에서 배우는 공산주의 사상으로 인해 혼란스러워하고, 또 부모가 기독교 선교사라는 것을 아는 학교 선생님들과 친구들의 비난과 무시에 사춘기 아들이 괴로워했다는 이야기도 들었다.

우리 가정 역시 남편이 우크라이나로 간다고 했을 때, 그곳에는 국제학교나 선교사 자녀 학교도 없는 데다가 아직은 공산주의 영향이 고스란히 남아 있을 현지 학교에 아이들을 보낼 자신이 없어서 나는 많이 망설였다. 그런데 마침 그곳에 와 계신 미국 선교사님이 홈스쿨을 도와주신다고 해서 홈스쿨링을 하기로 마음먹으면서 우크라이나로 갈 용기를 냈다. 지금도 경제적인 이유 혹은 여러 가지 다른 이유 때문에 현지 학교에 자녀들을 보내는 선교사들이 꽤 있고, 현지 학교를 훌륭히 졸업하고 현지 학교의 이점을 잘 살려 부모의 사역을 돕는 MK들도 있음을 잘 알고 있다. 하지만 동시에 어릴 때 현지 학교에 보냈다가 여러 가지 어려움을 겪고 상처를 입어 결과적으로 현지 학교 적응에 실패한 사례도 많이 듣고 있다. 그래서 저학년일 때는 현지 학교에 보냈다가 고학년이 되면서 국제학교나 선교사 자녀 학교로 옮기는 경우도 있지만, 언어와 교육과정이 달라서 옮겨 간 학교에 적응하기 위해 또 오랫동안 고생을 해야 한다. 그러므로 자녀를 현지 학교에 보내려면 여러 가지 면을 종합적으로 심사숙고해서 결정해야 한다.

결국 선교사가 현지 학교를 선택하기란 쉽지 않기 때문에 홈스쿨을 하지 않는 이상 한국에 사는 학부형들보다 훨씬 과중한 자녀교육비를 부담하는 것이 현실이다. 그리고 선교사 후원금 중에 자녀교육비가 따로 책정되어 있는 경우가 많지 않아 자녀를 키우는 선교사들은 자녀교육비가 가장 큰 부담이요 기도 제목이 될 수밖에 없다.

부모 곁을 떠나는 MK들

선교지에서 부모와 함께 지내던 선교사 자녀는 빠르면 고등학교 진학 시기, 늦어도 대학에 진학할 무렵이 되면 대부분 부모 곁을 떠난다. 물론 더 어린 시기에 기숙사가 있는 학교로 떠나는 경우도 있지만, 내가 아이들을 키우던 시절에 사역하던 몽골에서는 고등학교 진학을 기점으로 해서 선교사들이 자녀를 한국 혹은 제3국으로 떠나보냈다. 몽골이 선교지로서는 신생국가였기에 선교사 자녀를 위한 교육 인프라가 취약한 편이었다. 요즘은 몽골에 있는 선교사 자녀 학교에 고등 과정이 새로 생겼지만, 그전에는 초등 과정밖에 없어서 십대 자녀를 둔 선교사들의 고민이 컸다.

MK들이 집을 떠날 때면 다른 나라로 가는 경우가 많고, 같은 나라에 있다 해도 상당히 거리가 멀어 주말마다 집에 오지 못하고 방학이나 되어야 부모를 만날 수 있는 경우가 대부분이다. 서양 선교사들은 고등학교 때까지는 부모와 함께 지내는 것이 좋다는 나름의 원칙을 가지고 있는 것 같다. 하지만 한국 선교사들의 경우에는 대학 입학이 자녀교육에서 큰 비중을 차지하고 있다 보니, 자녀들이 대학 입학을 준비하기 위한 적당한 고등교육을 현지에서 받을 수 없는 경우에는 한국으로 보내든지 다른 나라로 보내서라도 제대로 된 고등학교 과정을 마치고 원하는 대학에 들어가도록 하는 것이 학부형 선교사의 가장 큰 바람이라고 해도 과언이 아니다.

나도 처음에는 미국 선교사의 도움을 받아 홈스쿨링을 하다 보니 아이들은 영어 교재로 공부를 해야 했다. 이후 몽골로 와서는 세 아이의 영어 교재를 내가 따로 공부해 가르쳐야 해서 보통 어려운 일이 아니었다. (위의 두 아이는 초등 과정을 이미 마쳤거나 마치려는 즈음이었고, 막내 아이는 당시에 한국말을 거의 못하는 터라 한국 학제로 교육을 하는 몽골 MK 스쿨을 보낼 수 없었다.) 대학 입학이 교육의 가장 큰 목표였던 당시의 나는 이렇게 해서 아이들을 대학에 보낼 수 있을지 걱정이 이만저만이 아니었다. 하지만 주변에 있는 다른 선교사들처럼 현지에 있는 국제학교나 해외에 있는 선교사 자녀 학교에 보낸다는 것은 학비를 생각할 때 우리에겐 불가능한 일일 것만 같았다.

어느 날 한 기도 모임에서 해외에 있는 선교사 자녀 학교에 자녀를 보낸 한 선교사가, 방학이 끝나 아이들이 학교로 다시 돌아갈 때면 공항에서 배웅을 하다가 눈물이 나서 운다는 얘기를 했다. 그 얘기를 듣던 나는 속이 상해서 마음속으로 더 울었다. 무슨 대단한 뜻이 있어서라기보다 재정 형편이 안 되어서 홈스쿨링을 하고 있던 나는, 자녀를 선교사 자녀 학교에 보낼 형편이 되어 공항에서 그렇게 눈물의 배웅이라도 할 수 있는 그 선교사가 부러웠기 때문이다.

얼마 후, 교재를 들여다보며 혼자 공부하고 있던 딸아이가, 들고 있던 펜을 집어 던지면서 자기도 학교에 다니고 싶다고 학교에 보내 달라고 푸념을 한 계기로 우여곡절 끝에 딸을 기숙사가 있는 미국 사립고등학교에 보낼 수 있게 되었다. 그리고 불가능해 보이던 일을 가능케 만들어 주시는 하나님의 간섭과 도움의 손길들을 보고 용기를 얻어 둘째와 셋째도 고등학교 과정은 필리핀에 있는 선교사 자녀 학교로 보낼 수 있었다.

처음에는 재정적인 부담 때문에 도저히 할 수 없을 것 같았으나 믿음으로 요단 강에 첫발을 내딛으니 강물이 갈라진 것처럼(수 3:15-17), 못 한다고 생각해서 혼자 속상해했던 것은 내 믿음이 부족한 탓일 뿐 하나님은 그분의 자녀들을 위해 이미 모든 것을 예비해 놓고 계셨다. 오늘 누군가 자녀의 교육비 때문에 걱정을 한다면, 나는 하나님께서 다 마련해 주실 것이니 걱정하지 말라고 얘기할 것이다. 하지만 다 지나고 나니 이렇게 얘기할 수 있는 것이지 그 시간을 지날 때는 늘 믿음이 없어서 염려가 많았고 나의 이런 염려 때문에 아이들에게도 돌이킬 수 없는 상처를 많이 주었다.

선교사 자녀가 호소하는 고충 중에는 학업 때문에 부모와 떨어져야 하는 어려움이 있다.[127] 잦은 이동 때문에 친구와 지인들과 여러 차례 이별을 하면서 상처가 생긴 아이들이 이제는 가장 사랑하는 부모형제와 헤어져야 하는 고통마저 견디어야 하는 것은 감정적인 부분에서 어려울 뿐 아니라 부모와 가정의 돌봄을 더 이상 받지 못하는 삶의 실제적인 어려움까지 겹쳐져 매우 힘들어하는 부분이다.

우리 집에서 가장 힘들어한 아이는 역시 막내였다. 막내는 위에 두 아이에 비해 집을 떠나는 시기가 이르기도 했고, 막내라서 그런지 부모를 떠나 기숙학교에 가는 것을 많이 망설였다. 아이와 함께 필리핀에 가서 아이를 기숙사에 넣고 학교에 다니기 시작하는 것을 보고 돌아오던 전날 저녁에도, 아이는 내 어깨에 기대어 "나는 아직 준비가 안 됐단 말이야!"라면서 많이 울었다. 그렇게 슬퍼하던 아이를 나는 어떻게 그렇게 매정하게 떼어 놓고 왔었는지 모르겠다. 시간을 되돌릴 수만 있다면 가서 아이를 집으로 데려오고 싶을 정도이다.

나를 비롯한 우리 세대의 한국 엄마들은 아이가 몸이 아파도, 마음이 힘들어도, 병이 났어도 어떻게든 학교에만 가면 모든 것이 다 괜찮아질 것이라는 특별한 믿음을 가지고 있는 것 같다. 하지만 학교란 곳은 아이를 돌본다는 면에서는 무정하고 무심한 엄마보다도 못한 곳이다. 아이들은 기숙사에서 낯선 환경과 입에 맞지 않는 음식, 기후에 적응하며 공부하다 보면 몸이 아플 때도 있다. 추운 나라에서만 살던 아이들은 처음 쐬는 에어컨 바람에 목감기도 자주 걸리고 고열이 나서 학교에 가지 못할 정도가 되어도, 그저 해열제 몇 알에 의지해 몇 날 며칠을 혼자 아프곤 했었다. 그렇게 아파도 집에 전화 한 번 해서 아프다는 말을 하는 아이가 없었다. 항상 몸이 낫고 난 뒤에야 지난주에 혹은 지난달에 아팠다고 말하는 정도였다.

집을 떠나서 기숙사에서 지내는 아이들이 자신들의 고충을 말하지 않으면 부모들은 그 생활이 얼마나 힘든지 잘 모른다. 그런데 아이들은 대부분 부모에게 힘들다는 말을 하지 않는다. 십대 청소년의 특징이기도 하지만, 특히 선교사 자녀는 부모님이 선교지에서 이런저런 일로 힘든 일이 많다고 생각하기에 자신의 일까지 걱정시키고 싶어 하지 않는다.[128] 또 선교사 부모들은 항상 사역으로 바쁘기에 자신의 이야기를 들어 줄 여유가 없다고 생각하거나, 자신들보다 사역이 더 중요하다고 생각해서 자신의 이야기는 사소하다고 여겨 이야기하지 않는다고 한다.[129]

작은 선교사?

많은 선교사들이 자녀를 사랑하여 자녀교육에 마음을

쓰고 있지만, 선교사역 때문에 아이들을 희생시키는 경우도 잦다. 꼭 그렇게 의도해서가 아니라 선교사의 일상 중에는 사역의 시급함이 가족의 필요를 앞서는 경우가 비일비재하다. 이때 제일 쉽게 희생되는 이는 가족 중에서도 가장 온순하고 요구가 적은 자녀이다. 선교사들이 자녀를 하나님께 맡긴다는 미명하에, 자녀의 필요를 제대로 채워 주지 못하거나 그들이 가지고 있는 고민과 상처 등 정서적·심리적 필요를 제대로 돌보아 줄 여유를 갖지 못한다. 당장 눈앞에 벌어진 급한 일에 시간과 재정과 에너지를 쏟아붓다 보면 자녀를 돌볼 여력이 남지 않는다.

이럴 때 자녀는 부모님이 하나님의 일을 하느라 바쁘신 거라고 생각을 해서 부모를 향해 원망도 못 하고 자기 안에 채워지지 않은 필요와 요구를 자신의 책임으로 돌려 괴로워하다가 정신질환으로 이어지는 경우도 있다. 해외 자료이지만 선교사 자녀 354명을 조사했던 한 연구에서는 그중 34퍼센트가 어려움을 겪고 있다고 보고했다.[130] 한국 선교사 자녀들도 예외는 아니어서 정신적·심리적으로 고통을 겪고 있으며, 이런 고통을 해소하기 위해 전문상담가를 찾는 자녀들도 상당하다는 얘기를 종종 듣는다. 그들이 상담가에게 하소연하는 내용인즉 부모가 자신들을 하나님께 맡겼다고 하는데 본인들은 방치된 느낌을 받는다고 했다.

우리 집도 사역이 한창 바쁠 때는 아이들은 늘 뒷전으로 밀려나 있었다. 우리가 몽골에서 사역하던 시절에는 여름이면 수많은 단기선교팀이 몽골을 찾아왔다. 단기선교팀을 맞이하느라 몽골 선교사 대부분은 여름이면 자신들의 개인 사역을 모두 접어 두고 단기선교팀을 안내하는 일에 집중해야 할 정도였다.

남편과 나도 여름이면 많은 팀을 맞이하곤 했는데, 아이들에게는 이때가 여름방학이었다. 타국에서 공부하다가 모처럼 집에 오는 시기인데, 엄마아빠는 아침부터 밤까지 선교팀을 섬기느라 바쁘기만 했다. 때로는 단기선교팀을 데리고 지방으로 며칠씩 나가 있어서 방학 중인 아이들 식사도 못 챙겨 줄 때가 많았다. 아이들은 입에 맞지 않는 필리핀 현지식을 학기 중에 계속 먹으니 집에 오면 엄마가 만들어 주는 한식이 먹고 싶었을 텐데 나는 단기팀 일정에 맞추느라 바빠서 피자나 치킨을 사 주던 엄마였다. 단기선교팀과 식당에서 식사를 할 때는 아이들을 불러 같이 밥을 먹이기도 하고, 그들과 사역을 마치고 관광지를 돌아볼 때는 아이들을 데려가기도 했다.

그럴 때마다 한국에서 온 선교팀들은 선교사 자녀를 직접 만나니 신기해서 관심을 가지고 이런저런 얘기를 건넸다. 이럴 때 부모는 아이들이 좀 더 의젓하게 행동하고 선교사 자녀로서 예의 바른 태도를 보여 주기를 원한다. 하지만 아이들은 낯선 사람과 마주 앉아 식사를 하고 그들의 난데없는 질문에 답해야 하는 그런 시간을 몹시 피곤해하고 싫어했다.

많은 사람들이 선교사 자녀를 향해(때로는 그들의 부모조차) 가장 쉽게 덮어씌우는 별명이 '작은 선교사'이다. 사람들은(부모조차) 아이들이 부모 따라 선교지에 와서 함께 살고 있다는 이유만으로 선교사처럼 행동하고 선교사로 준비되기를 기대하는 것 같다. 물론 어려서부터 선교지 현장에서, 선교사 부모의 사역을 보며 성장해 온 그들은 언어와 문화 적응까지 자연스럽게 훈련되어 잠재력과 가능성에서 보면 준비된 미래의 선교 인력으로서의 자질을 터득하고 있는 것이 사실이다. 하지만 선교사로의 헌신은 각자가 하나님과의 관계에서 그 부르심에 응답함으로써 이루어지는 것이지, 환경에 의해 부모나 주변의 기대에 따라 부담을 가져서 될 일은 아니니다.

사춘기 자녀들은 자신에게 부어지는 '작은 선교사'로서의 기대가 부담스럽다. 이러한 기대에 맞추려고 눈에 보여지는 모범생 모습을 연기할 수도 있고, 아예 반항적인 태도를 갖기도 한다. MK들이 이런 식으로 후원자들에게 지나치게 노출되는 것은 그다지 좋지 않다고 훠일은 경고하였다.[131] 아이들을 선교 현장에 상품처럼 내놓고 선불리 그 자질을 시험해 보려고 하기보다, 먼저는 가정 안에서 그리고 그들을 누구보다 사랑하고 지키기 원하시는 하나님 안에서 안정감과 충만함을 품고 성장할 수 있도록 개인적이고 사적인 공간을 먼저 지켜 주는 것이 더 중요하고 필요한 일이다.

이런 이유들로 인해 아이들에게 여름방학은 소외되고 뒤처지는 시간이었다. 한번은 단기선교팀이 오면 늘 데리고 가던 '테렐지'라는 몽골 국립공원에 단기팀 없이 우리 아이들과 친구들(그들의 부모 역시 바빠서 혼자 놀고 있던 친구들)만 데리고 갔다. 그날 아이들의 즐거워하던 표정을 지금도 잊을 수 없다. 똑같은 곳인데 아이들이 선교팀과 갔을 때와 가족과 친구들과 갔을 때의 기분과 표정은 천지 차이였다. 그때 나는 사역에 바쁜 부모들 때문에 아이들이 얼마나 방치되고 있었는지 마음 깊이 깨달았다.

선교사 자녀라고 해서 부모의 사역보다 덜 중요한 존재로 소외되어서도 안 되고, 작은 선교사라는 미명하에 과도한 기대와 부담을 주어서도 안 된다. 선교지에 와서 살고 있지만 보통의 어린이처럼, 그 나이 청소년답게 성장기를 건강히 보내고 잘 자랄 수 있도록 모두 함께 도와야 한다.

기다려지지 않는 그들의 방학

아이들이 집을 떠나 기숙사 생활을 할 때 가장 어려웠던 것은 봄방학과 가을방학을 어디서 보내야 하나였다. 일주일에서 열흘 정도 기숙사가 문을 닫아 학생들은 다 집으로 돌아가야 하는데, 그때마다 집으로 올 여비를 마련해 줄 수 없어 우리 아이들은 잠깐 지낼 곳을 찾아야 했다. 나는 아이들이 친구를 사귀면 자연스럽게 친구 집에 가서 지낼 수 있으리라 생각했다. 돌이켜 보면 얼마나 안이하고 단순한 생각이었던지…. 아이들이 전화를 해서 이번 방학 때 갈 데가 없는데 어떻게 해야 할지 모르겠다고 하면 나는 친구한테 물어보라고 했었다. 그런데 사춘기 아이들 중에 이번 방학은 너희 집에 가서 지내도 되냐고 쉽게 물을 수 있는 아이가 많지 않다는 것을 한참 뒤에야 알았다. 청소년의 심리를 너무나도 몰랐던 엄마였다. 선교사로서 언제나 거저 받는 은혜만 간구했지, 아이들이 느끼는 정신적 부담과 어려움에 대해서는 무지했던 것이다.

딸아이는 미국 사립고등학교에 다닌 덕에 미국 친구나

선생님 가정에서 신세를 몇 번 졌다. 미국 가정의 분위기와 주택 구조는 외부 사람이 잠시 머무는 데 개방적인 편이고, 덕분에 나는 미국 기독교 가정에서 아시아 선교사 자녀에게 베풀어 준 관대함에 감사했던 기억이 있다. 하지만 언제나 그런 기회가 있는 것은 아니다. 한번은 딸아이가 머물 곳이 없어 학교에서 얼마간 떨어진 다른 주에 사는 먼 친척 집에 갔다. 갈 데 없는 친척 아이를 오라고는 했지만 맞벌이 하느라 새벽에 나갔다가 한밤중에 들어오는 친척 부부는 너무 바빠서 딸은 그들의 얼굴도 못 보고 날마다 시리얼만 먹으면서 아무 데도 못 가고 방 안에만 있다가 학교로 돌아와야 했다.

필리핀에 있던 둘째 아이의 경우, 언젠가 친하게 지내던 한국 MK 친구 집에서 방학을 보내게 되었다. 잘 지내는지 궁금해 전화를 해 보니, 친구는 학원에 가고 혼자 방에 있다고 했다. 뭔가 불편해 보이는 목소리였으나 그나마 감사하라고 하면서 더 이상 묻지 않았다. 나중에 알고 보니, 방학이면 자주 오는 아들의 친구를 그 친구 부모님은 그다지 환영하지 않았던 것 같다. 식구들끼리 놀러도 가고 외식도 하고 싶은데 친구가 머물고 있으니 불편했을 것이다. 게다가 그 아들은 방학에 학원도 다니고 과외공부도 해야 하는데 친구가 와 있으니 공부하는 데 방해도 되었을 테고…. 그때를 생각해 보니 친구 부모에게도 미안하고 불편했을 아들에게도 미안해 마음이 아프다.

집을 떠나 기숙사 생활을 하는 아이들에게 방학은 모처럼 집에 돌아와 쉬는 기간이어야 한다. 다른 아이들은 이때 집에서 엄마가 해 주는 집 밥을 먹고 부모의 사랑으로 재충전받고 와서 다시 힘든 공부를 이어 가는 기간인데 우리 집 아이들은 방학 때마다 이번에는 또 어디로 가야 하나 고민하느라 걱정이 많았을 테고, 그다지 환영하지도 않는 누군가의 집에서 눈치 보며 불편한 방학을 지냈을 생각을 하니 마음이 미어진다. 다른 선교사들 이야기를 들어 보니 짧은 방학 기간 동안에 친구들과 함께 여행도 보내 주고 했다던데, 우리 집 아이들은 부모가 얼마나 재정적으로 여유를 안 줬으면 여행 보내 달라는 말을 한 번 하지 않았을까 싶다.

막내의 경우, 학교 행정실에서 집에 못 가는 한국 아이들을 모아서 어디론가 데리고 갔었다고 한다. 그곳이 어떤 곳이었고 뭘 했었는지는 모르겠지만 다시는 그런 곳에 가지 않겠다고 말했던 기억이 있다. 그러면서 겨울방학 때 집에 왔다가 다시 학교로 가는 공항 배웅 길에 “엄마! 나 이번 봄방학에 어디로 가?” 하고 묻는데, 나는 딱히 대답할 수가 없어서 “기도해!”라고 하고 말았다. 그런다고 아이의 믿음이 좋아지는 것이 아니라는 걸 그때는 왜 몰랐었는지 모르겠다. 막내 나이 15세. 자기의 주거를 책임지기엔 이른 나이였는데, 선교사 자녀는 그런 것까지 다 알아서 해야 한다고 믿고 과도한 부담을 주었던 것 같다.

지금 생각해 보니, 아이들은 일 년에 두 번씩, 빨리도 돌아오는 봄방학과 가을방학 때마다 이번에는 또 어디로 가야 할지 얼마나 고민했을까 싶다. 기다려지고 즐거워야 할 방학이 아이에게도 부모에게도 부담만 되는 시간이었던 것 같다.

MK도 단기선교 가고 싶은데…

후원에 의지해 살아가는 선교사들은 그 삶의 여정 가운데서 언젠가는 재정훈련을 심각하게 거치게 된다. 이 과정을 통해 비천에 처할 줄도 풍부에 처할 줄도 아는 비결을 배우고 그 가운데서도 나의 쓸 것을 언제나 풍성히 채워 주시는 하나님을 경험하게 된다. 선교사는 그 누군가가 옥합을 깨고 향유를 붓는 심정으로 보냈을 귀한 헌금을 함부로 써서도 안 되겠지만, 선교사라고 해서 항상 가난하고 궁핍함이 떠나지 않는 것도 영적으로 해결해야 하는 문제이다. 자녀교육을 포함한 선교사의 삶과 사역 전반 모든 영역에서 재정은 반드시 필요하고 없어서는 안 되는 것이지만, 모든 것이 주께로부터 오는 것임을 깨닫고 물질의 얽매임에서 자유로워지는 훈련이 필요하다.

나는 한국을 떠나기 전과 선교훈련 과정에서 받은 재정훈련을 통해 재정의 궁핍함에 사로잡히는 것에서 자유롭게 됨을 경험했다고 생각했었다. 그래서 선교사로 살면서 그리고 사역하면서 재정으로 인한 어려움을 그다지 겪지 않았다고 늘 생각했다. 그러나 돌이켜 보니, 하나님이 내게 주신 재정의 풍성함과 자유함을 아이들에게는 흘려보내지 못했던 것 같다. 교육이라는 이름으로 아이들에게는 늘 아껴 쓰라고 하고, 기도하라고 하고, 안 주든지 덜 주든지 했었던 것 같다. 그때에는 그렇게 하는 것이 잘하는 교육이라고 생각했는데, 돌아보니 나는 지키지도 못하는 것을 자녀들에게만 요구한 율법적인 부모가 아니었나 싶다.

대학에 입학한 딸아이가 자신이 출석하는 교회에서 해외 단기선교를 간다면서 자기도 가고 싶다고 했다. 그런데 나는 다른 것보다 오로지 비용 때문에 "너는 MK인데 무슨 선교 여행이니? 네가 살아온 곳이 선교지인데"라면서 더는 생각할 것도 없이 바로 안 된다고 거절했다. 어렵게 얘기를 꺼낸 딸아이는 닭똥 같은 눈물을 뚝뚝 흘리며 더는 조르지도 못했다. 선교사 자녀도 다른 아이들과 같이 단기선교 여행을 가고 싶은 마음은 똑같은 건데, 학창 시절에 단기선교 경험이 아이의 삶에 어떤 영향을 줄지는 생각도 않고 단지 재정적인 이유로 아이의 마음만 다치게 했다.

둘째 아이는 축구를 좋아해서 고등학교에 들어가서도 선발팀에 들어갈 정도로 축구를 열심히 했는데, 팀에서 이웃 나라로 원정경기를 갈 때는 비용 때문에 부모에게 말도 못 꺼내고 혼자 미리 포기하고 팀에서 빠졌다는 것을 나중에야 알았다. 그런 결정을 하느라 사춘기 아이가 얼마나 마음고생을 했을지…. 지금이라도 하나님이 그 아이를 은혜로 보듬어 주시기를 기도할 뿐이다.

우리 집 세 아이 중 그래도 제일 자상한 편에 속하는 둘째 아이가 "엄마, 기숙사에서 무슨 일이 있는지 아이들이 어떻게 지내고 있는지 부모님들은 아무도 모를걸. 우리가 말 안 하니까"라고 했다. 그 말을 들으니 마음이 철렁 내려앉았다. 묻는다고 솔직하게 말해 줄지도 의문이었지만 스스로 감당할 자신도 없어서 도대체 무슨 일이 있는지 아들에게 캐묻지 않았다. 다만 부모가 아는 게 전부가 아니고, 선교사 자녀 학교라도 부모가 알지 못하는 많은 일들이 일어나고 있음을 짐작만 할 수밖에 없었다.

선교사 자녀를 키우시는 분은 따로 있다. 부모가 다 키울 수 없다. 다만 기도할 뿐이다.

MK들의 진로 선택과 고민

부모를 떠나 다른 나라 기숙학교에서 공부하고 있는 선교사 자녀를 대상으로 그들의 어려움과 고민, 상담 요구에 대한 조사를 한 논문에 의하면, 선교사 자녀의 고민 1, 2, 3순위는 진학과 진로에 관한 것이었다.[132] 그 나이 또래의 한국 청소년들과 마찬가지로 선교사 자녀도 진학과 진로에 대해 가장 큰 고민을 하는 것 같다. 다른 점은 한국 청소년들은 '어느 대학에 갈까?', '내가 원하는 대학에 어떻게 갈 수 있을까?'를 고민한다면, 선교사 자녀는 어느 나라 대학으로 진학을 해야 하는지 훨씬 더 복잡한 고민을 하게 된다. '한국으로 가야 할지? 미국이나 다른 영어권으로 가는 게 좋을지?' 아니면 '부모님이 계시고 내가 성장해 온 선교지나 그 주변 국가의 대학을 갈지' 등 선택의 폭이 넓다 보니 각각의 선택과 그 결과에 대해서도 더 많이 고민해야 한다.

서구 선교사들이 세운 선교사 자녀 학교나 국제학교에 다닌 MK들은 미국이나 영국, 캐나다 등 영어권 나라로 대학을 진학하는 경우가 많다. 이때는 선택의 폭이 넓어서 대학에 입학하는 것은 그리 어렵지 않지만, 학비와 생활비 등 비용이 만만치 않아서 장학금을 많이 받는다 해도 선교사 부모에게 부담이 크다. 그뿐만 아니라 대학을 졸업한 후에 어느 나라에서 직업을 구하고 정착할 것인지 등 이후의 진로까지 신중히 생각해야 한다.

중·고등학교와 대학까지 해외에서 졸업한 MK들은 한국에 돌아와 취업하기가 여러모로 쉽지 않은 것 같다. 만일 해외에서 대학을 졸업한 후 한국으로 돌아와서 정착할 계획이라면 한국어뿐 아니라 문화 적응 등을 미리 준비해 두어야 한다. 또한 재적응 과정에서 겪는 어려움을 충분히 감내하겠다는 마음을 품어야 할 것이고, 부모와 친지의 이해와 도움도 많이 필요하다.

그렇다고 해외에서 학업을 마친 후 해외에서 직장을 구하고 정착하기 원한다고 해서 치러야 할 대가가 적은 것은 아니다. 일단 취업을 하려면 취업비자나 영주권을 얻어야 한다. 나라마다 사정이 다르겠지만, 미국 같은 경우에는 비자 취득이 쉽지 않아서 취업에 어려움이 따른다. 취업하려는 분야마다 차이는 있겠으나, 이런 부분에 대해서도 충분한 조사를 해서 준비를 해야 한다.

무엇보다도 부모·형제·친척이 거주하지 않는 해외에서 한국인 MK들이 혼자 정착하고 살아가는 일은 쉽지 않다. 성인이 되어 결혼식 같은 인생의 대소사를 치를 때, 한국이라면 동창생 혹은 동네친구 등 인생의 오랜 친구들과 함께할 수 있겠지만, 해외에서 학교를 다닌 MK들에게는 동창생이란 것조차 사치스럽다. 선교사 자녀 학교나 국제학교 혹은 해외 대학에 다니다 보면, 학교 다닐 때는 친하게 지냈어도 졸업 후에는 모두 자기 나라로 뿔뿔이 흩어져 다시 만나게 될 일이 별로 없다. 우리 두 자녀가 결혼을 할 때도 그랬고 다른 MK들이 결혼하는 것을 지켜보니 학교 친구는 거의 오지 못하는 것 같다. 친구 결혼식에 참석하려면 해외에서 비행기를 타고 와야 하니 정말 쉽지 않은 일이다. 학창 시절 학교를 함께 다닌 동창생이란 자주 만나지는 못하더라도 인생의 구비구비마다 함께하고, 또 그 추억을 나눌 수 있는 소중한 존재인데 MK들은 이런 작은 추억조차 함께 나누는 것이 평범하게 허락되지 않는 외로운 삶이다.

부모가 사역하는 선교지에서 현지 대학에 진학하는 MK도 가끔 있다. 이런 경우에는 현지어에 능통하게 될 뿐 아니라 현지의 유수한 대학에서 기술적·문화적·학문적으로 능통한 그 나라의 인재로 교육받고 훈련될 수 있는 이점이 있다. 그리고 졸업 후 현지에서 취업하고 정착해서 산다면 선교사 부모의 좋은 선교 파트너가 될 수도 있다. 자녀의 꿈을 펼칠 수 있는 대학이 선교지에 있고, 졸업 후에도 그곳에 정착하거나 그 인근 나라에서 선교적인 삶을 살겠다는 마음이 있다면 도전해 보라고 권하고 싶다.

중국이나 홍콩 등 중국어권, 중남미 혹은 남미 스페인어권의 학교를 졸업한 후 그 지역에서 자리를 잡고 전문가가 되어 있는 MK들, 또는 아프리카 지역의 의과대학에 들어가서 의사가 되려고 준비하는 MK들의 이야기를 전해 들을 때면 오래전에 큰 꿈을 가지고 용기를 내어 도전했던 이들과 지혜롭게 자녀를 인도한 선교사 부모들에게 박수를 보내고 싶다. 비록 해외이지만, 그들이 자란 곳이고 부모님이 오랫동안 사역한 곳이기에 그 나라에서 인정하는 학교 졸업장과 능통한 현지어 실력과 문화 적응력, 그동안 살아오면서 쌓아 온 인맥이 있는 그곳에서의 삶이 훨씬 의미 있고 주체적인 선교적 삶이 될 수 있지 않을까 생각한다.

진로와 관련해 우리 가정의 이야기를 하자면, 세 아이는 각기 미국 대학, 현지 대학, 한국 대학에 다녔다. 그 덕분에 나는 MK교육에 관해 다양한 경험을 하였다.

미국에서 고등학교를 우수한 성적으로 졸업한 딸아이는 선교사 자녀에게 장학금을 후하게 주기로 정평이 나 있던 미국 C대학에 진학해 2년간 학교를 잘 다녔다. 하지만 전공을 택해야 하는 3학년을 앞두고, 어려서부터 재능을 보이던 미술 공부로 자신의 꿈을 펼치겠다고 학교를 자퇴했다. 그리고 6개월 정도 열심히 준비해 컴퓨터그래픽으로 유명한 뉴욕 아트스쿨에 편입학했다. 그런데 막상 학교에 갈 때가 되니 다시는 집을 떠나기 싫다면서 아무 데도 가고 싶지 않다고 했다. 다 큰 아이의 황당한 이유에 우리는 매우 당황했지만 아이는 뜻을 굽히지 않았다. 입학 허가를 받아 놓은 상태에서 학교에 가지 않고 몽골에 주저앉아 버렸고, 몇 년 동안 방황의 시기를 보냈다.

당시에는 아이의 이런 고집을 도무지 이해할 수 없어서 부모로서 속이 많이 상했다. 그런데 지나고 보니 그것은 아이가 외로움이라는 상처를 자가 치료하기 위한 시간이었던 것 같다. 큰아이는 홈스쿨링을 하다가 본인이 원해서 가게 된 고등학교 2년 반, 그리고 대학 2년간 부모 없이 미국에서 홀로 지내면서 많이 외로웠던 것 같다. 해외에서 공부하는 MK들이 친구를 잘 사귀지 못해서 느끼는 외로움도 있겠지만, 어린 나이에 집을 떠나서 부모와 떨어져 혼자 지내야 하는 아픔과 외로움이 더 크다고 한다.[133]

세 아이를 교육시켜야 했던 나는 첫아이가 미국에서 공부를 하느라 경제적인 부담이 커진 데다가 밑에 두 아이에 대한 준비도 해야 해서 집 떠나 생활하는 큰아이에게 용돈을 제대로 주지 못했다. 봄, 여름, 가을, 겨울, 일 년에 네 차례나 기숙사가 문을 닫아 아이들을 집으로 보내는데, 나는 재정적으로 부담이 되어 일 년에 한 번만 집에 오는 항공비를 주었다. 앞에서 말한 대로 나머지 방학 기간에는 기숙사에 머물 수 없어 어딘가 지낼 만한 곳을 찾아야 해서 항상 큰 부담이었다.

오랫동안 홈스쿨링을 하다가 학교에 다니게 되어 좋긴 했으나, 혼자서 해외생활을 하다 보니 본인도 모르게 마음에 병이 들었던 것 같다. 학교를 옮기기 위해 잠시 집에 와서 쉬는 동안, 집 떠나 홀로 견뎌 낸 외로움이 얼마나 크고 힘들었었는지 새삼 느끼게 되면서 딸아이는 그것을 다시 할 자신이 없었던 것 같다. 당시에는 '고집이 세다. 한번 고집을 부리면 아무도 꺾을 사람이 없다'만 생각해서, 좋은 곳에서 최고의 교육을 시키고 싶은 부모 마음을 어쩔 수 없이 포기하고 그저 딸아이를 지켜볼 뿐이었다.

미국도 안 가겠다, 한국도 안 가겠다, 아무 데도 가고 싶지 않다고 하던 중 선교사가 세운 몽골 현지 대학에 들어가 영어로 공부할 수 있다고 하니 큰아이가 선뜻 가겠다고 했다. 학교를 졸업한 후 현지에서 뭔가 해 보려는 큰 뜻이 있어서가 아니라 그저 부모 곁을 떠나지 않고 대학 졸업장을 얻기 위한 궁여지책이었다. 어려서부터 대인관계에서 이별의 상처를 혹독히 겪은 아이는 자신의 꿈을 이루는 것보다 자신의 상처를 치유하기 위해 시간을 버는 쪽을 택했던 것이다.

그런데 최근에 딸아이에게 들은 한 가지 놀라운 반전은 자기가 입학한 학교의 등록금이 비싸서 부모님께 부담을 주고 싶지 않았다고 한다. 어린 마음에 아이가 생각을 너무 많이 한 건지, 부모로서 아이에게 재정적인 걱정을 지나치게 시킨 건지 모르겠다. 부모는 해 준 것이 없는데, 제대로 이해도 못하고 상처만 많이 주었는데, 하나님은 이런 아이를 회복과 치유의 길로 갈 수 있는 은혜를 주셨다. 몽골에서 대학을 졸업한 후 한국에서 직장생활을 하다가, 어릴 때 우리와 함께 갔던 하와이 열방대학에 지원해 DTS훈련을 받게 되었다. 즐거운 추억과 아픈 추억이 함께 있는 그곳에서 자신의 상처도 치유하고 좋은 배우자도 만나 결혼해 지금은 두 아이를 낳아 기르면서 새로운 가족 안에서 안정감을 찾고 회복되고 있다.

육신의 부모의 생각과 시간표와는 많이 달랐지만, 아이의 참 부모가 되시고 아이를 위한 마스터플랜을 가지고 계신 분께서 아이의 인생을 더 멋지게 그려 나가시는 것을 보면서 나는 오직 경배와 감사를 드릴 뿐이다.

둘째 역시 홈스쿨링을 했던 관계로 한국 대학에 입학할 요건이 안 되었다. 당시 한국 교육부 방침은 무조건 12년의 공식 학교 기록이 있어야 했다. 미국 대학에 진학시키려니 학비가 부담이 되어 둘째와 의논해 2년제 전문학교(community college)에 들어갔다가 4년제 대학으로 편입하는 계획을 했다. 그런데 어느 날, 아들이 흥분한 목소리로 전화해서 보스턴에 있는 유명한 G대학에 학비와 생활비를 합해서 70프로의 장학금을 받고 입학이 되었다고 했다. 이미 합격자 발표 기간이 지난 때인데도 불구하고 특별히 합격되었다고 연락이 왔다는 것이다. 선교사로 살다 보면 참으로 이해가 안 되는 일이 종종 있는데, 특히 자녀 교육에서는 더욱 그랬다. 이상한 방법으로 아이가 학교에 들어가고 알 수 없는 방법으로 학비가 채워지곤 했다.

그런 기막힌 반전으로 미국 대학에 입학했지만, 무슨 고민이 있었던지 성적이 떨어져 장학금이 줄어든 적이 있다. 그럴 때는 부모에게 미안해서 학교를 그만두겠다고 말하기도 했다. 본인이 아무리 생각해 봐도 선교사 부모가 자신의 비싼 학비를 감당하기 어려울 것 같다고 했다. MK 중에서 걱정이 많은 아이들은 자신의 학비를 부모가 댈 수 없을 거라고 생각한다고 한다.[134]

어느 날 둘째와 긴 대화를 나누면서 그동안 선교사로 살면서 하나님이 우리의 필요를 어떻게 채우셨는지, 생각지도 않은 도움의 손길이 얼마나 많았는지 이야기해 주었다. 그리고 너무 걱정하지 않아도 된다고 했더니 한결 마음이 편해졌는지 하나님께 감사한 마음을 가지면서 부모님의 믿음의 고백에 힘입어 학업을 계속하겠다고 말했다.

MK들의 재입국 스트레스

마지막으로, 한국으로 대학 진학을 하는 MK의 경우를 살펴보겠다. 선교사 자녀가 부모와 떨어져 한국으로 혼자 오는 경우는, 대체로 대학 진학, 군 입대, 취업, 결혼 때문이다. 특히 대학 진학을 위해 한국으로 오는 경우에는 가족과 함께 한 번씩 들를 때와는 달리, 한국 땅에서 홀로 적응하며 살아가는 과정은 부모조차 실감하기 어려운 정도인 것 같다. 이것이 MK가 겪는 재입국 스트레스이다. 갓 성인이 되어 부모로부터 독립한 MK가 고국에서 홀로 겪는 재입국 스트레스는 대학 진학을 위해 한국으로 돌아오는 MK들이 이전보다 많아지고 있기에 더욱 이슈화되고 있는 것 같다.

선교사가 선교지에 정착하면서 문화충격을 경험할 동안, 자녀는 부모보다는 오히려 그 문화에 재빨리 적응하는 편이다. 그러나 이들이 부모의 고향인 고국으로 돌아갈 때는, 선교지에서 받는 문화충격과는 또 다른 역문화충격(reverse culture shock)을 받게 된다. 이것을 재입국충격(re-entry shock)이라고 하는데, 현지 문화에 적응한 후에 본국으로 돌아가서 겪는 심리적·감정적·영적 어려움을 말한다.[135] 이것은 귀국하면서 가지고 있던 고국에 대한 기대가 좌절됨으로써 받는 스트레스로, 이러한 충격은 현지에서 겪는 문화충격 못지않게 그 정도가 심각하다. 선교사나 자녀는 마음속으로 본국 문화를 동경하고 그리워하고 있었는데, 막상 한국에 와 보니 그 문화가 자신에게 맞지 않다는 마음이 드는 것이다.[136] 선교사 부모는 '그래도 고국인데 괜찮겠지'라고 생각하지만, 아이들에게는 생각보다 쉽지 않은 곳이고 부모가 함께 있는 것이 아니기에 더욱 어려움을 겪는 것 같다.

대학 진학을 위해 한국으로 온 선교사 자녀가 주로 겪는 재입국 스트레스는 경제적 어려움으로 인한 의식주 해결 문제, 특히 거주지 마련, 멀어진 가족 관계, 혼자 지내야 하는 외로움, 또래 한국인 청년들 사이에서 느끼는 소외감과 정서적 어려움, 술 문화, 선후배 간의 엄격한 상하 관계와 적절한 존댓말 사용의 불편함 등을 포함한 대학 문화 내에서의 어려움,[137] 한국 교회 적응의 어려움과 선교사 자녀라는 신분에 대한 주변의 지나친 기대감으로 인한 신앙의 위기,[138] 해결되지 않는 정체성 혼란으로 인한 소속감 결여와 한국이라는 민족에 대한 정체성 위기[139] 등 여러 가지가 있다. 한 사람이 이런 여러 가지 스트레스를 동시다발적으로 받을까 싶지만, 우리 막내처럼 많은 MK들이 이 어려움들을 대부분 겪는 것 같다.

두 살 때 한국을 떠나서 영어를 모국어처럼 하고, 아시안 오렌지 컬러로 머리 염색을 한 후 그것이 자신의 머리색이라고 하며 본인의 마음은 한국인으로 느껴지지 않는다고까지 했던 막내가 한국 대학에 진학을 했다. 세 아이 중 한국인으로서 정체성이 가장 약했던 아이가 의외로 대학을 준비하는 과정에서 자기는 한국 대학으로 가겠다고 말했을 때 우리는 놀랄 수밖에 없었다. 아이는 "한국이 앞으로 매우 발전해서 강대국 대열에 들어갈 것이다. 미국 대학은 소위 '아이비리그'라고 하는 명문 대학은 장학금 혜택도 없는 데다가 학비가 비싸서 합격을 한다고 해도 선교사 부모님께 부담이 될 것이다. 그렇다고 평범한 수준의 미국 대학을 나오면 졸업 후 동양인이라고 인종차별을 당하면서 살 수도 있다. 그러니 갈 수 있으면 한국의 명문대학이 더 나을 것 같다. 그러면 졸업 후 해외 취업을 하려고 해도 한국의 위상이 높아져서 훨씬 유리할 것이다. 그러므로 일단 한국 대학으로 진학하겠다"고 했다.

나는 아이의 명쾌한 논리와 앞을 내다볼 줄 아는 성숙한 식견에 감탄해 더는 묻지 않고 그렇게 하라고 했다. 큰아이 때와는 달리 한국의 입학 규정이 많이 바뀌어 12년 공식 학교 기록에 대해서 학교 재량에 맡겨 융통성이 있었다. 그래서 아이의 야무진 꿈대로 한국 대학에 진학이 가능했다. 기대했던 해외자녀 특별전형 특혜는 받지 못했고, 한국어가 서툴러 신입생 전형 요강이라는 안내문조차 제대로 읽지 못하고 이해하지 못했지만 하나님의 은혜로 아빠가 졸업한 K대학에 수시전형으로 입학하였다.

하지만 부모 없이 홀로 지내야 하는 아이에게 한국은 고국이 아니라 낯선 외국이었다. 고등학교까지 기독교 환경에만 있던 아이가 갑자기 맞닥뜨리는 대학 내 음주 문화도 그렇고, 아이의 표현에 의하면 '하늘 같은' 선배에게 존댓말을 어느 정도 써야 하는지 몰라서 극존칭의 어색한 화법을 구사하면서 잔뜩 주눅이 들어 보였지만, 나름대로 한국 문화에 적응하고 뒤처지지 않으려고 안간힘을 쓰는 것 같았다. 부모가 충분한 재정 지원을 해 줄 수 없으니 힘에 부치게 알바를 해서 생활비를 벌고 성적도 유지해 장학금도 받아야 했다. 그러니 다른 친구들처럼 다양한 학내 활동이나 취미 활동을 할 여유는 없었다. 아이는 부모도 없는 이 한국 땅에서 내가 벌지 않으면 나를 도와줄 사람은 아무도 없다는 긴박한 생각을 늘 하고 살았다고 한다.

어느 날, 원형 탈모로 머리가 휑하니 빠져 있는 아이가 집에서 통학하는 친구들이 제일 부럽다면서 자취하며 본인이 의식주를 다 해결해야 하는 처지에 대해 한탄했다. 이 말을 듣는 나는 또 한 번 선교사 부모로서 미안한 마음에 가슴이 무너져 내렸다. 친구들 사이에서는 자신이 선교사 자녀라거나 몽골에서 왔다는 말은 거의 하지 않고 지내는 것 같았다. 당시에는 선교사 부모와 자신의 신분에 대해 뭔가 떳떳하지 못한 것이 있어서 친구들에게 말하지 않나 싶어서 서운한 마음이 들었다. 그런데 자료에 따르면, 많은 MK들이 선교사 자녀라는 자신의 신분을 숨기고 산다고 한다.[140] 친구들이 생각보다 선교사나 선교지에 대해 그다지 관심이 없기도 하고, 선교사에 대해 지나친 선입견을 가지고 있는 것을 알게 되기 때문이라고 한다. 그러다 보니 MK로서의 자신과 한국 친구들 사이에 공감대 형성이 어렵고, 한국 친구들과 다른 자신만의 독특한 상황을 일일이 설명하는 것도 불편하다는 것이다. 이런 이유로 자신이 MK라는 것을 굳이 밝히고 싶어 하지 않는 것이 많은 MK들의 공통된 고민이라고 한다.

이렇게 부모도 없이 한국에서 홀로 생활하는 아이에게 신앙과 교회가 힘과 위로가 되어 주면 좋을 텐데 막상 한국 교회는 MK들에게 너무나 낯설고 새롭고 적응하기 쉽지 않은 곳이다. 아이는 한국에서 거주하는 동안 주거지가 여러 번 바뀌는 바람에 그때마다 새로운 교회를 찾아야 했다. 그런데 새로운 교회 청년부를 찾아갈 때마다 자신을 새신자로 보고 지나친 관심을 주는 듯한 분위기도 불편하고, 자신이 MK임을 밝히면 또 특별하게 기대하는 분위기 때문에 자신의 신분을 노출하기도 어려웠다고 한다.

MK들은 교회 봉사와 헌신도를 신앙의 척도로 생각하는 한국 교회 분위기에 익숙하지 않아 교회에 대해 쉽게 실망하게 되고, 이런 한국 교회 분위기에 적응을 잘 못하니 이것이 관계를 어렵게 만들곤 한다.[141] 아들은 한국에 가자마자 새내기 시절 기독 동아리 선배에게 상처를 받은 후에 한국 교회 청년들에 대해 선입관을 가지게 된 것 같다. 학교 기독 동아리에 들어갔다가 활동할 시간이 너무 없어서 탈퇴하고 난 후에 했던 아이의 말을 빌리면 "한국 크리스천들은 멤버를 만들기 위해 처음에 과하게 잘해 주다가 탈퇴를 하면 복도에서 만나도 알은척도 안 한다"며 그들의 겉과 속이 다른 태도에 매우 실망했다고 했다. 한국인들의 문화와 정서에 익숙하지 않은 MK들은 이런 문화적 차이로 인해 어느 교회에도 정착하지 못하면서 신앙의 어려움을 겪는다.[142] 특히 이런 신앙생활의 어려움을 선교사 부모에게 제대로 말도 못하고 이해받을 수 없으니 더욱 갈등하면서 영적 방황을 하는 MK들이 많다.

MK들이 한국에 재입국해서 어려움을 겪는 정도는 언제 한국을 떠났는지, 언제부터 선교지 문화에 노출되었는지에 따라 차이가 있다. 학령 전기에 선교지로 떠난 MK들은 학령기에 떠난 아이들에 비해 더 큰 어려움을 겪는다.[143] 이런 연구에 비춰 생각해 보니, 우리 두 아이는 학령 전기에 선교지로 떠났고 막내는 한국을 기억할 수도 없는 유아기에 떠났으니 한국에 돌아가서 재적응하는 것이 얼마나 힘들었을지 상상도 할 수 없는 일이다.

MK의 결혼

선교사 자녀는 어려서 모국을 떠나는 데다 잦은 이동과 많은 이별을 경험하면서 성장하며, 이른 나이에 부모와 떨어져 타국에서 혼자 고등학교·대학교 시절을 보내다 보니 마음속에는 외로움의 감정이 깊이 자리하고 있다. 그러다 보니 자신이 어디에 속한 사람인지 알 수 없는 그 허전함과 무소속감을 해결하고 싶은 갈망이 간절한 것 같다. 그래서 스무 살 넘어 성인이 되면 상대적으로 결혼을 빨리 하고 싶어 하고 가정을 이루어 정착하려는 소망이 큰 것 같다. 그리고 글로벌하게 친구들을 사귀며 학창 시절을 보낸 아이들답게 한국에서 자란 청년들보다는 자신들과 공감대가 형성되는 '제3문화(The Third Culture)' 배경을 가진 사람들을 만났을 때 더 편안해하고 그들과의 관계에서 소속감을 느낀다.[144] 이들은 국제결혼에 대해서도 보통의 한국 사람보다 훨씬 개방적이기 때문에 국제결혼을 하는 MK들이 제법 많다. 그러므로 선교사 부모나 MK 주변의 친지들은 이들의 국제결혼에 대해서도 마음을 열고 준비하고 있어야 한다. 나의 두 자녀도 국제결혼을 하였다.

큰아들이 미국에서 봉사활동을 하다가 만난 히스패닉 자매와 교제하고 싶다고 했을 때, 속으로는 조금 놀랐으나 사귀어도 괜찮다고 흔쾌히 말해 주었다. 아들이 처음으로 이성교제를 한다고 하니 기뻐해야 할 일이었고, 한국인 아닌 외국인이라 고 반대할 이유가 없다고 생각했다. 당시 아들이 아직 학생이고 어려서 다양한 이성교제 경험도 좋겠다고 여겼기 때문이다. 그래서 "그래~ 잘 사귀어 봐. 너는 아직 어리고, 앞으로 군대도 가야 하고, 대학 졸업하면 한국으로 갈 수도 있으니 그때까지 잘 교제해 봐!"라고 했다. 그런데 아들이 정색을 하며 내게 말했다. "엄마! 나는 그동안 선교사 자녀로 살면서 힘든 게 별로 없었어! 이런 일 저런 일(은근히 나열하면서)이 있었지만 괜찮았고, 사람들이 나에게 MK로 사는 거 어떠냐고 물어봐도 다 괜찮다고 했어! 근데 딱 한 가지 힘든 것이 있었어! 그건 내가 친구들을 사귈 때는 항상 'Expiration date'(유효기간: 누군가를 만나면 꼭 헤어져야 했던 경험에 빗댄 아이의 표현)가 있었던 거야! 이제 처음으로 사랑하는 사람이 생겼는데 여기에도 유효기간이 있는 거라면 나는 안 사귀고 싶어! 그건 나에게도 그 친구에게도 너무 큰 상처가 될 거 같아."

그동안 아이가 겪었던 이별의 아픔이 한꺼번에 쏟아져 나오는 순간이었고, 나는 아들이 외국인 자매와 시작하려는 첫 이성교제 앞에서 부모로서 중요한 결정을 해야 했다. 며칠간 아들과 많은 대화를 나누며 서로 고민을 했다. '교제는 할 수 있어도 결혼은 아니지. 한국 사람이니 한국으로 돌아가서 정착하는 게 좋지. 그 자매와 혹시라도 결혼을 한다면 앞으로 아들의 장래는 어떻게 되는가'라며 내 자식만 걱정하고 지키려는 엄마의 이기적인 생각보다는, 자신의 아픔과 상처를 그대로 표현하면서 앞으로 받을 수 있는 이별의 상처에서 자신과 상대를 보호하고 싶다는 아들의 생각이 훨씬 더 성숙하고 올바른 것 같았다. 내 감정만 생각하지 않고 상대방의 감정도 배려하고 고려하는 것, 상대방의 감정을 함부로 농락하지 않는 것 등 이성교제 시에 기억해야 할 바르고 성숙한 태도를 아들은 이미 알고 있었던 것이다. 엄청 배려해 주는 듯 말했지만 일정 기간 안에서 사귀어 보라는 엄마의 태도에 그런 아픔을 수없이 겪어 온 아들은 이미 그 상처를 예견하고 차라리 시작하지 않겠다고 한 것이었다.

나는 당시 대학 3학년이던 아들이 이토록 의젓하고 성숙한 생각을 하는 것에 놀랐고, 따로 가르친 바도 없는데 아픔과 상처 속에서 아들을 멋지게 키워 주신 하나님께 감사를 드렸다. 심리 공부를 한 나는 이런 것들을 배워 충분히 알고 있었음에도 불구하고 내 아들 문제 앞에서는 제대로 적용할 생각을 못 했다. 나는 내 이기심을 회개하고, 자신이 겪은 아픔을 통해서 성숙한 생각을 하는 아들을 칭찬하면서 유효기간 없이 마음껏 교제하라고 말해 주었다. 그 후 3년간 교제한 다음 아들은 만 23세의 어린 나이에 동갑인 그 자매와 결혼하여 미국에서 잘 살고 있다.

어린 나이에 양쪽 집안의 어떤 지원도 받지 못한 채 결혼해서 미국에서 정착하려다 보니 경제적으로 힘든 시간을 한동안 보냈다. 한국이나 몽골에서 영어 교사를 할 만한 기회가 있어서 두 사람이 몇 년간 같이 이곳에서 일을 하면 경제적 기반을 마련할 수 있을 것 같다고 권한 적이 있다. 마침 좋은 기회가 왔고, 그동안 여기저기 선교사 자녀로 살아온 만큼 한국이든 몽골이든 아들에게는 고향과 다름없는 곳이니 직장을 기회 삼아 몇 년 살아보는 것에 큰 문제가 없을 것이라 생각했다.

그러나 아들은 평생 MK로 살면서 여기저기 떠돌며 살아서 자기에게는 뿌리가 없다고, 이제는 자기가 살고 있는 그 지역에서 새로 만나 알아가고 있는 처가 식구들 그리고 막 등록해 다니기 시작한 교회 공동체에 뿌리를 내리고 싶다고 했다. 지금 또 다른 곳으로 가면, 돌아와서 정착하기까지 시간이 오래 걸리고 힘들 것 같다며 내 제안을 정중히 거절했다. 어릴 때는 부모의 결정에 따라 할 수 없이 여기저기 옮겨 다녔지만, 자신에게 결정권이 있는 한 다시 옮겨 다니고 싶지 않다는 아들의 의지가 꽤 강하다는 것을 느낄 수 있었다. 만 4세가 안 되어 한국을 떠났던 MK로서, 한 곳에 뿌리를 내리고 정착하며 그 지역과 공동체에 소속감을 느끼며 살고 싶은 소망이 얼마나 강한지, 때로는 경제적 안정보다 더 강하게 갈구하는 것이 바로 이런 뿌리 의식과 소속감인 것을 아들은 자신의 삶을 통해 아주 절실하게 표현하고 있었다.

선교사로 살면서 세 아이를 양육하고 교육하며 기도도 많이 했고 눈물도 많이 흘렸지만, 세월이 지나 돌이켜 보니 부모로서 내가 한 것이라곤 해답도 없는 염려와 걱정, 의도하지 않았지만 반복했던 실수뿐인 것 같다. 하지만 나의 이 모든 연약함에도 불구하고 하나님은 자녀들을 책임지고 길러 주셨다. 홈스쿨링을 하면서 실력으로나 재정으로나 도무지 대학 공부를 못 시킬 것 같았는데 세 아이 모두 대학을 졸업했고, 큰아들은 스스로의 힘으로 대학원 공부까지 하고 있다. 또한 부모는 아무런 도움도 주지 못했지만 직장도 구하고 하나님이 짝지어 주신 배우자를 만나서 그 어렵다는 결혼도 하고 아이들도 낳아서 잘 살고 있다.

맞다! 선교사의 자녀는 하나님이 다 책임지고 키우고 돌보고 인도해 주신다는 말은 진리이다. 다만 그 아프고 힘든 여정을 지나고 있을 때, 너무 힘들어서 쓰러지지 않도록, 구불구불 지나는 그 고비고비마다 저들이 지치고 당황스러울 때 함께해 주지 못하는 선교사 부모 대신 누군가 손을 내밀어 함께해 줄 수 있으면 좋겠다 싶다.

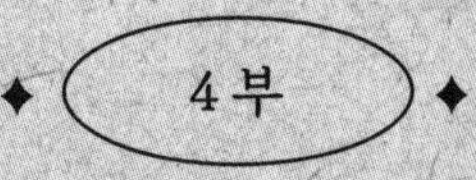

4부

떠나는 선교사와 돌보는 선교사

TASTE AND SEE
THAT THE LORD
IS GOOD
TASTE AND SEE
THAT THE LORD
IS GOOD
BLOSSOM

UNHCR
The UN Refugee Agency
TASTE AND SEE
THAT THE LORD
IS GOOD

안식년

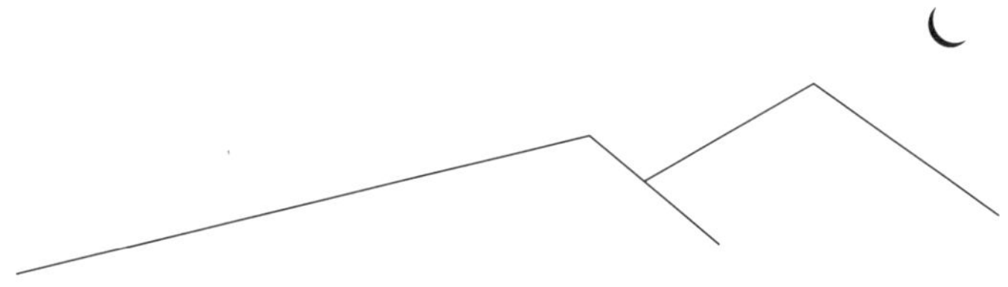

뼈를 묻지 마세요

요즘 젊은 세대는 직장을 구할 때 급여보다 그 직장의 복지 정책이 어떠한지에 더 관심이 있다는 말을 들었다. 휴가가 얼마나 되는지, 내가 원하는 때에 연차 휴가를 쓸 수 있는지는 물론 육아휴직이나 특별 휴가, 그리고 출퇴근 시간, 주 4일 혹은 5일 근무 등으로 자기 계발에 투자할 시간이 있는지 등이 직장의 선택 기준이 된다는 이야기를 듣고 매우 놀랍고 신기하게 느낀 적이 있다.

또한 자주 회자되는 신조어 중에 '워라밸'이라는 단어가 있다. 일(work)과 삶(Life)이 균형을 이루어야 한다는 'Work-Life Balance'를 줄인 말로, 일만 하는 것이 아니라 적당한 휴식을 통해 삶의 질이 떨어지지 않게 유지해야 한다는 의미이다. 확실히 시대가 많이 변했다. 일을 열심히 잘하는 것만이 미덕이라고 여겨지던 시대는 이미 지나갔다. 도대체 무엇을 위해 그 일을 해야 하는지를 생각해 보아야 하고, 일이 만들어 내는 결과보다도 일하는 그 사람을 더 생각해야 하는 시대가 되었다. 그것은 어쩌면 산업혁명 시대가 시작되면서 팽배해진 물질만능주의, 성취결과주의에 휩쓸려 우리가 오랫동안 잊고 있었던 성경적인 창조 원리를 되찾기 위한 길이 아닌가 생각된다.

선교의 영역도 비슷한 것 같다. 이전에는 선교사가 선교지에 가면 그곳에 '뼈를 묻는다'고 생각했다. 선교지에 한 번 가려면 배를 타고 몇 달씩 이동해야 했던 시절에 나온 말인 듯싶다. 실제로 많은 선교사와 자녀가 비위생적인 환경 때문에 병에 걸리고 풍토병에 노출되어도 현지의 열악한 의료 시설 탓에 치료도 못 받고 본국으로 후송되지도 못한 채 사망해 어쩔 수 없이 그 땅에 뼈를 묻어야 했던 시절이 있었다. 하지만 지금은 어디든 비행기로 하루이틀이면 못 가는 곳이 없는 세상이다. 오히려 요즘은 선교사가 '절대로 그 땅에 뼈를 묻으면 안 된다'는 말이 회자된다. 선교사가 선교지에서 떠나야 할 상황이 되면 언제든지 다 내려놓고 나올 수 있어야 하고, 선교지와 자신이 하고 있는 사역에 과도한 욕심이나 인간적인 집착을 가져서는 안 된다는 뜻으로 하는 말이다.

1994년 선교훈련을 받기 위해 한국을 떠날 때, 우리 부부와의 이별을 아쉬워하는 교인과 지인들에게 나는 "천국에서 다시 만나요"라고 인사를 했었다. 그때만 해도 선교지로 떠나면 언제 돌아올지 알 수 없을 거라고 생각했고, 또 그런 마음가짐이었다. 하지만 선교 활동을 하던 지난 25년 동안, 천국에서 만나자던 그들과 고국에서 아주 여러 번 만날 수 있었다. 그들과의 만남은 늘 격려가 되었고 선교지에서 겪은 어려움과 상처를 치유하고 위로해 주었다. 또한 선교지로 다시 돌아가서 새롭게 시작할 수 있는 힘이 되어 주었다.

장거리 경주를 위해

선교사들에게는 '안식년'이라는 제도가 있다. 파송 교단이나 단체[145]마다 조금씩 차이는 있으나 대부분 4년에서 6년간 현장에서 사역한 후 일 년간 본국으로 돌아와서 육체적·정신적·영적으로 재충전하고 재정비하여 다시 사역지로 나가도록 규정되어 있다. 구약성경에 나오는 6년 동안 일하고 일곱째 해에는 안식하라는 명령에서 유래한 제도로 서양 선교사들이 매 7년마다 일 년씩 장기 휴가 기간을 가졌던 데서 나온 전통이다. 안식년(sabbatical year)이라고도 하지만, 최근에는 '본국 사역(home assignment)'이라고 하여 본국에 머물며 사역한다는 의미로 사용하기도 한다.

선교사는 심하게 춥거나 무더운 날씨 등 힘든 기후와 환경 그리고 과도한 업무로 인해 육체적으로 지치는 경우가 많고,

문화적 스트레스와 인간관계에서의 갈등으로 정신적·영적으로 황폐해지기 쉬워 일정 기간이 지나면 다음 사역을 이어 나갈 힘을 얻기 위해 선교지를 잠시 떠나 다른 환경에서 쉼을 가지는 안식년 기간이 필요하다.

우선은 지치고 연약해진 육체의 회복, 치료와 검진, 예방을 위해 필요한 기간이다. 선교 현장에서 제대로 치료하지 못한 질병을 치료하고 충분한 휴식과 건강한 식이요법을 통하여 육체를 회복해야 장기간 사역이 가능하다. 다음으로 정신적으로도 회복과 치유의 시간이 필요하다. 선교사들은 현장에서 경험한 여러 가지 어려움과 관계 갈등으로 인해 정신이 황폐해져 우울증, 조증, 공황장애, 대인기피증, 탈진, 분노, 부부 및 자녀와의 관계 악화 및 다양한 문제가 생길 수 있고, 교통사고, 테러, 폭동, 강도, 절도, 전쟁 등 정신적 외상 사건을 경험하기도 한다.[146] 이런 일들을 지속적으로 겪는 선교사들은 일정 기간마다 고국에 돌아와 적절한 휴식과 상담과 치유를 통해 회복 기회를 갖지 않으면 사역을 지속해 나가기가 어려울 수 있다. 그뿐만 아니라 사역의 압박과 현지인들과의 관계에서 오는 부담, 동료 선교사와의 관계에서 오는 긴장을 내려놓고, 하나님 안에서 충분히 쉬며 교제하며 재충전되어 영적으로도 온전히 회복되는 시간을 가질 수 있어야 한다.

또한 안식년은 선교사 연장 교육 혹은 재교육의 기회이다. 자신의 선교사역을 되돌아보고 객관적으로 비판하고 분석해 다음 사역을 대비하고 계획할 수 있는 시간을 가지거나, 자신의 선교사역에 필요한 여러 가지 새로운 지식과 동향에 대해 배우고 터득할 기회를 가지는 것은 선교사의 현재 사역과 미래 사역의 방향을 잡는 데 매우 중요한 기여를 한다. 후원교회 혹은 파송 선교단체와도 지난 선교사역에 대한 보고를 넘어 앞으로의 선교 방향과 전략에 대해 충분히 대화하고 소통하는 시간을 보낼 수 있다.

아울러 선교사가 고국에서 안식년을 보내면, 자녀들도 그동안 만나지 못했던 친구들과 친인척을 만나 볼 수 있고 한국어와 한국의 문화 경험을 통해 한국인으로서의 정체성과 뿌리의식, 소속감 등을 재확인할 수 있어 매우 유익하다.

안식년을 갖지 못하는 선교사

하지만 많은 한국 선교사들은 안식년을 제대로 갖지 못한다. 선교사들이 정신적으로 영적으로 고통을 겪고 있다는 사실을 이해하지 못하는 사람이 많기 때문이다. 선교사들은 믿음이 좋아서 자신과 가족의 인생을 헌신한 사람인데 정신적인 문제나 영적인 문제로 지치고 연약해져 회복을 필요로 한다는 사실에 의아해하는 것이다.[147] 우리 가정의 경우에도 지난 25년 동안 딱 두 번 안식년을 가졌는데, 그나마 매우 운이 좋았던 경우이다. 세 번째 안식년을 절실히 희망하고 있지만, 여러 가지 난관이 있어 실행하지 못하고 있다.

한국에서 211명의 현장 선교사와 98개의 선교사 파송 교회를 대상으로 실시한 선교사 안식년과 멤버케어에 대한 연구를 위한 조사에서 안식년을 가진 적이 있느냐는 질문에 53.22퍼센트가 없다고 대답했으며, 안식년을 가졌어도 3개월 미만으로 가졌다고 대답한 선교사가 67.84퍼센트였다.[148] 선교사 파송 규정에 엄연히 명시되어 있음에도 안식년 제도를 제대로 실행하지 못하고 제대로 된 휴식 시간을 갖지 못하는 이유는 여러 가지가 있겠지만, 여기서는 세 가지 정도를 거론하려고 한다. 첫째는 선교사를 후원하는 후원기관의 문제, 둘째는 현실적인 문제, 셋째는 선교사 자신의 문제이다.

먼저, 후원기관이라 함은 선교사를 후원하는 교회인 경우가 많은데, 선교사의 생활비와 사역비의 많은 부분을 부담하는 주후원교회가 있고 소액의 선교비를 지원하는 협력교회가 있다. 주후원교회란 선교사를 파송하고 선교사와 긴밀하게 소통하며 사역에 많이 관여하고 선교사의 거취 대부분을 자세히 알고 항상 기도하며 지원하는 후원단체이다. 선교사가 가장 많이 의지하고 힘을 얻는 기관이기도 하다. 그런데 그 기관이 선교사의 안식년을 허락하지 않으면 후원을 받는 선교사는 안식년을 가질 수 없는 경우가 대부분이다. 이 기관이 선교사 안식년에 대해 무심하고 때가 되었는데도 안식년 휴가를 갈 수 있도록 돕지 않는다면, 파송 규정에 있다고 해서 선교사가 자유롭게 결정하고 가기가 매우 어려운 것이 현실이다.

주후원교회가 안식년의 필요에 대해 이해가 없는 경우 선교사가 가장 흔히 듣게 되는 말은 "우리도 안식년을 못 갖는데 선교사가 무슨 안식년입니까!"이다. 이런 말을 여러 번 들어보았지만 들을 때마다 가슴이 아프다. 열악한 환경을 견뎌야 하는 선교사의 고충을 이해하지 못하고, 선교사에게 제대로 된 쉼과 재충전의 시간이 얼마나 필요한지를 인식하지 못하는 데 대한 답답함 때문이기도 하지만, 그것보다는 이 말을 하는 '우리도'에 해당하는 사람들과 선교사들 사이에 눈에 보이지 않는 상하 관계가 엿보여서 더욱 그러하다. 선교사가 무슨 대단한 영적 거장도 아니고 그저 깨어지기 쉬운 연약한 질그릇 같은 사람들이지만, 후원교회에서 '우리도'에 해당하는 사람들이—담임목사이든 부목사이든 장로이든—선교사와 안식년 휴가를 두고 상하 관계를 맺을 일은 아니라고 생각한다.

선교사는 하나님의 부르심에 순종하여 복음을 위해 스스로 불편함을 선택한 사람이다. 그렇기에 본국에서 살고 있는 사람들과는 다른 시간들을 보내왔고, 그 대가로 안식년 휴가가 주어지는 것이라고 생각한다. 선교사에게 안식년이란 오랜 선교 역사의 전통을 이어 온 서구 선교사들로부터 내려온 유산과 같은 것으로, 우리 한국 선교사들이 그대로 모방할 필요는 없으나 그 정신은 이어져야 할 것이다. 그런데 '우리도'라는 말로 그 기회를 가져보지도 못하게 하는 것은 아무런 힘도 없고 지쳐 있는 선교사들을 그대로 방치하겠다는 무책임한 처사로밖에 느껴지지 않는다.

물론 한국에서의 삶도 결코 쉽지 않고 편하지 않다는 것을 선교사들도 잘 알고 있다. 한국에서 팍팍한 일상을 사는 사람들 가운데에는 안식년을 가질 수 없는 사람들이 많기 때문에 그들의 눈에 선교사의 안식년은 사치처럼 느껴진다고 말하는 사람도 있다.[149] 그렇기 때문에 "우리도 못 가는데…"라는 말을 들으면 선교사들은 입을 다물 수밖에 없다.

인식의 전환이 필요하다

선교사를 후원하는 후원교회에서 선교사의 안식년을 지원하지 않고 반대하거나 모른 척하는 이유는 과연 무엇일까? 참으로 궁금하다. 만일 선교사를 하나님의 부르심을 받고 그 땅에 가서 하나님께서 하시는 일을 목도하고 증인의 삶을 사는 사람이라고 생각한다면, 지금 당장 눈에 보이는 열매가 없어 보일지라도 결국에는 그 일을 이루실 하나님을 신뢰하며 인내로서 장거리 경주를 해야 하는 것이 선교사의 사명임을 안다면, 너무 지쳐 쓰러지기 전에 적절한 쉼을 가질 수 있도록 선교사를 격려하고 지원하는 것이 후원교회나 후원자들의 선교적 사명이라고 나는 생각한다.

만일 선교사를 후원하는 교회가 선교사를 교회에서 고용해 해외에서 일하는 사역자라고 생각한다면, 국내 사역자가 갖지 못하는 장기 유급 휴가를 선교사가 갖는 것을 허락할 수 없을 것이다. 그러나 선교사는 교회의 보냄을 받은 자가 아니고 고용인은 더더욱 아닐 것이다. 선교사는 하나님의 부르심을 받아 그 땅에 하나님 나라를 확장하는 선교 사명을 위해 보내어진 사람이고 교회는 선교사를 부르신 하나님의 그 사역에 동참하는 것이다. 선교사는 특권계층이기 때문이 아니라, 열악하고 상처받기 쉽고 깨어지기 쉬운 환경에서 일하는 사역자들이기 때문에 안식년이라는 시간이 필요하고 그래서 제도적으로 만들어 놓은 것이다.

어떤 단체에 소속되지 않고 개교회 이름으로 파송된 선교사들의 경우에는 이런 규정조차 거론하지 못한다. 그것도 참 안타까운 일이다. 개교회 파송 선교사일지라도 그/그녀가 선교사로서 받는 스트레스는 마찬가지일 텐데 말이다. 선교사에게 안식년은 하나님의 명령이다. 선택의 문제가 아니라 앞으로 계속 선교를 해 나가기 위한 필수적인 시간이다.[150]

개교회 이름으로 선교사를 파송한 교회든지, 선교단체나 교단에서 파송한 선교사를 후원하는 교회든지, 선교사가 교회의 고용인이라는 생각은 선교적으로 매우 건강하지 못한 태도이다. 지금은 식민지를 확장하기 위한 제국주의 선교를 하는 시대도 아니고, 자국의 교회 성장에 발맞추어 선교지에 자국의 교회를 심기 위한 교회 선교의 시대도 아니다. 지금은 개인의 영혼구원이나 교회개척 차원을 넘어서 그 땅에 하나님 나라를 건설하고 하나님의 샬롬을 전하기 위해 하나님의 선교를 해야 하는 시대이다. 따라서 이 시대의 선교사는 교회가 보내는 선교사가 아니라 성부·성자·성령, 삼위일체 하나님의 보내심을 받아 교회의 사역이 아닌 하나님의 선교를 하는 사역자이다.[151]

교회는 이렇게 현장으로 가는 선교사를 후원하고 돌봄으로써 하나님이 하시는 선교의 사명을 감당하는 것이지, 선교사를 앞세워 교회 사역을 한다고 생각하면 안 된다. 그런 면에서 흔히 말하는 가는 선교사와 보내는 선교사가 아니라 가는 선교사와 돌보는 선교사로의 인식 전환이 필요하다.[152] 즉, 교회는 선교사를 잘 돌보는 것으로 선교의 사명을 감당해야 한다. 선교사를 수화물 발송하듯 보내놓고 그곳에서 알아서 생존하기를 바라는 시대가 아니다. 요즘은 택배 물품도 문제가 있으면 쉽게 반품이 되고 교환도 잘해 주는 시대가 아닌가. 선교사도 고향으로 다시 돌아와서 충분히 재정비하고 재급유도 하고 새 힘을 충전받아야 한다. 선교사가 잠시 일이 있어서 고국을 방문했을 때 그 바쁜 일정 중에서 선교사들이 쉴 수 있으리라고 기대하면 절대 안 된다. 후원자들과 후원교회가 선교사를 잘 돌보려면 먼저 선교사가 충분한 안식의 시간을 가지고 있는지 살펴보아야 한다.

현실적인 문제

두 번째는 좀 더 현실적인 문제이다. 후원자들의 입장에서 선교사에 대해 가장 쉽게 하는 오해 중 하나는 선교사가 안식년으로 사역지를 떠나게 되면 후원을 계속할 필요가 없다고 믿는 것이다. 하지만 현실은 정반대이다. 선교사가 안식년을 보내게 되면 보통은 선교지에 있을 때보다 훨씬 더 많은 재정이 필요하다. 왜냐하면 대부분의 선교사들이 안식년을 간다고 해서 하던 사역을 멈추는 것이 아니기 때문이다. 선교사가 직접 발로 뛰고 움직이던 활동은 멈추지만, 선교사의 사역은 대부분 현지인들과 함께, 그들을 통해서 하는 것이다 보니 사역의 대부분은 안식년 기간에도 그대로 유지되고 있다. 그러므로 사역에 필요한 인건비, 건물 유지비, 사역비, 기타 지원금 등은 당연히 계속해서 요구되는 경우가 많다.

그뿐만 아니라 선교사 가정이 선교지를 떠나 본국에 와서 생활하게 되면 선교지에 있을 때보다 훨씬 많은 생활비가 들게 마련이다. 이와 같이 선교사는 현장의 사역비뿐 아니라 안식년 생활비까지 훨씬 더 많은 재정이 필요한데, 후원교회나 후원자들은 안식년을 보내는 선교사의 후원을 오히려 줄이고 소액을 후원하던 교회나 개인 후원자의 경우도 후원을 중단하곤 한다. 이런 이유들이 선교사가 안식년을 갖기 어렵게 만드는 현실적인 문제이다.

그래서 어떤 파송단체는 선교사의 후원금 중에서 안식년 경비를 미리 적립해 후에 사용할 수 있도록 한다. 이런 제도는 선교사에게 안식년 동안의 재정 부담을 덜어 주려는 의도뿐 아니라 단체가 선교사의 안식년을 철저히 보장하겠다는 의지를 보여 주는 것 같다. 선교사에게 안식년이라는 휴식과 재충전의 시간이 반드시 필요하다는 것을 인식한다면 안식년 동안에도 재정이 필요하다는 이해가 반드시 있어야 한다. 안식년 동안 선교지를 떠나 사역을 안 하게 되니 후원을 줄여도 될 것이라는 생각은 선교를 제대로 이해하지 못한 태도이다. 결국 재정이 해결되지 않아 안식년을 갖지 못하는 선교사가 많다는 의미이다.

선교사들이 안식년으로 한국에 들어올 때 해결되어야 할 또 하나의 중요한 문제는 안정적으로 거주할 수 있는 거처이다.[153] 많은 선교단체와 교회가 선교사 안식관(선교관)을 마련하여 귀국하는 선교사들을 섬기고 있다. 하지만 선교사가 머물 수 있는 기간을 한 달에서 두 달 정도로 제한하고 있기 때문에 6개월에서 일 년 정도의 안식년을 보내려는 선교사 가족 모두가 편하게 머물 장소를 구하는 것이 쉽지 않다. 무료로 운영되는 선교관도 있지만 현실적으로 비용이 책정되어 있는 곳이 많아서 귀국 선교사에게는 만만치 않게 부담이 된다. 그래서 지인이나 친척 등 가족 집에 머무는 경우가 많은데 짧은 기간이 아닌 경우에는 이것도 서로에게 상당히 부담이 된다. 그리고 선교관에 잠시 머물려고 해도 크기가 문제가 된다. 선교사 부부를 위한 방 한 칸으로 되어 있는 경우에는 자녀가 2-3명인 가정이 다 함께 장기간 지내기 어렵다.

선교관의 위치 역시 중요하다. 선교사들이 안식년 기간 동안 대부분 차 없이 지내기 때문에 대중교통을 이용해 후원교회를 방문하거나 여러 업무를 봐야 한다. 그래서 교통이 편리하고 주변에 마트, 병원, 도서관, 놀이터 등 편의시설이 잘되어 있으면 하는 바람이 있다. 선교사들이 안식년 기간에는 선교관에서 아무것도 안 하고 그저 쉬고 있을 것이라고 생각하는 후원자들이 제법 있다. 그러나 한국에 와 있는 동안에도 매우 바쁜 일정을 소화하는 경우가 많다. 또한 선교사는 안식년을 맞아 공기 좋은 한적한 곳에서 조용히 쉬고 싶어 할 것이라고 생각하는 분들이 있는데, 사실 그렇지 않다. 잠시 그런 곳에 가서 자연을 즐기는 것도 좋겠지만, 대부분의 선교사는 문명의 이기를 누리지 못하는 열악한 선교지에서 생활하다 왔기 때문에 고국에 오면 오히려 대도시의 화려함과 편리함을 누리고 싶어 하는 경우가 많다.

안식년 기간도 선교사에겐 고국에서 보내는 또 하나의

일상이며 선교의 연장이다. 이 기간 동안 건강 검진과 치료 일정을 소화하고, 후원교회들을 방문하여 사역 보고와 다음 사역에 대한 계획과 준비, 후원자 개발, 선교사 연장 교육 및 재교육 수업 수강 등 선교사로서 분주한 일상을 산다. 그러므로 가족이 안정되게 지낼 수 있는 공간과 재정이 허락되지 않는다면 선교사는 안식년을 가지기 어렵다.

이러한 현실적인 이유로 인해 선교사들이 안식년을 맞아도 본국에 오는 것을 꺼려하고 안식년을 기피하는 경우가 있는데, 특히 주거 문제는 매우 안타까우면서도 현실적인 대안을 내놓기가 가장 어려운 사안이다.[154]

위험한 안식년, 환영받지 못하는 선교사

선교사들이 한국에서 안식년을 보낼 때 주거 문제도 어렵지만, 후원교회와 후원자의 안식년에 대한 이해 부족으로 선교사가 한국에서 장시간 머무는 것에 부담을 주기도 한다. 때로는 후원교회 측에서, 후원자들인 교회 성도들과 교제를 위한다는 명목으로 본국 교회 사역을 맡기기도 하는데, 그러면 선교사는 참된 안식을 하기보다 또 다른 스트레스와 탈진을 경험할 것이다. 이런 선교사 돌봄에 대한 후원자들의 이해 부족은 본국으로 돌아온 선교사의 안식년을 더욱 지치고 고달픈 시간이 되게 한다. 그래서 본국에서 안식년을 보내기보다 부담 없는 해외에서 몇 달간 휴가를 갖기 원하는 선교사들도 있다.[155]

안식년을 맞아 재입국하는 선교사를 위한 상담에 관한 책(Home Office-Debrief and Re-Entry)을 쓴 사라 헤이(Sarah Hay)는 "재입국(안식년)은 얼마나 위험한 것인가? 왜 본국으로 돌아오는 것이 이렇게 어려운 것인가?"라는 질문을 던진다.[156] 그 이유는 선교사가 선교지에서 가지고 있던 스트레스와 정신적인 문제가 본국에서도 계속될 수 있다는 것이다. 안식년 선교사에게 육체적 회복과 함께 중요한 것이 정신적 회복이다. 안식년 동안 선교사가 충분히 쉬고 재충전하고 재훈련받지 못하면 정신적으로 회복이 안 되어 그/그녀가 다시 선교지로 나갔을 때 제대로 역량을 발휘하지 못할 수 있고, 오랜 시간을 견디지 못하고 중도에 탈락할 가능성도 있다.[157] 그래서 선교사들은 본국에서 받게 될 스트레스가 두려워 아예 간섭이나 통제가 없는 해외에서 안식년을 하고자 하는 경우가 많은 것이다. 때로는 본국에서의 안식년이 선교사 자신뿐 아니라 자녀들에게도 스트레스가 되기도 한다.[158]

한 선교사는 자녀들에게 본국의 문화와 좋은 추억을 경험하게 하기 위해 본국에서 안식년을 가졌으나, 여기저기 옮겨 다니면서 아무 데도 적응하지 못하며 힘들게 지내다 보니 빨리 선교지로 돌아가고 싶었다고 고백했다.[159] 선교사들이 사역에 지쳐서 안식년을 손꼽아 기다리지만, 막상 안식년에 대해 선교사 본인뿐 아니라 후원교회나 단체가 선교사 돌봄에 관하여 제대로, 실제적으로 준비가 되지 않을 때 선교사는 본국에서 환영받지 못하고, 불편한 상태에서 하루빨리 선교지로 돌아가고 싶어 하게 된다.[160]

나는 안식년을 두 번 다 미국 풀러 신학교에서 선교학 학위 과정을 하는 데 보냈다. 풀러 신학교 선교학 석사 과정은 10년 안에 과정을 마칠 수 있게 선교사들을 배려하고 있기 때문에 첫 번째 안식년과 두 번째 안식년 사이에 7년 이상의 공백기가 있었지만 그 과정을 이수할 수 있었다. 현장에서 어느 정도 시간이 지나 선교에 대한 의문과 회의가 들던 즈음에 했던 선교학 공부는 나 자신의 선교사역을 돌아보고 정리하고 또 객관화할 수 있는 매우 좋은 기회였다. 공부에 대한 부담 때문에 육체적 쉼의 시간을 갖지는 못했으나 정신적으로는 매우 새롭게 충전되고 영적으로도 힘을 얻는 시간이었다.

감사하게도 후원교회가 선교지에 있을 때와 동일하게 안식년 동안 후원을 해 주었고, 학비는 특별한 기금이 우연히 마련되게 되어 가능했다. 첫해는 선교사의 학업을 위해 안식년 기간 동안 특별후원을 해 준 후원자가 있었고, 친지의 후원도 있었기에 가능했다. 두 번째 안식년은 후원교회 담당자의 행정 실수로 10년 정도 적립한 선교사 연금이 해지되는 바람에 가능했다. 덕분에 선교사 은퇴연금에는 지장이 생겼지만 나는 이것도 하나님의 섭리로 생각하며, 나의 학업이 선교사의 건강한 노후와 은퇴를 위해 쓰이기를 희망하며 공부하였다.

해외에서 공부하게 되면 학교 기숙사에서 지내게 되는데, 풀러 신학교 바로 옆에 기숙사보다 저렴하고 시설이 좋은 선교사 안식관이 있어서 우리 가정은 그곳에서 아이들과 함께 기거할 수 있었다. 아이들도 홈스쿨링만 하고 정식 학교에는 다니지 못하다가, 안식관 근처에 있는 공립학교에 보내니 매우 잘 적응하며 좋은 경험을 했다. 우리가 미국에서 안식년을 보내게 되면서 한 가지 아쉬웠던 점은 한국에서 시간을 보내지 못한 탓에 아이들에게 한국인으로서의 정체성과 뿌리 의식을 강화해 줄 기회를 마련해 주지 못한 것이다.

지난 25년 동안 세 나라 선교지에서 사역하면서 어려운 순간도 많았고 선교사역을 그만두고 싶었던 적도 여러 번 있었지만, 그래도 중도에 탈락하지 않고 지금까지 올 수 있었던 것은 그나마 두 번의 안식년 기간 동안 충분히 재충전할 수 있었기 때문이 아닌가 싶다. 안식년 기간 동안 공부를 하느라 육체적으로는 충분한 쉼을 누릴 수 없었으나, 이 시간을 통해 선교사로서의 정체성을 확실히 하고 소명을 다시 한번 확인할 수 있었다. 또한 변화하는 선교의 흐름을 읽어 내고 대처할 수 있는 학문적 시각을 가질 수 있었던 시간들이 당장 눈앞에 놓인 난관들을 이겨 내는 데 큰 힘이 되었다.

선교사 자신의 문제

마지막으로 안식년을 대하는 선교사 자신에게도 문제가 있다. 선교사 스스로 안식년에 대해 필요성을 깊이 인식하지 못하거나, 알고 있다고 해도 여러 가지 현실적인 문제로 꺼리는 경우이다. 현실적인 문제 중에는 이미 언급한 재정과 주거 문제 외에도 자녀교육 때문에 한국으로 돌아오지 못하는 경우도 있고, 자신의 사역을 맡아 줄 사람이 없어서 선교지를 떠나지 못하는 선교사도 있다. 특히 십대 자녀의 경우, 한국의 학교와 선교지 학교가 학제 등이 다르고 언어도 달라서 한국 학교에 편입하거나 복귀하기가 간단하지 않다.[161] 어렵게 입학이 된다 해도 학업을 지속하기 어렵고 한국 청소년들과 어울리기도 쉽지 않다.

또한 선교사 자녀의 경우, 초·중·고등학교 12년을 해외에서 다니면 한국 대학 입시에서 특례입학을 할 수 있는 자격이 되는데, 안식년 동안 한국에서 한 학기라도 학교에 다니게 되면 그 자격을 상실한다. 그렇기 때문에 한국 대학 입학을 계획하는 한, 자녀 학령기에는 한국으로 돌아오기 어렵다는 얘기가 된다. 그러니 그 자녀들이 후에 대학 입학을 위해 한국에 돌아왔을 때 그들이 겪을 역문화충격은 더욱 클 수밖에 없다. 결국 선교사의 자녀 문제는 이렇게도 저렇게도 풀기 어려운 숙제이다.

우리 가정은 처음 선교지 우크라이나에서 몽골로 사역지를 옮기는 과정에서 한국에 몇 달 머문 적이 있다. 당시 우리는 지방에 있는 친척 집에서 지냈는데, 주변에 있던 초등학교 학교장의 배려가 있어서 저학년이던 두 아들을 청강생 자격으로 학교 수업에 참여시켰다. 그런데 그때까지 미국인 선교사 선생님과 홈스쿨 교재로 자유롭게 공부하던 아이들이 한국 학교의 주입식 교육과 선생님의 체벌(그 당시만 해도 체벌이 있었다), 과한 숙제 부담 등으로 인해 한국 학교 교육에 반감만 품게 된 좋지 않은 기억이 있다. 요즘은 한국 학교도 많이 달라졌겠지만 한국식 교육 방식에 익숙하지 않은 아이들이 적응하기에는 여전히 쉽지 않은 부분이 있을 것 같다.

그 당시 내게는 한국 엄마 특유의 교육열로 인한 조바심이 있었다. 아이들이 그때까지 영어 교재를 가지고 홈스쿨만 경험했으니 한국어와 산수 등이 미진해 보여 한국 친구들도 사귈 겸 방과후 보습학원에 보내 보았다. 하지만 아이들의 능숙하지 못한 한국어 실력과 한국 문화에 익숙하지 않은 데서 나온 어색한 행동들로 인해 곧바로 친구들의 놀림감이 되었다. 결국 학교와 학원 친구들을 통해 고국에 대한 좋지 않은 기억만 갖게 되었다. 이로써 아이들은 어릴 때 떠나서 기억도 나지 않던 한국에 대해 부정적인 인상을 갖게 되었고, 성장기 내내 이 부정적인 감정을 품고 자라는 것 같아서 매우 안타깝고 미안했다. 아이들에게 한국을 경험하게 하려던 나의 의도가 오히려 하지 않는 것이 더 나을 뻔한 잘못된 경험이 되어 버린 것 같아 너무나 아쉽다.

계획적으로 떠나라

선교사가 안식년 동안 선교지를 쉽게 떠날 수 없는 큰 이유 중 하나는 그들의 사역을 맡아서 지속할 사람이 없기 때문이다. 팀 사역을 하거나 현지 선교부 내에서 사역을 맡아 줄 대체 인력이 없는 경우, 사역에 대한 책임감 때문에 안식년을 갖지 못하는 선교사가 많다. 이런 경우에 선교사는 이미 지쳐 있는 상태에서 계속되는 사역 부담감과 쉬고 싶어도 쉴 수 없다는 무력감으로 인해 스트레스가 더욱 가중된다. 이런 상태가 되면 선교사 개인에게도 좋지 않을뿐더러 선교사 가족과 주변 동료 선교사뿐 아니라 함께 일하는 현지인들에게도 좋지 않은 영향을 미치게 되는 매우 불건강한 상태가 된다. 선교사가 안식년에 대한 준비를 수년 전부터 미리 계획하지 못하고, 탈진 상태가 온 후에 뒤늦게 안식년을 하려고 할 때 이런 사태가 벌어질 수 있다.

그러므로 선교사는 사역 초기부터 안식년에 대한 준비와 고려를 해서 자신의 사역을 계획해야 하며, 자신이 떠나야 할 때 사역을 맡길 현지인 지도자 그룹을 미리 훈련해 놓아야 한다. 본인이 없으면 안 될 거라는 생각에 현지인 지도자에게 사역을 맡기지 못하는 선교사들이 가끔 있다. 만일 그렇다면 그것은 선교사의 교만이요, 선교 현장의 사역과 현지인들의 주관자 되시는 하나님에 대한 불신이 아닌지 생각해 보아야 한다. 오히려 선교사가 직접 일을 할 때보다 내려놓고 하나님의 손에 의탁할 때 성령께서 더욱 강하게 역사하실 수 있다는 믿음을 가지고 모든 사역과 현지인들의 연약함까지 하나님의 손에 맡겨 드릴 수 있어야 한다.

필리핀 선교사였던 스테픈(Tom A. Steffen)은 현지 교회들의 자립과 재생산을 위한 단계적 철수의 한 방법으로 선교사들이 의도적이고 계획적으로 현장을 떠나야(programmed absences) 한다고 주장한다.[162] 선교사의 안식년은 현지인 지도자들이 선교사들의 계획된(programmed) 부재를 경험하고, 이 기간 동안에 그들이 스스로 할 수 있도록 힘을 실어 주어 자립이 가능하도록 성장하고 발전할 수 있는 좋은 기회이다.

선교사가 자신의 유익을 위해 피치 못해서 사역 현장을

비우는 것이 아니라, 현지인 지도자들의 역량 강화라는 면에서 볼 때 의도적으로 사역지를 비우는 것이 더 유익하다는 말이다. 실제로 몽골에서 현지 교회 사역을 하던 목사선교사들이 안식년으로 사역지를 떠나면서 현지 지도자들에게 교회를 맡겨 놓고 일 년 후 돌아와 보니 기대 이상으로 교회가 부흥하고 성장해 있는 모습을 보고 놀랐다는 고백을 많이 들었다. 선교사와 함께 있을 때는 약해 보이고 실수투성이고 신뢰가 가지 않던 현지인 사역자들이 막상 일을 맡겨 놓으면 놀랍게 감당해 내는 경우가 있다. 현지인 지도자들의 역량이 드러났기 때문이기도 하겠지만 성령님의 특별한 도우심도 있다. 어찌 되었든지 선교사는 사역을 성령님의 손에 맡겨 드리고 떠날 수 있는 용기도 필요하다.

선교지 탐방을 오는 사람들 중에 선교사의 삶이 부럽다고 말하는 이들이 가끔 있다. 선교지의 공해 없는 맑은 공기, 교통 체증 없는 거리, 순수하고 맑은 눈동자를 가진 현지인들과 함께하는 삶, 한국처럼 바쁘지 않은 한가한 일상, 한국보다 쾌적한 주거환경, 거기다가 멋진 자연환경까지…. 이런 곳에서 계속 살고 싶다고 하면서 선교사의 삶을 부러워한다. 한국에서 복잡하고 바쁜 일상을 보내다가 잠시 시간을 내어 관광비자로 선교지에 와서 보면 그리도 낭만적이고 부럽고 나도 그렇게 살고 싶다고 느끼게 하는 삶이지만, 선교사로 온 가족이 와서 거주비자를 얻고 첫 6년을 살다 보면 육체에 병이 들고 정신이 황폐해질 정도로 지치고 다치는 것이 선교사의 삶이다. 그러나 이때 선교지를 잠시 떠나 멀리서 자신의 삶과 사역과 현장을 돌아보고, 자신의 잘잘못을 객관화하고, 실수하고도 너무 가까이 있어서 보지 못한 지점이 무엇인지 발견하면서 지친 몸과 마음을 회복하고 새로운 힘으로 재충전하여 다음 사역을 준비하는 안식년이라는 시간은 선교사가 마라톤과 같은 긴 여정을 끝까지 달려가는 데 반드시 필요한 생수의 공급처와 같은 시간이다.

멤버케어

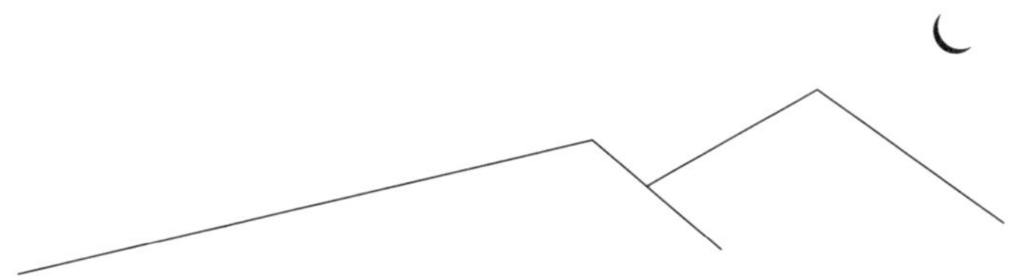

훌륭한 멤버케어가 훌륭한 선교를 하게 한다

내 나이 53세 되던 2015년 그해, 나는 생일선물로 유방암 3기 진단을 받았다. 병원에 갔을 때는 이미 통증이 아주 심한 상태였고 겉에서도 피부 조직의 함몰이 보일 정도로 상태가 심각했다. 몽골에서 한국으로 가서 진찰을 받기 전 몇 달 동안 통증이 나날이 심해졌지만, 한국에 있는 의사들과 전화로 상담을 하고 다양한 진통제를 먹어 가면서 내가 한 일은 한국에서 치료받는 동안 머물 수 있는 선교관을 찾는 일이었다. 그리고 급기야는 혈흔까지 보이게 된 날, 짐도 제대로 싸지 못하고 작은 여행가방 하나 들고 비행기를 탔고, 공항에서 바로 병원으로 가서 검사 후 유방암 진단을 받았다.

의사는 조직검사 결과도 나오기 전에 초음파 사진만으로도 이미 암이 확실하고 진행이 많이 된 사이즈가 큰 암이라고 했다. 내가 몽골에서 왔다고 하니 한동안 돌아갈 생각은 하지 말아야 한다고 선언했다. 나는 예약해 놓은 선교관 일정을 머릿속에 계산하면서 한국에 얼마나 있어야 하느냐고 물었으나 의사는 기간은 말해 주지 않고 "한참 걸립니다"라고만 했다.

진단과 함께 나는 몽골로 돌아가지 못하고 2년 동안 여러 선교관과 요양병원, 친척 집, 그리고 전원주택 등 열두 군데 넘는 거처를 옮겨 다니며 항암치료와 유방절제 수술, 방사선 치료, 표적치료, 재활치료 등을 위해 한국에 머물렀다. 이 기간 동안 아들과 딸이 각각 결혼 날짜를 받아 놓은 상태였으나 나는 항암치료 한 번 받고 응급실에 실려 갈 정도로 체력이 약해져 있어서 아이들에게 갈 수 있는 시간을 조정하느라 여러 사람을 불편하게 하고도 결국 식을 올리는 미국까지 가지 못했다. 그리고 아이들은 일주일 간격으로 엄마 없이 결혼식을 하였다.

내가 암에 걸렸다는 사실보다, 딸과 아들이 엄마 없이 결혼식을 하게 되었다는 사실이 더욱 기가 막히고 슬펐다. 갑자기 암에 걸려서 아무것도 못 하고 누워 있다 보니 선교사로 살아온 시간들뿐 아니라, 아내와 엄마로서 살아온 시간을 돌아보게 되었다. 그것은 선교학 공부를 하면서 학문적으로 나의 사역을 돌아보고 객관적으로 비판해 보았던 경험과는 또 다른 하나님과의 깊은 영적인 만남의 경험이었다. 그곳에 주님의 만지심이 있었고 그때가 바로 주님의 돌봄을 받은 시간이었다.

선교사의 돌봄에 대한 다양한 칼럼들을 엮어서 《선교사 멤버케어》라는 역작을 출간한 켈리 오도넬(Kelly O'Donnell)이 말한 선교사 멤버케어의 5가지 단계 중 가장 핵심적인 단계가 '주님의 케어' 단계이다.[163] 우리 모두는 고난과 역경을 만날 때 그 고통의 가장 깊은 골짜기에서 주님을 만나게 되고, 우리를 치유하시고 회복하시는 주님의 돌보심을 받는다. 슬픔 가운데 주님의 위로를 얻고, 낙심해 있을 때 소망으로 격려를 받고, 절망한 가운데서 다시 일으켜 주심을 경험한다. 다친 상처를 싸매어 주시고, 불안한 마음에 평안을 주시며, 용기를 주시는 분이 주님이시다. 그리고 그분은 우리가 받은 위로를 가지고 다른 사람들의 상처를 치유하는 자가 되도록 인도하신다.

한국에서 암 투병을 하는 2년 동안 나는 주님의 만지심과 돌보심과 함께 교회와 수많은 후원자와 친구들, 그리고 동료 선교사들에게 말할 수 없는 위로와 격려와 사랑을 받았다. 그들은 내가 한국에서 이곳저곳 옮겨 다니면서 치료를 받는 동안 서울이고 지방이고 가는 곳마다 내 병상으로 찾아와 주었고, 온갖 정성으로 나의 몸과 마음의 회복을 위해 섬겨 주었을 뿐 아니라 눈물로 간절히 기도해 주었다. 교회 성도 중에 얼굴도 알지 못하는 어떤 분은 자신의 아들이 암에 걸려 투병 중임에도 아들을 생각하며 나를 위해 헌금을 해 주었고, 또 수많은 중보기도 모임에서 중보해 주고 가정예배 중에 아이들과 함께 기도하고 사랑을 전해 주었다.

한두 달도 아니고 거의 2년 가까이 이런 사랑의 돌봄을 받고 받고 또 받다 보니 나도 모르는 사이에 병들었던 육체뿐 아니라 지쳤던 마음까지 건강해지고 회복되었다. 그리고 그때쯤 남편이 오랫동안 기도하고 소망하던 아프리카 선교의 문이 열려 말라위로 부르심을 받게 되었다. 아내가 암 투병 중인데, 사역하던 선교지 몽골로 다시 돌아가는 것도 보통 일이 아닌데, 어떻게 새롭고 더 험한 선교지인 아프리카로 갈 수 있었느냐고 많은 사람이 궁금해했다. 그 비밀은 내가 암 투병 중에 받은 그 사랑의 돌봄에 있었다. 주님의 케어와 후원자들의 돌봄으로 치유받고 회복된 나는 이전보다 더 강건하게 됨으로써 주님이 부르시는 곳이라면 아프리카라도 갈 수 있을 것 같은 용기가 생겼다. "훌륭한 멤버케어는 훌륭한 선교를 하게 만든다"[164]라는 오도넬의 말은 내 삶에서 실제가 되었다.

보내는 선교사에서 돌보는 선교사로

한국 교회는 그동안 보내는 선교사의 역할에 너무 치중해 온 것이 사실이다. 각 교단 선교부, 선교단체나 교회는 자신들이 파송하거나 후원하는 선교사의 숫자에 대해서는 자랑하지만, 그 많은 선교사를 어떻게 돌보고 있는지에 대해서는 그다지 이야기하지 않았다. 선교계의 리더 이태웅 박사는 한국 교회가 열정을 가지고 선교사들을 파송하였으나 선교사들을 어떻게 돌보고 후원하는지에 대해서는 관심이 매우 회의적이며, 효율적인 감독 관리나 적절한 위기 대처 능력 그리고 선교사의 복리후생 등에 관한 문제에 대해서는 매우 부족한 상태라고 말하고 있다.[165] 지금까지는 선교사를 어떤 어려움도 잘 견뎌 내고 큰 희생도 감수해 내는 영적인 거장으로 보는 경향이 있었다. 그래서 잘 이겨 내지 못하면 믿음이 약하거나 선교사 자격이 없는 것으로 판단해 왔다. 선교사에 대한 이런 지나친 기대감과 이상화 경향은 선교사를 돌보고 케어해야 한다는 인식을 부족하게 만들었다.

선교사를 파송한 단체나 후원교회들의 선교사를 향한 관심은 지금까지 선교사의 성과와 업적에 치중되어 왔다. 그러나 이제는 사역 성과를 파악하고 관리하던 업적 중심의 선교에서 선교사 개인의 삶에 섬세한 관심을 두는 돌봄 중심의 선교로 전환할 시기가 되었다. 아무리 유능한 선교사일지라도 파송한 사람들의 케어 부족으로 효과적으로 사역하지 못하는 경우가 많기에 선교사를 파송한 사람들은 사람들과 하나님 앞에서 선교사를 돌아보고 돌봐야 할 책임이 있다.[166] 후원단체가 선교사 개인보다 선교사의 사역을 우선시하다 보면 보여지는 사역 규모나 결과에 따라 선교사를 판단하게 되니 선교사는 사역의 실적에 연연하게 되고, 그것은 선교사가 성령의 인도하심을 받기 전에 인간적인 생각을 앞세우는 결과를 낳게 한다.

나와 남편은 다른 사람들처럼 젊어서부터 선교에 헌신하여 선교단체에서 훈련받은 사람도 아니고, 신학을 해서 안수를 받은 목사도 아니다. 그저 평범한 성도로서 일상을 살아가다가 하나님의 부르심을 받고 선교사가 되었다. 특별히 많은 준비와 훈련도 없이 선교사가 되어 우크라이나에서 시작하여 몽골과 아프리카 말라위까지 오는 지난 25년 동안 선교사의 소명을 잃어버릴 만한 힘든 일이 수없이 많았다. 그럼에도 나와 남편이 선교사로서의 이 부르심과 정체성을 놓치지 않고 지금까지 올 수 있었던 것은 후원교회의 돌봄 덕분이다.

나의 후원교회는 지난 25년 동안 선교사의 사역이 선교사보다 중요한 적이 없었다. 후원교회 담임목사님은 언제나 선교사의 안녕과 평안을 먼저 물으셨고 선교사가 행복하기를 진심으로 바라셨다. 선교사의 자부심이 되기도 하지만 때로는 부담이 되기도 하는 정례 선교 보고도 하지 말라고 하셨다. 선교사가 선교 보고에 신경 쓰다 보면 '보여 주기'식의 선교를 하게 되고, 그러다 보면 과장하게 된다면서 하나님 앞에서 진실하게 사역하면 다 아신다고 하셨다. 사역의 성공보다 진실하고 행복한 선교사가 되라고 하시는 후원교회의 격려와 응원은 우리 부부에게 내적 힘과 평안을 주었고, 사역을 통해 선교사임을 증명하거나 자랑할 필요가 없었기에 우리를 앞서 일하시는 성령 하나님 안에서 자유함을 누릴 수 있었다.

후원교회와 담임목사님은 사역 보고를 하지 말라고 하는 대신에 선교 현장에 교인들과 자주 찾아오셨다. 선교지에 있는 한인 선교사들을 위한 부부 세미나를 여러 번 진행하였고, 전체 한인 선교사들을 위한 대형 집회를 열기도 했다. 하지만 언제나 그것은 교회의 사역도 아니고 다른 선교사들을 위한 것도 아니고, 말 그대로 "우리 선교사[우리 부부]를 돌보기 위한" 것이라고 항상 말씀하셨다. 후원교회에서 와서 다른 선교사들을 섬기는 프로그램을 진행하면 평신도선교사인 우리가 다른 목회자 선교사들 사이에서 위상이 올라갈 것이라고 말씀하시면서 "선교사 기(氣) 살려 주기 위해" (당신이) 오시는 거라고 말씀하셨다. 그리고 때로는 아무 프로그램 없이 몇몇 교인과 함께 오셔서 우리 부부를 만나고 관광지를 돌고 가시는 적도 있었다.

어떤 사람은 교회에서 단기선교를 가서 관광만 하고 오느냐고 비판적인 시선으로 바라보기도 하겠지만, 그것은 관광이 아니고 멤버케어의 시간이었다. 후원교회 목사님과 제직들과 아무 부담 없이 며칠 동안 교제하고 쉴 수 있는 시간은 선교사 부부에게 큰 위로와 격려가 된다. 그리고 정말 신기하게도 그때 그렇게 와서 관광만 하고 가셨던 분들 중에 꽤 많은 사람들이 지금 우리 가정의 오랜 후원자이고, 내가 힘들 때 터놓고 중보기도 부탁을 할 수 있는 대상이며, 한국에 가면 부담 없이 만나서 마음을 나눌 수 있는 분들이다. 나와 남편은 정말 연약하고 부족함이 많지만, 선교사를 진심으로 케어해 주는 이런 후원교회와 목사님과 성도님들 덕분에 지금까지 선교 현장을 지키는 사역자로 살 수 있었다.

멤버케어란 현대 선교의 새로운 움직임으로 선교사 돌봄에 대한 운동이다. 최근에 한국, 브라질, 나이지리아 등 신생 선교사 파송국의 선교사 파송 숫자가 급격히 늘고 있지만, 이들 신생 파송국 선교사들의 '중도 탈락률'이 기존 선교사 파송국보다 높다는 점에 주목하고, 선교사 탈락을 예방하고, 끝까지 건강하게 열매 맺는 선교를 할 수 있도록 돕고자 하는 것이다.[167] 이제 선교사 파송 숫자만을 가지고 자랑할 때는 지났고, 지금은 선교사의 질적 수준 향상에 관심을 두고 선교사를 돌보는 멤버케어에 관심을 가져야 할 때이다.

멤버케어는 선교 인력의 양육과 발전을 위해 선교기관과 교회, 선교단체에 의한 지속적인 자원 투자로서 선교와 관련된 모든 인력(선교사, 지원 스태프, 자녀, 가족)에 초점을 두며, 따라서 선발에서 은퇴에 이르기까지 선교사의 삶의 전 과정을 다루는 것이다.[168] 선교사뿐 아니라 선교와 관련된 모든 인력이라 함은, 곧 선교사와 현장에 함께 있는 자녀는 물론이고 대학 입학, 군대 혹은 직장 등을 위해 본국으로 재입국하는 자녀에게도 관심을 가지는 것이며, 또한 선교사로 헌신한 자녀를 타국에 보내고 홀로 본국에 있는 외로운 선교사 부모에게도 관심을 가지는 것이다. 아울러 선교사를 돌보는 지원 스태프들에게까지도 관심을 두는 것은 현장에 나가 있지는 않으나 본국에서 선교행정을 담당하는 스태프들까지 선교사로 인정하는 것이다. 선발에서부터 은퇴까지 선교사의 삶 전 과정을 다룬다는 말의 의미는 현장에 있는 선교사의 사역이나 프로젝트에만 관심을 두고 지원하고 중보하는 것이 아니라, 선교사 선발 과정에서부터 세심한 주의를 가지고 모니터하고, 적절한 교육과 훈련을 통해 준비 과정을 돕고, 사역을 시작하기 전 정착 과정과, 사역을 시작한 후 사역의 진행 과정과 성과 및 열매뿐 아니라 그 과정에서 일어날 수 있는 어려움들, 실패한 일들, 관계의 어려움과 재정의 어려움 그리고 자녀교육 등 전반에 관련해서 선교사를 돌보는 것이다.

그뿐만 아니라 안식년으로 재입국할 시에 도움이 될 여러 가지 필요와 어려움을 보살피고, 안식년에 받아야 하는 돌봄을 제공하고, 재교육에 관심을 두고 그 기회를 얻을 수 있도록 도움을 주어, 다시 선교지로 재파송되어 제2기, 제3기 사역을 효율적으로 할 수 있도록 사역 주기의 필요에 따라 특별한 관심을 가지고 지원하는 것이다. 마지막에는 아름답게 은퇴할 수 있도록 은퇴의 과정을 돕고 은퇴 후에도 오랜 기간 그 선교사의 축적된 경험과 자원을 효율적으로 사용할 수 있도록 선교사를 전 생애에 걸쳐 끝까지 돌보는 것이다.

지금은 작고하신 친정아버지는 내가 한국을 떠날 당시 일찍이 상처하시고 혼자 살고 계셨다. 혼자 계신 친정아버지께 늘 마음이 쓰였으나, 국제전화도 자유롭지 않은 시절이었기에 자주 연락을 못 드렸고, 그 이후에도 연로하신 탓에 스마트폰 사용이 어려우셔서 편하게 자주 메시지로 소통하는 것도 여의치 않았다. 가끔 한국을 방문할 때도 일정이 바쁘다는 핑계로 한두 번 찾아뵙는 것이 고작이었기에 항상 죄송한 마음이었다. 하지만 아버지는 용돈도 충분히 드리지 못하는 선교사 딸을 늘 자랑스러워하셨고, 신실한 기도의 후원자가 되어 주셨다.

그런데 언젠가 한번은 후원교회에서 어버이날을 맞아서 선교사 부모를 초청해서 위로하는 모임을 주선해 주셨다. 자녀를 해외에 보낸 선교사 부모를 초청해서 그 노고를 치하해 주고, 감사를 전하고, 선물도 주는 행사였다. 아버지는 그 자리에 다녀온 것을 매우 기뻐하셨다. 공적인 자리에서 자신의 딸과 사위를 칭찬해 주고 감사해 주는 것을 경험한 아버지께 그보다 자랑스럽고 영광된 순간이 없었을 것이다. 모든 선교사 부모가 얼마나 큰 위로를 받았을지, 그 자리에 함께하지 못했어도 충분히 짐작할 수 있는 일이다. 선교사를 대신해서 어버이날에 그런 자리를 마련해 준 후원교회의 세심한 배려, 바로 그런 것이 멤버케어이다. 선교사 중에도 부모님이나 가족이 불신자인 경우가 있는데, 이보다 더 좋은 전도의 기회가 있을까 싶다.

선교사들도 고국에 부모형제가 있기에 부모가 연로해지면 자녀로서 부담을 피할 수 없다. 선교사를 지지하고 후원하는 형제자매가 고국에 많이 있어서 선교사에게 특별한 부담을 주지 않는 경우도 있겠지만, 외동이거나 형제가 많지 않은 경우 혹은 불신자 형제들이 있는 경우에는 연로하신 부모님을 재정적으로나 물리적으로나 돌봐 드려야 하는 부담과 책임이 선교사 형제자매에게도 있다. 부모님이 병상에 있어 돌봐 드리지 못하고, 때로는 임종도 지키지 못하는 것은 해외에 있는 선교사들에게 큰 아픔으로 남는다. 멤버케어는 선교사의 이런 인간적인 아픔에 공감해 주고 선교사를 배려해 주는 것이다.

서로 짐을 지고 가야 할 일

한국에서 선교사를 파송하는 단체는 국내외 선교단체나 기관 혹은 교단 선교부, 교회 등 다양하지만 이와 같은 단체나 기관에서는 선교사를 선발하고 교육하고 파송하는 데까지만 담당하고 선교사의 후원은 개교회나 개인이 감당하는 경우가 대부분이다. 그러므로 선교에서 교회의 역할은 아주 중요하다. 교회가 선교사를 어떻게 바라보고 선교를 어떻게 이해하는지에 따라 선교사의 돌봄에 대한 방법이나 자세도 매우 달라질 수 있기 때문이다.

교회에서 선교사를 후원할 때는 대체로 선교사 한 가정을 전적으로 책임지는 주후원이 있고, 선교사의 생활비나 사역비 일부분을 책임지는 협력후원이 있다. 주후원이나 협력후원의 후원 정도는 교회의 규정과 재량에 따라 차이가 있지만, 더 큰 차이는 선교사를 주후원한다고 할 때와 협력후원할 때의 선교사를 향한 교회의 태도이다. 주후원교회는 선교사의 삶과 사역에 대해 깊은 관심을 가지고 서로 긴밀히 소통하며, 서로 간에 소속감이 확실하다. 그러나 협력 선교사의 경우에는 대부분 선교사와 후원교회와의 소통은 최소한도 내에서 이루어지고 그 관계가 피상적으로 흐를 수 있다.[169]

25년 전에 우리 가정이 교단 선교부의 파송을 받을 때는 선교사에게 각각 주파송교회 한 곳을 연결해 주고, 그 교회가 선교사를 전적으로 책임지도록 하는 시스템이었다. 그러나 세월이 흐르면서 선교사를 후원하던 주파송교회가 여러 가지 이유로 선교사 후원을 중단하는 경우가 생기곤 했다. 원칙적으로는 교단 선교부에서 다른 후원교회를 연결해 주도록 되어 있으나 결국 후원교회를 찾는 것은 선교사 개인의 재량이나 역할이 되었다. 그러나 선교사를 파송해 주고 전적으로 후원해 줄 교회를 새로 찾는 것이 항상 쉬운 일은 아니었다. 그래서 언제부턴가는 선교사 후원교회를 주파송교회 하나로 하지 말고, 소액을 지원하는 협력 후원교회를 여럿 마련하는 것이 주후원교회가 갑자기 후원을 중단하였을 때 선교사의 생활과 사역에 충격을 줄이는 방법이라고 하여 이런 형태를 제안하기도 했었다.

그러나 멤버케어의 관점에서 보면, 소액을 지원하는 협력 후원교회가 여러 개 있는 것보다 선교사와 좀 더 긴밀한 관계를 맺는 한두 개의 주후원교회의 후원을 받는 것이 훨씬 좋다. 그래야 선교사가 좀 더 소속감을 가지고 사역의 필요뿐 아니라 생활에 어려움이 생겼을 때 도움을 요청할 수 있는 관계가 형성되고, 교회는 선교사를 좀 더 적극적으로 가까이에서 케어할 수 있기 때문이다. 더불어 평상시에 정기후원을 하지 않는 교회라 할지라도 선교사의 멤버케어 영역에 관심을 가지고 선교사 돌봄을 적극적으로 하는 교회들도 많이 생겨났으면 하는 것이 선교사로서의 나의 바람이다.

선교사 한 가정을 주후원하는 교회라 할지라도 선교사 가정의 현지 생활비와 사역비를 후원하는 재정적인 지원 외에 실질적인 돌봄에 대해서는 많이 미흡하고, 선교사가 현장에서 부딪히는 위기 상황에 대한 긴급한 돌봄이나 안식년에 대한 지원 및 은퇴 대비에 대해서는 많이 소홀한 것이 한국 교회의 현실이다.[170] 멤버케어는 개교회 혼자서 모두 해낼 수 없다. 그렇기에 선교사, 교회, 선교단체가 함께 짐을 지고 가야 할 사역이다(갈 6:2). 그러므로 교단 차원에서 정책을 마련해야 하고, 통합 매뉴얼과 네트워크 시스템이 활성화되어야 한다.[171]

멤버케어의 영역들

켈리 오도넬과 데이비드 폴락이 고안한 '멤버케어 최상의 실천 모델'은 주님의 케어, 자기 케어와 상호 케어, 파송자 케어, 전문가 케어, 그리고 네트워크 케어로 이루어져 있다. 이 중에 현장에 있는 선교사들이 가장 목말라하고 필요로 하는 멤버케어의 실현과 적용 영역은 '파송자 케어'와 '전문가 케어' 영역이다. 파송자 케어는 현재 선교단체나 후원교회에서 이미 하고 있는 선교사 선발부터 현장·재입국·은퇴까지의 과정을 행정·관리 차원에서 돌봄 차원으로 전환하고 좀 더 선교사 개인의 필요와 복지에 관심을 가질 때 가능하다. 특히 안식년을 포함한 재입국 과정과 은퇴 과정에서의 돌봄에 대해 파송자들의 인식 전환이 많이 아쉽다.

선교사들에게 가장 요구되고 현실적인 도움이 되어야 할 부분은 전문가 케어 영역이다. 켈리 오도넬은 목회적/영적 영역, 신체적/의학적 영역, 훈련/직업의 영역, 팀 빌딩/대인관계 영역, 가족/선교사 자녀 영역, 재정/병참 영역, 위기/우발 사고 영역, 상담/심리학적 영역 등 8가지 각 영역의 전문 인력들이 선교사들을 위한 멤버케어에 참여하기를 강조한다. 전문가 케어란 그저 돌봄이 아닌 선교사들의 역량 강화를 위한 '투자(investment)'라고 할 수 있을 정도로 매우 중요하며 영향력 있는 것이다.[172] 그리고 이러한 것들이 현실적이고 구체적으로 실현가능하게 되기 위해서는 모든 선교단체와 후원교회, 멤버케어 관련자와 현장에 있는 선교사들, 국제 선교기관과 멤버케어 관련 기관들까지의 협력과 상호 교류를 통한 네트워크 기반이 잘 마련되어야 한다.

한국에서 대학을 졸업한 작은아들이 군대에 입대할 시기에 나는 박사과정 논문을 쓰기 위해 한국에 몇 달 나와 있었다. 그래서 작은아들이 논산훈련소에 입대하는 것도 지켜보고, 첫 외출 시에 도시락을 싸서 면회도 가 보았다. 두 살 때 한국을 떠나 고국이 오히려 외국 같은 그 아이에게 군입대란 엄청 두려운 사건이었다. 논산훈련소에 입대하던 날 아이는 긴장해서 제대로 밥도 못 먹었고, 훈련소에서 5주간 훈련을 끝내고 자대 배치 전 잠시 외출하여 부모를 만나는 시간에도 긴장이 풀어지지 않아서인지 앉지도 서지도 못했다. 좋아하는 간식을 싸 가지고 갔어도 제대로 먹지 못했다.

한국의 모든 청년에게 군입대란 두려운 일이겠지만 특히 해외에서 살아온 MK들에겐 더욱 그럴 것이다. 나는 마침 한국에 있으면서 아들의 군입대 과정과 면회, 포상 전화, 첫 편지, 입고 간 사복 반환 택배 받기 등의 과정을 함께 하면서 이 모든 것이 MK들에게 얼마나 힘든 시간이며 또 소중한 시간이었는지 뼛속 깊이 실감하였다. 그리고 아들을 군에 보내고 면회도 못 가는 것이 선교사들에게 얼마나 아쉽고 허전한 일이었을지 깊이 생각하게 되었다. 이후 말라위 선교지로 돌아와야 해서 아들이 첫 휴가 나오는 것은 보지 못했지만, 아들 둔 한국인이면 누구나 겪는 그 평범한 일상조차 사치스러운 일이 되는 선교사들과 그 자녀들 생각에 마음이 많이 아팠다.

입대할 때 입고 간 사복을 벗어 집에 보내야 하는데 택배 보낼 주소가 없었다는 어느 MK의 슬픈 이야기도 전해 들었다. 휴가를 나와도 반겨 주는 가족이 없으니 어디선가 뻘쭘하니 지내다가 들어가야 했을 것이다. 멤버케어란 선교사 자녀가 대학 입학이나 군대 등으로 본국에 돌아왔을 때 겪는 어려움까지도 관심을 가지고 보살피는 것이다. 부모를 대신할 수는 없겠지만, 선교사나 그 자녀들이 이런 아픔도 삼키고 지내는 것을 생각하며 가장 취약한 상황에 있는 MK들의 필요에 관심을 두고 돕는 것, 그것이 바로 자녀들을 고국에 보내 놓고 마음 졸이고 있을 선교사를 돕는 멤버케어이다.

한국형 멤버케어의 필요들

한국형 멤버케어의 영역은 오도넬의 실천 모델을 기반으로 하여, 영적 회복을 위한 프로그램, 인간관계 교육, 자녀에 대한 관심, 안식년에 대한 인식 변화와 케어 시스템 마련, 은퇴 준비, 디브리핑, 선교사 연장 교육 등 7가지로 보고 여기에 재정 교육이나 건강관리, 탈진과 중도 탈락이라는 영역을 추가하기도 한다.[173] 이 중에서 인간관계 교육과 디브리핑에 개인적으로 특히 관심을 두고 있으며 이 부분에 대한 관심과 훈련이 더해졌으면 좋겠다는 생각을 한다.

나는 특별히 인간관계로 인해 선교사가 경험하는 스트레스에 대해 아픈 경험이 많았던 탓인지, 인간관계 이해에 대해 관심이 많다. 그래서 기회가 되는 대로 인간의 다양한 성격 특성과 그 차이점으로 인한 관계의 역동성에 대한 공부를 많이 하게 되었고, 또 선교사 디브리핑에 관심을 가지고 심리상담 공부도 꾸준히 하였다. 공부를 하는 과정에서 나와 비슷한 동기로 공부를 하고 있는 여선교사도 많이 만났다. 선교사들을 위한 인간관계 교육이나 선교사들을 위한 디브리핑 모두 선교 현장 경험이 많은 선교사들이 참여할 때 큰 효과가 있을 것이며, 실제로 멤버케어를 받기 원하는 선교사들도 이 분야에서 선교사 경험이 있는 전문가들을 원하는 것으로 보고되고 있다.[174] 멤버케어를 위한 네트워크 기반이 바로 이런 곳에 필요하지 않나 생각한다. 세계 곳곳에 있는 숨어 있는 잠재적인 선교 인력들을 선교사 멤버케어에 활용할 수 있도록, 조사와 네트워크 형성, 선교적 협력과 지원이 좀 더 활성화되어서 선교사가 선교사를 돕는 상호케어 운동이 곳곳에서 일어날 수 있으면 좋겠다.

선교사의 대인관계 갈등에 관해서는 2부에서 이미 많은 사례와 함께 그 어려움에 대해 토로했다. 동료 선교사와의 갈등, 현지인 사역자와의 갈등, 그리고 자녀 혹은 부부간의 갈등은 많은 선교사가 직면하고 있는 심각한 문제 중 하나이다. 그런 갈등들로 인해 중도 탈락,[175] 선교지 이동, 탈진, 다양한 신체적 증상 등이 동반하는 심리적 스트레스와 정신적 질환까지 여러 가지 어려움을 겪고 있다. 하지만 그 해결이 쉽지 않은 것은 그런 종류의 갈등이 있을 때 갈등이 벌어지는 그 현장에서도, 본국에 있는 기도후원자들에게도 드러내놓고 이야기하기 곤란한 개인적이고 수치스러운 문제로 생각하기 때문이다.

하지만 선교사의 대인관계 갈등에서 오는 문제는 개인

적인 문제라기보다 선교적인 문제로 보고 접근해야 할 필요가 있다. 왜냐하면 선교지의 특수한 상황이 본국에서 생활할 때는 겪지 않아도 되는 갈등을 만들어 내는 경우가 많기 때문이다. 최형근은 한국의 문화적 특성을 고려하면서 선교사의 소명은 관계의 부르심이라고 말한다.[176] 그는 한국 선교사 훈련에서 가장 중요한 것이 '갈등 해소'에 관한 것이며, 한국 선교사들이 가장 어려워하는 것도 동료 선교사들과의 갈등이라고 밝혔다.[177]

선교사들의 관계 케어는 매우 민감하고 중요한 멤버케어의 한 분야로 보아야 한다.[178] 대인관계에서 갈등이 발생했을 때 자신이나 타인을 향하여 실망하고 비난과 비판으로 대응하기보다는 수용력과 이해력을 높이고 성숙한 태도로 갈등을 해소하기 위해서는 선교사들 스스로가 인간에 대한 이해를 통해 자신을 인식하고 타인을 이해하는 훈련이 필요하다. 사람들을 많이 대하는 선교사들이 인간의 다양한 기질과 성격에 대한 깊은 이해를 통해, 인간관계의 위기 상황에서 자신의 자아가 움직이는 대로 행동하기보다 하나님의 관점에서 자신과 타인을 바라보며, 자신의 행동과 판단에 대해 스스로 깨닫고 인식할 수 있는 훈련이 필요한 것 같다. 우리는 아무것도 안 하고 있으면 죄에 사로잡히기 쉬운 연약한 존재들 아닌가? 그것은 선교사들도 마찬가지이다.

사역 중심에서 사람 중심의 케어로

선교사 디브리핑은 최근 그 중요성이 강조되고 있지만 한국에서는 아직 활성화되어 있지 않다. 디브리핑(Debriefing)이란 원래 군대에서 시작된 단어로 군인, 외교관 또는 우주 비행사가 그들이 갓 완수한 임무나 전투에 대해 보고하는 것을 가리키던 용어이며, 일반적으로 어떤 사건 발생 이후 그 사건에 대한 경험을 이야기하는 것을 일컫는 데 사용한다.[179] 선교사 디브리핑과 상담 및 디브리퍼 양성 과정을 지도하는 유희주 박사는 "선교사 디브리핑이란 선교지에서의 경험을 이야기하면서 지난 사역의 의미를 발견하고, 복잡한 감정과 생각을 정리하며, 스스로 나아가야 할 방향을 찾는 활동을 의미한다고 정의하였다.[180] 선교사에게 디브리핑은 추방이나 자연재해, 테러, 사고에서부터 선교사 가정의 불화나 자녀 문제에 이르기까지 선교사들이 겪는 여러 상황을 안전한 환경에서 얘기하는 가운데 본인이 그것을 체계적으로 해결하고 후유증을 없앨 수 있게 하여, 다시 선교지로 무사히 돌아갈 수 있도록 도와주는 것이다.[181] 또한 선교 현장에서의 전반적인 경험들을 나누는 것으로, 긍정적인 요소와 성공적인 사역의 경험들 그리고 어려움을 확인하는 과정을 포함하며, 선교지로 떠나기 전과 귀국한 즉시 실행하는 것이 효과적이라고 말한다.[182]

해외에 본부를 두고 있는 국제 선교단체에서는 선교사들을 위한 디브리핑 프로그램을 시행하고 있어서 이런 단체에 소속되어 사역하고 있는 한국 선교사들은 그 혜택을 받고 있다.

하지만 한국 선교사 중 많은 비중을 차지하는 교단 선교회 소속 선교사들은 교단의 디브리핑 정책이 주로 사역 보고 차원이어서 개인적인 문제에 대한 케어는 받지 못하는 실정이다. 교단 선교부 단체들은 선교사가 전쟁, 지진, 납치, 인질과 같은 비상사태 시 위기 상황에 관한 규정들을 마련하고,[183] 주로 사역 보고와 위기관리로 현재의 문제를 해결하는 데 중점을 두고 있기에 선교사역에 대한 평가 및 문제 해결과 차기 사역에 대한 방향을 지시하는 수준까지는 미치지 못하고 있다. 선교사 디브리핑은 단순히 선교 보고를 받고 관리하는 정도가 아니라 선교사의 삶과 사역 전반에 대한 멤버케어 역할을 해야 한다.

최근에는 선교사들을 많이 파송하는 국내 주요 교단들에서도 디브리핑과 함께 상담 및 멤버케어 대한 필요성을 인식하고, 필요한 인력 양성과 프로그램 마련을 위해 다양한 시도를 하고 있다는 고무적인 소식들이 들려와서 다행이란 생각을 한다. 디브리핑이 문제 해결에 그치지 않고 예방 차원으로 시행되는 프로그램임을 인식하고 이런 방향으로 연구하고 프로그램이 마련되어야 한다는 의견도 있다.[184] 이를 위해서는 선교사 현장 경험이 있는 상담 전문가들이 더 많이 배출되고, 각 교단과 후원교회가 멤버케어와 디브리핑에 관심을 두어야 할 것이다. 그래서 선교사들이 사역과 업적 중심에서 자유로워지고, 후원교회와 단체가 선교사들을 좀 더 인간적으로, 사람 중심으로 바라보는 관점으로 변화가 일어났으면 좋겠다.

멤버케어가 어려운 이유

한국에서 멤버케어가 어려운 이유는 한국 교회 성장 정체와 그로 인한 교회 재정의 어려움, 기형적인 선교 구조, 인식 부족, 정책 부재와 전문가 부족 등이 있다. 한국 교회의 성장이 2005년을 기점으로 전반적으로 정체되고 감소하는 추세에 놓여 재정적 어려움도 뒤따르고 있다.[185] 매우 안타까운 것은 교회에 재정적인 어려움이 오면 가장 먼저 선교부 예산을 축소하는 것을 당연시하는 교회의 분위기이다. 교회의 본질이 선교라고 하는 데는 모두 동의하면서도 재정적인 문제가 대두될 때 가장 먼저 예산을 삭감하는 것이 선교 관련 예산이라면 멤버케어는 한국 교회에서는 요원한 문제일 것이다.

두 번째는 한국 교회 선교 후원의 기형적인 구조이다. 파송 선교사 숫자는 매우 많지만 정작 선교에 헌신하는 교회는 그렇게 많지 않다.[186] 예를 들면, 한국 교회의 대표적인 한 교단에 136개 노회 11,353교회가 있으며 많은 교회가 단독 파송, 협력 파송, 기관 선교, 농어촌 선교 등에 헌신하고 있으나, 교단 선교사를 파송하는 교회는 540교회(4.7%)에 머무르고 있다.[187] 한국 교회가 선교에 매우 열정적인 것처럼 보이지만 선교에 헌신되어 있는 교회는 생각보다 매우 적은 것이 실상이다. 교회의 본질이 선교임을 믿는다면 앞으로 더 많은 교회의 선교적 헌신이 필요하다.

한국 교회는 멤버케어를 왜 해야 하는지, 어떻게 해야 하는지에 대한 인식이 여전히 부족하다. 설문조사에 따르면, 25퍼센트의 선교회들이 선교사의 가족이나 배우자를 후원하는 것이 중요하지 않다고 대답했고, 또 다른 25퍼센트는 선교사들의 "친구, 교회, 동역자들과의 정기적인 접촉"이 중요하지 않다고 응답했다.[188] 건강 문제로 조기 귀국하는 선교사를 후원교회에서 이해하지 못하고 실패자나 게으른 사람으로 간주하거나 병이 든 선교사는 더 이상 사역을 못 하게 되니 후원을 중단하겠다는 후원교회도 있다. 이런 분위기에서는 선교사가 자신의 건강 문제를 후원교회에 오픈하고 기도를 요청하기조차 힘들어질 것이다.

이제 선교사가 단순히 사역자가 아니라 목회적 돌봄이 필요한 존재임을 모두가 인식하고 지원하려는 생각의 전환이 일어나야 하며, 선교사역의 질을 유지하기 위해 교회와 선교회 모두 그 대가를 치러야 한다. 이것은 단순히 선교사 탈락을 방지하고 줄이기 위함에서 한 걸음 나아가 모든 선교사가 열매 맺는 삶을 살고 사역할 수 있도록 돕기 위함이다.

인식의 변화와 함께 준비되어야 할 부분은 멤버케어에 관한 정책 마련과 전문가의 양성이다. 교회나 선교부가 멤버케어에 관심이 있다 해도 구체적인 실행 방침이 마련되어 있지 않으면 효과적으로 실천하기 어렵다. 그러므로 교회와 선교단체는 선교사 선발에서부터 은퇴까지에 이르는 선교사의 주기마다 적절한 멤버케어 정책을 개발할 필요가 있다.[189] 또한 선교사 멤버케어는 어느 한 기관에서 전담하기에는 광범위하고 입체적인 사역이므로, 선교 현지 사역 경험이 있는 선교행정가들과 함께 선교사들의 영적·목양적 케어에 꼭 필요한 선교에 헌신된 목회자, 전문 분야에 충분한 경험이 있고 공인 기관에 소속된 정신과 의사, 임상심리사, 상담전문가 등 각 분야의 전문가들이 협력할 때 더욱 효과적인 멤버케어가 이루어질 것이다.[190]

멤버케어가 필요한 이유는 선교사들이 특별히 더 많은 스트레스를 갖고 있어서가 아니라 그들이 전략적으로 중요한 선교 파트너들이기 때문이라고 오도넬은 말한다.[191] 또한 그들은 땅 끝까지 그리스도 샬롬의 복음을 전하는 축복의 통로이기 때문이다. 멤버케어는 서로 사랑하라는 성경의 명령을 떠나는 자와 보내는 자가 함께 실현해 가는 것이다. 그래서 멤버케어에는 재정보다 관심과 배려가 더 필요하다.

은퇴

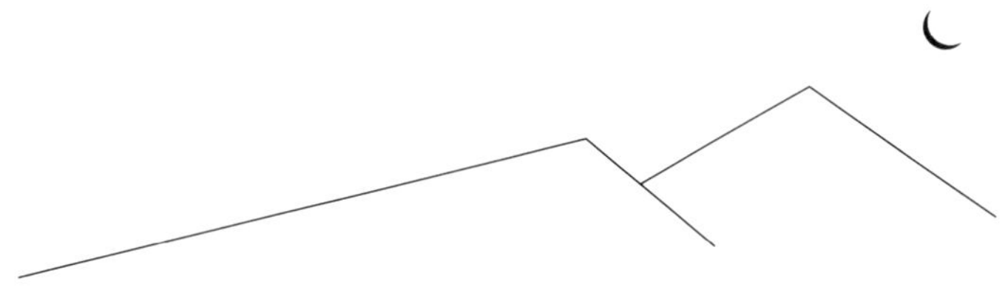

대책 없는 은퇴 선교사가 몰려온다

현대 선교에서 '출구 전략'은 자립 선교와 함께 매우 중요한 화두이다. 적절한 시기에 현지인들에게 사역 이양을 잘하기 위해서는 계획적이고 의도적인 안식년을 가져야 하며, 그것이 가능케 되려면 사역 초기부터 안식년 시기를 미리 준비하고 계획해야 한다고 한다.[192] 그러나 사역에 열정이 남다른 많은 한국 선교사들에게는 굉장히 현실감 없는 이야기일 수 있다. 은퇴에 관해서도 마찬가지이다.

선교사에게 은퇴란 기정사실이고, 은퇴 시점은 처음부터

정해져 있는 것이기에 모든 선교사는 자신의 은퇴에 대해 미리 생각하고 준비하는 것이 옳다. 그러나 나를 포함한 많은 선교사에게 은퇴는 먼 훗날 이야기이고 지금 당장 눈앞에 있는 현실적인 문제에 급급하다 보니 자신의 은퇴와 그 이후의 삶에 대해 준비할 여유가 없다.

미국 해외선교연구센터(Overseas Ministry Study Center, OMSC)가 주관하는 국제포럼(2013. 6.)에서 다룬 한국 선교사의 은퇴에 관한 설문조사에 의하면, 대부분의 선교사들이(83%) 은퇴에 관해 생각은 해 오고 있으나, 많은 선교사들이(50%) 은퇴에 대해 전혀 준비하지 못하고 있고, 제대로 준비를 해 온 사람은 3퍼센트 정도에 불과하다고 한다.[193] 은퇴 준비라 하면 여러 가지가 있겠지만, 은퇴 선교사에게 가장 시급하고 문제가 되는 것은 본국으로 돌아왔을 때 거주할 집을 구하는 문제와, 은퇴 후 생활 비용을 확보하는 것이다. 젊은 날부터 고향 친척 아비 집을 떠나 20-30년 이상 평생을 선교지에서 수고한 후에 본국으로 돌아온 선교사가 거주할 집이 없고, 노년을 보낼 최소한의 생활비조차 마련되어 있지 않다는 것이 은퇴 선교사의 안타까운 현실이다.

선교사의 은퇴 시기는 파송단체마다 약간의 차이가 있는데, 내가 속한 교단은 은퇴 연령이 65세였다가 최근 70세로 연장되었다. 전체적으로 인구 고령화 현상에 따라 선교사의 연령도 높아졌고, 본국에서 사역하는 목회자의 은퇴 나이가 오래전부터 70세 정년이었던 것에 맞추려고 한 의도도 있겠지만, 갑자기 늘어나고 있는 은퇴선교사들에 대해 교단 차원의 대책이 마련되어 있지 않기 때문이란 의견도 있다.

2019년도 한국 선교사 파송 현황을 살펴보면, 171개국에서 28,039명이 활동하고 있으며 이 중 50대가 6,522명 60대가 4,446명으로 전체 선교사 숫자 중 50-60대가 거의 40퍼센트에 달하고 있다.[194] 이것은 향후 10년 안에 해마다 평균 1,000여 명의 선교사가 계속 은퇴하여 돌아오게 된다는 의미이다. 이들은 주로 1955-1963년도에 태어난 베이비부머 세대들로, 부모를 부양해야 했고 자녀를 양육하고 지원하느라 자신의 노후에 대해서는 준비할 마음의 여유도 경제적 여유도 갖지 못한 세대들이다. 한국 교회 성장기에 파송되었던 젊은 청년 선교사들이 한 세대를 보내고 이제 노령기를 맞아 선교 현장에서 은퇴해야 할 시기에 도달한 것이다. 한국의 선교 제3기(1971-1989)에 파송된 선교사가 1,178명인데, 이들은 은퇴 시기를 맞이했거나 곧 은퇴 시기가 돌아온다. 이들 중 상당수가 은퇴 후에 한국으로 돌아오지 못할 실정이다. 은퇴 후 한국에서 생활할 수 있는 노후 준비를 하지 못했기 때문이다.[195]

이 글을 쓰기 시작한 2020년 한 해는 봄부터 시작된 코로나19의 여파로 전 세계가 고통 속에 있었다. 많은 선교사가 잠시 한국에 나왔다가 발이 묶여 선교지로 돌아가지 못하거나, 선교지 상황이 너무 위험해져서 한국으로 피신해 오는 등 유례없이 세계 곳곳에서 많은 선교사가 입국하게 되었다. 그런데 이 세계적인 팬데믹 상황이 예상보다 길어지고, 각국의 공항 봉쇄로 선교지로 돌아가지 못하는 시간 또한 길어지다 보니 잠시 한국에 나와 있던 선교사들은 여러 가지 문제에 직면하게 되었다.

첫째는 거주하고 있던 선교관이 한두 달, 길어야 석 달 정도면 다음 사람이 예약되어 있어서 어린 자녀와 함께 거처할 곳을 계속 옮겨 다녀야 하는 상황이 발생했으며, 둘째는 한국에 머무는 시간이 오래됨에 따라 후원교회와의 관계가 어색하게 된 것이다. 물론 코로나 사태로 선교사들이 겪는 어려움을 덜어 주기 위해 여러 단체가 위로금을 전달하기도 하고 선물을 보내 주는 등 감사한 일도 많았지만, 동시에 선교사들의 단체 카톡방에는 이번 코로나 사태로 후원이 끊어지게 되었다며 기도 부탁을 하는 안타까운 소식도 계속 올라왔다.

후원교회들 역시 현장 예배를 못 드리는 상황이 길어지면서 목회 자체에 위기가 오는 현실이니 선교사들까지 돌보기가 어려워졌다. 한두 달이면 끝날 줄 알았는데 몇 년간 지속되면서 선교사들을 계속 후원해야 하는지, 아예 후원 중단을 해야 하는지 고민에 빠지기 시작한 것이다. 교회가 팬데믹을 겪으면서 선교를 어떻게 해야 하는지, 현재의 방식을 계속할 수 있을지, 새로운 방향으로 패러다임을 전환해야 하는지 고민하기 시작하는 것을 지켜보면서 오도가도 못한 채 본국에 머물고 있는 선교사들은 그야말로 가시방석에 앉은 것처럼 힘들어졌다. 누구의 잘못도 아니면서 모두가 불편해져 버린 팬데믹의 위기상황을 겪으면서 선교사들도 포스트코로나 시대 앞으로의 선교에 대해 생각하고, 조기은퇴를 해야 할 가능성도 염두에 두고 있다.

이와 더불어 은퇴 후의 삶은 어떻게 해야 할지 걱정하기 시작했다. 자신의 의지와는 달리 조기은퇴를 할 경우, 본국에

와도 거주할 곳이 없다는 사실에 위기감을 몸소 체험하기 시작했고, 선교사로 한국을 잠시 방문하여 여러 사람의 환대와 도움을 받으면서 짧은 일정을 보내고 갈 때는 느끼지 못했던 한국 일상의 소소한 어려움을 경험하면서 역문화충격을 느끼기 시작한 것이다. 한 선교사는 선교사들이 모이면 주로 선교지 문화와 선교 전략에 대해 이야기를 나눴었는데, 이제는 임대주택은 어떻게 신청하는지, 청약통장은 어떻게 만드는지, 국민연금과 노인연금, 각종 복지 혜택에 대해 정보를 교환하고 있다면서 씁쓸해했다. 그러면서도 너무나 현실적이고 선교사들에게 절실하게 필요한 이런 정보들을 선교단체에서는 왜 안 가르쳐 주는지 안타깝다고 말했다.[196] 코로나19가 만든 팬데믹 사태가 선교사 은퇴 후 한국에서 생활하려면 구체적인 준비를 해야 할 필요를 절실하게 느끼게 한 것이다.

선교사 후원에는 은퇴도 포함이다

전 세계 37개국에서 사역하는 200명의 선교사들을 대상으로 은퇴에 대한 설문조사를 실시한 한 연구에 의하면, 선교사로 파송되기 전에 은퇴 후의 장래 계획에 대한 교육을 받았느냐는 질문에 78퍼센트(156명)가 사전 교육을 받은 적이 없다고 답했고, 방콕 포럼의 발표에서는 응답자의 82퍼센트가 선교지로 나가기 전에 은퇴 계획에 대해 교육받은 적이 없다고 했다.[197] 나 역시 선교사로 나가기 전에 은퇴에 대해서 어떤 교육이나 정보를 받거나 들은 적이 없고, 지난 25년 동안 선교사로 사역하면서도 파송단체나 후원교회와 은퇴 계획을 놓고 논의해 본 기억이 없다.

파송단체나 후원교회는 은퇴란 선교사와는 상관없는 일처럼 여기는 듯했고, 따라서 굳이 거론할 필요성을 느끼지 않는 문제 같았다. 은퇴 문제를 논하려면 결국에는 파송단체나 후원교회의 은퇴 선교사 규정에 따른 지원 문제가 논의되어야 하는데, 한국 교회는 선교사를 바라볼 때 여전히 사역 중심적인 경향이 많다 보니 사역의 종료를 의미하는 은퇴에 대해서는 그다지 비중 있게 이야기할 필요를 느끼지 않았던 것 같다.

그러나 선교사는 다 쓰면 폐기되는 소모품이 아니다. 선교사를 사역의 관점으로만 바라본다면, 은퇴한 선교사는 이제 효용가치가 다한 불필요한 인력으로 볼 수 있다. 하지만 멤버케어의 관점에서 보면 선교사를 지원하고 돌보는 것은 선발에서 은퇴에 이르기까지 선교사의 삶 전 과정을 다루는 것이다. 선교란 언제나 사역이나 프로젝트보다 그것에 관련된 선교 인력, 즉 사람 자체에 초점을 두어야 하며, 그 돌봄은 선교사가 활발히 활동하고 있을 때뿐 아니라 평생의 사역을 마감하고 은퇴에 이르는 순간에도 그/그녀의 평생의 헌신이 아름답고 보람되고 의미 있는 일이 될 수 있도록 돕는 것이다. 그러므로 선교를 후원하는 데는 선교사의 은퇴를 돕는 일까지 포함되어야 한다.

돌아오지 못하는 선교사들

선교사의 은퇴 규정은 파송단체마다 조금씩 차이가 있다. 은퇴 시기는 대부분의 단체가 65세에서 70세로 정하고 있는데, 은퇴 연령을 제한하지 말자면서 은퇴 제도를 아예 없앤 단체도 있다.[198] 건강이 허락하는 한 계속 선교사역을 하게 하자는 의미도 있고, 또 임종 때까지 선교지에서 사역을 계속하고자 원하는 선교사도 꽤 있다.[199] 선교사가 은퇴 후 본국으로 돌아오지 않고 선교지에 남아 있는 경우, 초임 선교사에 비해 언어와 현지인과의 관계, 문화 이해 등 모든 면에서 능숙하기 때문에 효율성 있게 선교를 계속할 수 있다. 또한 선교사 입장에서 볼 때도 한국보다 상대적으로 저렴한 비용으로 생활할 수 있고 주거 문제도 쉽게 해결할 수 있어서 안정된 노후를 보낼 수 있다는 장점이 있다.

하지만 다른 관점에서 보면, 은퇴 시기가 지난 고령의 시니어 선교사가 현지에 계속 남아 있으면 젊은 후배 선교사들에게 부담을 줄 수 있고, 현지인 지도자에게 사역이 온전히 이양되기도 쉽지 않다. 시니어 선교사의 경우는 존재 자체가 워낙 영향력이 있기 때문이다. 시니어 선교사는 후원금 모금 능력도 뛰어나기에 현지에서 사역하고 있는 동안은 어렵지 않게 후원을 계속 받을 수도 있겠지만, 점점 더 어려워지고 있는 한국 교회의 선교 재정을 젊은 선교사들이 이어받을 수 있도록 내어 줘야 하는 면도 고려해야 할 부분이다.

선교사 은퇴 문제 해결 방안의 한 방법으로서 한국세계

선교협의회(KWMA) 한정국 전 사무총장(2011-2016)은 은퇴 선교사의 숫자가 앞으로 늘어나는 것을 감안한다면, 주거지 문제는 한국 교단과 교회가 수용할 수 있는 범위를 넘어선 것이라며 은퇴 선교사들이 다시 본국으로 돌아오는 것보다는 선교 현지에서 노후를 보내는 것이 선교사와 교단 그리고 교회의 부담을 크게 덜어 주는 것임을 강조한 적이 있다.[200] 그러나 은퇴 선교사가 계속 남아서 사역할 수 있는 여건이 되는지 여부는 선교지 상황과 개인의 형편이 저마다 다르기에 나는 제도적으로 규정할 수 있는 문제는 아니라고 본다.

날씨도 좋고 물가도 그리 높지 않은 동남아시아의 몇몇 나라의 경우라면, 비자 연장에 문제가 없으면 선교지를 떠나지 않고 은퇴와 상관없이 남아 있기를 선택할 수도 있을 것 같다. 하지만 날씨가 매우 춥거나 덥고 환경이 열악하다든지, 질병에 취약해질 은퇴 선교사가 머물기에는 의료시설이 열악하다든지, 물가가 비싸거나 비자 연장에 어려움이 있거나 하면 은퇴 후 계속해서 지내기란 쉽지 않을 것이다. 더군다나 전쟁이나 종족 갈등으로 인한 내전 지역이나 정치적 상황이 안정되지 못한 곳은 말할 것도 없다. 그러므로 은퇴 시기와 연령에 대해서는 제도화하기보다는 각 개인의 선택을 존중해 주어야 하며, 그 선택에 따라 오는 부담에 대해서는 개인과 후원교회, 단체가 서로 충분한 대화를 통해 대비책을 마련해야 할 것이다.

머리 둘 곳이 없는 선교사

은퇴 선교사에게 가장 고민되는 것은 본국에서의 주거 문제이다. 은퇴 선교사의 주거를 위해 공동주택, 은퇴촌, 은퇴 선교사를 위한 실버주택 등에 관한 논의를 꾸준히 이어 오고, 이미 실행하고 있는 교단 선교부도 있다. 예장 고신(대한예수교장로회 고신측)에서는 2010년도에 대전광역시에 종합선교센터를 완공하여 현재 이곳에 은퇴 선교사들을 위한 실버주택을 건립할 계획을 갖고 있고,[201] 예장 통합(대한예수교장로회 통합측)에서는 1992년에 공주에 노인 전문 종합복지시설을 설립하여 다양한 서비스와 프로그램을 제공하고 있으며,[202] 예장 합동(대한예수교장로회 합동측) GMS(총회세계선교회)에서는 선교센터 내에 은퇴 선교사를 위한 실버타운을 마련할 계획이다.[203] 가장 최근에는 밀알복지재단에서 가평에 은퇴 선교사 복지관 36세대를 지어 분양 중이다.[204] 그러나 앞으로 몰려올 은퇴 선교사의 숫자에 비하면 여전히 부족한 실정이다.

연구 자료에 의하면, 선교사 200명 중에 은퇴하고 한국에 들어왔을 때 거주할 집이 있다고 한 사람은 23명(11.5%)뿐이고, 153명(76%)이 집이 없다고 하였다.[205] 또 다른 연구자는 은퇴를 위한 주택청약예금에 가입했는지를 질문했는데, 절반인 50.3퍼센트가 가입한 상태이고 30.3퍼센트가 가입하지 않았으며, 나머지는 가입했다가 중단했거나(4.8%) 앞으로 가입할 계획이 있다(3.4%)고 대답했다.[206] 그러나 주택청약예금에 가입했다 해도 그것은 주택을 분양받을 자격을 얻기 위한 것이기에 분양

받은 주택에 대한 비용은 여전히 부담으로 남아 있다. 은퇴 이후에 선교사가 주택을 분양받아 그 대금을 지불하기란 한국처럼 주택 가격이 비싼 곳에서는 쉬운 일이 아니다.

은퇴 선교사에게 퇴직금이 책정되어 있는 선교단체가 있어서 그 규정대로 지급된다면, 선교사의 근무 연수에 따라 일 년에 한 달치의 생활비를 계산해서 줄 수 있을 것이다. 하지만 선교사가 후원교회에서 매달 받는 생활비란 일반 사회에서 받는 월급에 비해 매우 적은 액수이기에 퇴직금도 그렇게 많지 않고 주택을 구입하기에는 턱없이 부족한 금액이다. 선교사들에게 임대주택을 공급받을 수 있는 정보를 공유하고 은퇴 시기가 다가오기 수년 전에 임대주택 공급을 위한 준비를 할 수 있도록 안내하는 것이 청약저축에 대한 안내보다 더 필요한 일이라는 생각이 든다.

선교사는 한국에 돌아오면 바로 기초생활수급 대상자가 된다는 이야기를 들은 적이 있다. 처음에 그런 말을 들을 때는 선교사들 사이에서 자신들의 신세를 한탄하는 슬픈 농담이라고 생각했는데, 이것이 많은 선교사의 현실이다. 그것을 부끄럽게 생각할 일이 아니라 오히려 현실로 받아들이고, 정부에서 제공하는 복지 혜택을 받아 기초생활을 할 수 있도록 하는 것도 생각해 볼 일이다. 기초수급자가 되는 조건이나 자세한 정보는 거주지 주민센터나 구청 복지과를 통해 알 수 있다.

만약 기초수급자에 해당되면 LH나 SH를 통해 주택을 신청할 수 있어 주거 문제가 해결될 수 있으니 선교단체와 후원교회가 필요한 정보를 선교사들에게 알려 주면 실제적인 도움이 될 것이다. 평생을 선교지에서 복음을 위해 헌신하며 현지인들을 도우며 살아온 선교사에게 주택 문제를 해결하기란 쉽지 않다. 그러니 한국 사회의 복지 정책 안에서 선교사가 혜택을 받을 수 있는 방법을 찾을 수 있도록 선교단체 내에서의 정보 교환이 필요한 것 같다.

은퇴 선교사 주거 문제에 대한 하나의 해결책으로 한정국은 선교사가 사비든지 은행 대출을 받든지 하여 한국에 비해 비교적 저렴한 선교지에 집을 구입하는 것을 적극 권장한다. 그러면 선교지에 있는 동안에도 월세 걱정 없는 안정된 거처에서 생활할 수 있고, 다음 사역지로 이동할 때나 은퇴 후 본국으로 돌아갈 때도 소유하고 있는 집을 팔아서 주거 문제를 해결하는 데 도움이 될 수 있다는 것이다.[207]

매우 솔깃한 제안이지만, 이 주장에도 여전히 문제가 있다. 첫째, 선교사의 부동산 사유화에 대한 규정이 자유롭지 않다. 내가 속한 교단은 선교사의 부동산 사유화를 금지하고 있다. 사역을 위해서든 개인적인 용도로든 선교지에서 구입한 부동산은 모두 교단에 귀속되는 것을 원칙으로 하고 있다. 둘째, 개인 부동산 사유화가 가능하다고 해도 선교지의 부동산 시장이나 일반적인 시장경제가 그리 안정적이지 못한 경우가 많고, 현지의 까다로운 외환관리법으로 인해 현지 통화 가치가 하락하여 몇 년 안에 달러화에 대비할 때 집값이 반토막이 날 수도 있다.[208] 또한 외환관리법이 엄격해서 집을 판 돈을 합법적으로 가지고 나갈 방법이 없는 경우도 있다.[209] 매우 안타깝지만, 선교사의 주거 문제는 세계 각국의 다양한 상황에 놓여 있는 선교사들에게 공통으로 적용되는 방법을 찾는 것도 어렵고, 한 선교 단체나 한 교회에서 해결할 수 있는 문제도 아니다. 선교사들을 돌보는 후원교회들의 입장에서는 은퇴를 앞둔 선교사들에게 이런 어려움이 있음을 이해하고 그들의 형편을 배려하는 일이 필요하다. 은퇴 후 고국에 와서 노후를 보내기 원하는 선교사라면 자신의 은퇴에 대한 장기 계획을 스스로 세우고 대비해야 할 것이다.

은퇴에도 정보가 필요하다

선교사의 은퇴에 대한 대비책으로 교단마다 연금제도가 있다. 교단 목회자들을 위한 연금공단에 선교사들도 가입하여 노후에 대비하라는 뜻이다. 교단마다 조금씩 차이는 있으나 낮은 호봉에서 높은 호봉에 이르기까지 자신의 형편에 맞는 금액을 후원금에서 미리 떼어 적립하는 방법으로 대부분 20년 이상 납입하고 은퇴 이후부터 사망 시까지 연금을 받는 형식이다. 남편 선교사가 먼저 사망하였을 시에는 아내에게 50퍼센트의 유족연금이 지급된다. 아내도 똑같은 선교사라고 말하지만 선교사의 은퇴 규정을 보면 아내 선교사는 자신의 사역과 연령에 상관없이 남편의 나이에 맞추어 은퇴를 해야 하거나 남편 사망 시에는 연금이 50퍼센트로 줄어든다. 이를 보면 한국 교회는 선교 정책도 철저히 남성 위주의 구조이며, 아내를 선교사로 파송해 놓고도 인정하지 않는다는 것을 알 수 있다. 하지만 그 부분에 대해서는 2부에서 충분히 언급하였으니 여기서는 더 이상 논하지 않겠다.

선교사를 위한 연금제도는 이렇게 본인의 재량에 따라 적립하여 노후를 준비할 수 있게 되어 있지만, 많은 선교사들이 젊을 때는 자녀교육과 안식년 경비 혹은 기타 개인적인 사정으로 여유가 없어서 최소한의 금액을 적립한다. 그마저도 중간에 중단하고 때로 위급한 일이 생겨서 연금 대출을 하는 경우도 있다. 그러다 보니 막상 은퇴 시기에는 노후생활을 할 만한 금액을 보장받지 못하는 경우가 많다. 또 각 교단의 연금공단에서 자금 활용을 지혜롭게 하지 못해서 목회자들과 선교사들이 적립한 재정을 손실 본 경우도 있다.

내 경우에도 교단에 적립했던 연금 수령 예상액이 10년 전부터 점차 줄어들고 있다. 그래서 최근에는 부족한 교단 연금에만 기대지 말고 국민연금이나 기타 다른 연금에도 가입하도록 권유하고 있다.[210] 하지만 국민연금도 60세가 되면 연금 납입 자격이 상실된다. 받으려면 미리 알아보고 준비해야 하는데, 선교사들에게는 그런 정보가 매우 부족하다.

선교사들이 한국을 방문했을 때는 여러 사람을 만나고 여러 단체를 방문하여 지금까지의 선교 활동 보고와 앞으로의 선교 프로젝트와 관련한 나눔과 모금, 그리고 선교지에서 경험한 일들에 대해 이야기하는 것만으로도 분주하다. 그러다 보니 선교사 은퇴 후 한국 생활에 실질적으로 필요한 부분에 대한 정보를 들을 일이 별로 없고, 또 선교사를 만나는 사람들도 선교사에게 그런 필요가 있으리라고 미처 생각하지 않기에 정보를 공유해 줄 생각을 하지 못한다. 선교사들이 가끔 한국을 방문하긴 해도 20-30년간 해외생활을 하다 보면 은퇴 후 한국 생활에 필요한 실질적인 정보에 대해서는 생각보다 많이 뒤처져 있게 된다.

몇 년 전, 혼자 살고 계시던 친정아버지가 나이가 들면서 거동이 불편해지신 데다가 치매까지 와서 간병인이 필요하게 되었다. 휴직을 하고 아버지를 돌보는 동생에게만 계속 부담을 줄 수가 없어서 아버지 간병차 한국에 오게 되었다. 밤에 응급 상황이 생겨서 거동이 불편하신 아버지를 모시고 택시를 타고 병원으로 가야 했는데 택시를 잡으려고 서 있기도 몹시 불편한 상황이었다. 어렵게 잡은 택시 운전기사는 이럴 때는 구급차를 부르는 게 좋다고 알려 주었다. 구급차를 부르면 비용이 많이 나오지 않느냐고 물으니 무료라고 말해 주었다.

그리고 며칠 후 또다시 응급실에 가야 할 상황이 생겼다. 이번에는 그 택시 운전기사의 말대로 구급차를 불렀다. 곧바로 출동해 집 안까지 들것을 가져와서 아버지를 병원 응급실 침대에 눕히는 데까지 도와주었다. 운전기사가 말한 대로 비용은 하나도 들지 않았다. 한국에 살아도 경험해 보지 않아 모르는 사람도 있겠지만, 선교사는 이렇게 단순하고 쉬운 것도 거의 모르고 있는 경우가 많다.

나는 아버지를 몇 달 동안 간병하면서 노인장기요양보험 혜택을 받기 위해 필요한 보건소 무료 치매 검사법, 일반 병원 치매 진단법을 비롯해, 요양보호사가 집에 와서 가사 및 목욕을 도와주는 등의 정부 혜택을 받기 위해 재가요양등급을 받는 방법, 거동이 불편한 노인을 위한 보행·보조기구, 목욕의자, 성인용 기저귀를 비롯한 여러 가지 복지용품을 무료로 제공받는 법, 주간보호센터에 가서 하루를 보내는 법, 시설 등급을 받아서 요양 시설에 입소하는 법 등을 하나하나 배워 나갔다.

이 과정에서 한국은 노인들을 위한 복지 혜택이 참 잘되어 있다는 사실에 놀랐고, 연로하신 부모님을 생각하며 걱정이 늘 앞서는 동료 선교사들에게도 이런 정보를 알려 걱정을 덜어주고 싶은 생각이 많이 들었다. 우리 부모님의 일이기도 하지만 은퇴하는 선교사들 본인이나 배우자가 겪게 될 일이기도 하기 때문이다.

잘 안내받아야 잘 돌아올 수 있다

선교사가 추방당하거나 혹은 사역을 마치고 은퇴하여 고국으로 재입국하는 문제에 대해 연구를 했던 한 선교사는 선교사와 파송기관과의 관계를 비행하는 항공기와 항공 교통관제탑에 비유해서 말했다.[211] 항공 교통 관제탑이 비행 중인 항공기와 지속적인 교신을 통해 항공기 이착륙을 통제하고, 하늘길의 교통을 원활히 하여 항공기 간의 충돌을 막으며, 안전한 비행을 위해 파일럿에게 운항 정보를 제공하는 것처럼 파송기관도 항공 관제탑과 같이 사역 중에 있는 선교사들의 삶을 안전하게 돌보아야 하고 은퇴 시기가 되면 더욱 세밀한 배려로 안전한 귀국과 정착을 위해 관심을 쏟아야 한다고 덧붙인다. 만약 관제탑에서 비행기의 착륙을 조금이라도 잘못 안내하면 비행기가 사고를 당할 수 있는 것처럼 파송 기관의 준비된 교육과 안내가 없다면 선교사 역시 귀국 과정이나 정착 과정에서 어려움을 겪게 된다고 한다. 참으로 시의적절한 비유이다.

파송단체나 후원기관이 선교사 선발과 파송 과정에만 주의를 기울이고 보내는 데만 신경을 쓸 것이 아니라, 돌아오는 선교사를 잘 맞이하여 편안하게 잘 정착할 수 있도록 하는 것은 현장에서 활동 중인 선교사들에게도 큰 격려가 되고 힘이 될 것이다. 왜냐하면 그들도 언젠가 돌아와야 하는데, 그때가 되었을 때 안전하게 돌아올 수 있다는 것을 아는 것이 지금의 고난을 이겨 내는 데 격려가 되고 용기를 줄 것이기 때문이다.

한국 보건복지부는 고령화 사회에서 은퇴 이후 국민들이 행복하게 살 수 있는 정책으로 고용기회 제공, 노후소득보장체계 확립, 사전예방적 건강관리체계 구축, 노년기 생애 대비 노후생활 설계 강화 등 "베이비붐 세대의 고령화 대응체계 구축"을 위한 체계적인 노후를 위해 "새로 맞이 플랜 2015"를 내놓고 해마다 업데이트하고 있다.[212] 교회가 이 사회를 선도하던 시대는 이미 오래전에 지나갔지만, 적어도 교회가 이 변화하는 시대에 발맞추어 뒤처지지는 말아야 할 것이다. 장대중 선교사는 정부가 노령화 사회의 국민을 위하여 대응 체계를 마련할 때, 교회도 수고한 은퇴 선교사에 대한 위기의식을 교단 선교부 차원에서 인식한다면 분명하고 체계적인 대응 체계를 구축해야 할 것이라고 주장한다.[213]

통일부의 경우, '새터민'을 위한 토털케어(Total Care)를 실시하고 있다. “하나원에서 가정까지” 정착하는 모든 과정을 관리해 주고 연구지원센터도 설치하는 등 새터민에게 맞는 돌봄이다.[214] 자신이 살아온 모든 터전을 뒤로하고 새로운 환경에서 정착해야 한다는 면에서 선교사도 새터민과 비슷한 점이 있다. 통일부가 이들의 모든 정착 과정을 교육시키고 스스로 살아가게 안내를 해 주고 있듯이 교단 선교부 등과 같은 파송기관도 ‘재입국에서 정착까지’의 모든 은퇴교육 과정을 가르친 후 선교사 스스로 살아갈 수 있도록 길을 안내해 줄 필요가 있다.[215] 또한 지속적인 모니터링도 필요하다. 새터민들도 그러하듯이 은퇴 선교사의 정착 과정의 부적응과 건강 문제, 역문화충격으로 인한 정신적인 문제, 경제적·환경적인 문제 등이 바로 나타나지 않고 몇 년 후에 나타날 수도 있기 때문이다.[216]

은퇴는 단기간에 준비하기 어렵기 때문에 장대중 선교사는 은퇴 교육과정 개설에 대해서도 제안하였다.[217] 교단 선교부나 파송단체 혹은 후원교회에서 선교사의 은퇴를 돕는 은퇴관리부를 마련하여 체계적으로 교육하고 안내할 것을 권장한다. 은퇴 전 10년에서 15년 전부터 은퇴 세미나를 열어 선교사 스스로 은퇴를 위한 저축이나 연금, 보험 제도를 체크할 수 있게 하고, 은퇴 2년에서 5년 사이에는 선교사가 노후를 보낼 곳을 미리 결정하고 주택·공공 서비스 등을 점검하며 은퇴 후 사역을 준비하거나 취미생활 등에 대한 정보를 알 수 있도록 도와야 한다.

이 시기에는 현지 사역 이양과 현지 지도자를 세울 준비도 시작해야 한다. 그리고 은퇴 일 년 전에는 선교사에게 본국의 현재 국가 복지정책과 교단 복지정책을 잘 설명해 주고 이제 곧 시작될 은퇴 생활에 꼭 필요한 목록을 자세히 알려 주어야 한다. 특히 혜택받을 수 있는 조건을 가르쳐 주고 선교사 스스로 준비할 수 있도록 안내해야 한다. 마지막으로 은퇴 3-6개월 전에는 은퇴관리부에서 은퇴 절차에 대해 선교사에게 안내를 해야 한다. 어떤 서류가 필요하고 은퇴 날짜는 언제이며, 은퇴식은 어디서 하는지, 또한 은퇴식의 경우는 파송단체 은퇴관리부가 후원교회와 미리 협의하여 선교사에게 안내해야 한다. 은퇴와 관련하여 선교지에서 준비해야 할 서류가 있다면 이때 꼼꼼히 설명해 주어야 한다.

사회보장제도에 대해서는 더욱 신경을 써서 안내해 주고 신청까지 할 수 있도록 도와주면 좋다. 이 시기에 선교사는 현지 사역에서 완전히 손을 떼고 은퇴 준비를 한다. 이와 같은 은퇴 준비는 선교사 혼자 할 수 없다. 파송단체 및 후원교회의 적극적인 협조와 배려가 있어야 하며, 이렇게 함께 준비해 나갈 때 은퇴에 관련된 문제점을 사전에 예방할 수 있다. 이러한 정책이 바르게 정착될 수 있도록 파송단체 및 후원교회의 강력한 지지가 필요하다.

위기는 기회라고 하던가? 나는 7년 전, 암에 걸려 투병생활을 할 때 이제는 더 이상 선교지로 돌아갈 수 없겠다고 생각했다. 그러나 치료받기 위해 한국에 머무는 동안 내가 마음 놓고 지낼 곳이 없었다. 선교관과 요양원, 그리고 친척 집 등 열두 군데가 넘는 곳을 전전하다 보니 가장 시급한 것이 정착할 수 있는 보금자리를 구하는 일이었다. 궁하면 통한다고, 항암치료와 수술 등 힘든 과정을 지낸 후 어느 정도 일상생활이 가능한 상태에서 한국에서 머무는 동안 여러 가지 정보가 눈에 들어왔다. 그래서 경기도 외곽지역 공기 좋은 곳에 있는 미분양 신축 아파트를 은행대출을 받아 분양받게 되었다. 혼자 살던 아버지의 주택자금과 나의 암 진단 보험금까지 크게 한몫을 했다. 선교사의 삶 가운데 암에 걸린 것은 참 불행한 일이지만, 덕분에 혼자 사시던 아버지를 좀 더 편히 모실 수 있는 집을 구할 수 있었고, 아버지가 돌아가신 지금은 그 주택이 은퇴 후 내가 거처할 곳이 되었다.

은퇴 후의 주택 문제가 해결되었음에도 우리 부부는 선교지에 남아야 할지, 한국으로 돌아가서 은퇴 선교사로서 할 수 있는 새로운 일을 하면서 또 다른 삶을 살지에 대해 고민을 하고 있다. 말라위에는 은퇴 후에 본국으로 돌아가지 않고 이곳에서 노후를 보내는 서양 선교사들이 많이 있고 한국 교민들도 있다. 의료 환경이 매우 열악하지만 공기 좋고 평화로운 곳이고, 이곳에 쌓아 놓은 여러 가지 인적 자원과 삶의 터전이 있기에 그것이 가능하다고 생각하는 것 같다.

그러나 내 고민은 은퇴 후 노년을 어디에서 보낼 것인가와 함께 '은퇴 후 한국에서 시간을 보낼 생각이라면 몇 년이라도 일찍 은퇴를 해야 하는 것이 아닌가' 하는 것이다. 교단 선교부에서 정한 70세에 은퇴를 하면 한국에서 새로운 삶을 시작하기에는 좀 늦은 건 아닌가 하는 고민이다. 고령화 시대가 이미 시작된 이 시대를 사는 우리는 원하든 원하지 않든 100세 혹은 그 이상을 생각하고 살아야 한다고 이야기한다. 그렇다면 평생

몸 바쳐 해 온 일에서 정년퇴직을 한다고 해도 그 이후에 살아야 하는 시간이 꽤 길게 남아 있는데, 이 시간을 좀 더 의미 있게 보내기 위해서는 어떻게 해야 할까? 은퇴 후 선교지에서 맑은 공기와 자연을 즐기고 있는 것만으로는 우리의 노후가 뭔가 아쉽지 않나 하는 생각을 한다.

선교지에서 여생을 다 보내고 그곳에 뼈를 묻을 것이 아니고 언젠가는 고향으로 돌아갈 것이라면, 그 시기가 너무 늦어서 병든 몸으로 아무것도 할 수 없을 때 돌아가는 것보다 아직 뭔가 한국 교회의 선교를 위해 그리고 자신을 위해 보람된 일을 시작할 수 있을 때 돌아가는 것이 낫지 않을까 싶다. 다만 안타까운 것은 우리 부부를 파송한 교단의 경우 선교사의 은퇴 시기를 65세에서 70세로 연장하면서 교단 연금 지급도 70세로 연기했다. 조기은퇴를 하는 경우에는 70세가 될 때까지 연금을 100퍼센트 온전히 받을 수 없게 규정이 바뀐 것이다.

선교사에게 은퇴란 기존 사역의 종료일 뿐 아니라 새로운 삶의 시작이다. 그렇기에 새롭게 제2의 인생을 살기 위해서는 필요에 따라 조기은퇴를 할 수 있는 기회도 주어져야 하는데, 교단 선교부에서 연장한 은퇴 시기는 선교사를 위하고 은퇴 과정을 돕기보다 오히려 거침돌이 되게 만들어진 것 같아서 참 답답하다. 선교사의 은퇴에 대해 교단 차원에서 제대로 준비하지 못하고 기한만 연장한 결과가 결국은 선교사를 더 힘들게 하는 것이 아닌가 하는 생각이 든다. 선교사의 뒷모습의 그림자는 은퇴 문제에까지도 어둡게 드리워져 있는 느낌이다.

잘 마치면 빛나는 노후

은퇴는 일생의 직업 생활로 인해 얻은 심리적·사회적 기능의 상실과 수입 감소, 자아 정체감 상실, 사회적 역할과 지위 상실, 사회적 유대관계 상실 등을 초래한다.[218] 누구에게나 은퇴는 쉽지 않은 일이겠지만, 많은 사람의 주목을 받는 삶을 살아왔던 선교사가 은퇴와 함께 고국에 돌아와 평범한 삶을 살아간다는 것은 정말 어려운 일이다. 특히 오랫동안 고국을 떠나 선교지의 삶의 방식에 익숙해져 있던 선교사가 이제는 오히려 낯선 곳이 되어 버린 고국에 돌아와 재정적인 어려움을 견디면서 아무도 알아주지 않고 관심도 두지 않는 노후를 보내야 하는 것은 정말 힘든 일일 것이다.

선교지의 삶과 사역이 힘들고 스트레스의 원인이 되기는 했어도 그곳에서 현지인들을 섬기면서 보람된 삶을 살아왔고, 무엇보다 하나님 나라의 영광스러운 사명을 감당한다는 데 의미를 두고 온갖 힘든 순간을 참고 견뎌 왔다. 그런데 은퇴란 그 모든 것을 내려놓는 것이다. 또한 부모·형제·친구들을 떠나 외로운 타향 생활을 하는 선교사에게 가족이 되어 주고 오랜 친구가 되어 준 동역자들, 현지인 친구들을 떠나야 하는 일이다.

마저리 훠일은 오랫동안 현장에서 사역을 하다가 떠나는 선교사에게 은퇴란 마치 '사별의 아픔'을 주는 것과 같다고 했다.[219] 경험하는 아픔의 정도는 사람마다 차이가 있겠지만, 본인의 사역에서 얻는 만족감이 크고 사역 몰입도가 높아서 자신의 심리적 안정감을 그들의 사역에서 찾아왔던 선교사라면 은퇴는 매우 견디기 힘든 일이 될 것이라고 그는 말한다. 물론 이것은 서양 선교사들의 관점이지만, 한국 선교사들의 경우에도 스스로 일 중심적인 경향이 강하고 본인이 속한 선교단체나 후원교회의 사역 중심적인 태도에 익숙해져 있었던 선교사라면 은퇴를 통하여 느끼는 상실감은 더욱 클 것이다.

선교사에게 은퇴는 그동안 타국 땅에서 복음 전파를 위해 평생을 헌신한 수고에 대한 보상이 되어야 한다. 열악한 환경과 늘 부족한 재정 가운데서 사역하며 정체성 혼란과 소속감 부재, 이별의 아픔 등을 겪어 내는 자녀들을 돌보며, 때로는 멀리 떠나보내어 교육하고, 후원교회와 긴장 관계를 만들지 않기 위해 애쓰며 소통하고, 동역자나 현지인들과의 부담스러운 관계들을 숙제처럼 해결해 나가며 살아오느라 진정한 쉼을 누리지 못한 선교사들에게 여가를 위한 시간이 되어야 한다.

또한 이제는 양어깨 위에 무겁게 걸쳐 있던 선교사라는 타이틀의 부담을 내려놓고 주 안에서 새로운 정체성을 발견하는 기회가 되어야 한다. 사회적 기대와 시간적 압박 없이 자신의 시간과 재능을 사용하면서, 천천히 노화 과정을 겪는 기쁨을 누릴 수 있어야 하며, 그동안 선교사로서 살면서 얻은 여러 가지 지식과 경험을 후배들에게, 후원자들에게 보람되게 전해 주며 살 수 있어야 한다.

선교지에서의 사역이 끝났다고 해서 자신의 가치와 존재가 퇴색하는 것이 아니라 하나님 나라의 한 성도로 더욱 성숙하고 발전해 나가면서 하늘나라에 갈 때까지 예수 향기를 주변에 고요히 퍼뜨리며 살아갈 수 있어야 한다. 그런데 현실적으로 은퇴 준비가 안 되어 당장에 거처할 곳이 마땅치 않고 기초생활비 부족으로 최소한의 생활이 어려운 생존 문제에 맞닥트려야 한다면, 이보다 더 안타까운 일이 없을 것이다.

선교사의 은퇴 준비는 선교단체나 후원교회가 전부 책임질 수 있는 문제가 아닌 것을 잘 안다. 하지만 선교사 개인이 알아서 하도록 맡겨만 놓고 방치할 일도 아니다. 선교사, 지원 스태프, 파송단체, 후원교회가 한마음이 되어 하나님 나라를 전파하는 이 귀한 선교사역의 유종의 미를 아름답게 거두는 일에 함께 짐을 지고 가야 한다. 선교사의 은퇴가 선교사 개인에게는 선교의 완성이 될 수 있다는 관점으로 바라보고 끝까지 돌봄적 관심과 배려를 해야 할 것이다. 이것은 은퇴하는 선교사를 위한 일일 뿐 아니라 궁극적으로 한국 교회 선교의 질적인 발전을 위한 일이 될 것이다.

《영적 지도자 만들기》와《크리스챤 리더십 이론》으로 한국에도 잘 알려진 풀러 신학교의 로버트 클린턴 교수는 영적 지도자로서 기억해야 할 두 가지 중요한 원리 중 하나가 "끝을 염두에 두고 시작하는" 것이라고 한다.[220] 다가오기 때문에 은퇴를 준비하는 것이 아니라 지도자라면 처음부터 그 끝을 염두에 두고 시작해야 끝까지 잘 마칠 수 있다는 원리이다. 그는 성경의 인물에서 시작해서 많은 역사적 지도자들의 생애를 연구한 결과, 끝까지 잘 마친(Finish well) 지도자가 그다지 많지 않음을 안타까워했다.

클린턴에 의하면, 그 숫자가 그리 많지 않지만 끝까지 사역을 잘 마친 지도자의 마지막은 후광(after glow)이 비치는 축제의 단계로서 자신의 삶을 진정 축하하는 인생의 마지막 단계라고 한다.[221] 하나님의 임재 안에 있었던 모세의 얼굴에서 광채가 났던 것처럼(출 34:35), 이 단계에 들어선 리더에게는 평생 하나님과 가깝게 동행해 온 증거가 나타나고 주위의 사람들은 이 지도자가 이룬 그동안의 업적과 그/그녀의 영향력 있는 역할 때문이 아니라, 그/그녀의 존재 자체와 그/그녀가 살아온 삶으로 인해 존경을 받는다고 한다.

선교사로 살아온 지난 25년을 돌아보면, 눈물 어린 기억과 힘든 일이 많았고, 자랑스럽고 내놓을 만한 일보다는 잘못한 일과 실수와 부끄러운 일투성이다. 하지만, 늘 연약한 나를 붙들어 주시고 긍휼과 자비로 모든 허물을 덮어 주신 하나님의 은혜로 여기까지 무사히 올 수 있었다. 이제 내가 속한 교단의 규정대로라면 은퇴까지 10년이라는 시간이 남아 있다. 끝까지 잘 마치고 삶의 축제의 단계에 들어가서 나 자신의 노후를 진정 축하하고 누릴 수 있는 몇 안 되는 리더의 반열에 오를 수 있게 될지는 잘 모르겠지만, 지금까지 나를 돌보아 주신 주님께 앞으로의 삶도 맡겨 드린다. 지금도 세계 구석구석의 선교 현장에서 이름도 없이 소리도 없이 묵묵히 맡겨진 사명을 감당하고 있는 모든 선교사와 함께 잘 준비된 은퇴를 하고 싶다는 열망과 함께.

에필로그

코로나 팬데믹이 장기간 계속되면서 많은 사람들의 일상이 흔들리고 삶이 혼돈 가운데 놓인 그 시간에 나는 우리 집 식탁 한구석에 조용히 앉아 글을 쓰기 시작했다. 글을 쓰는 동안 바깥세상은 코로나로 인해 활동이 멈춘 듯 고요했지만, 내 마음속은 저 깊은 곳에 내려앉아 오랫동안 잠자고 있던 침전물까지 다 올라와 흔들리는 통에 영 심난하고 시끄러웠다. 어떻게도 처리가 안 되어 마음 깊은 곳에 묻어만 두었던 많은 생각이 손가락 끝을 타고 마구마구 올라와 때로는 눈물을 닦고, 어떨 때는 혼자 화를 내고 흥분하고, 가끔은 속절없이 부끄러워지기도 했다. 일도 많았고 탈도 많아서 할 말도 많았구나 생각하다가, 내가 뭐라고 이런 글을 써서 출판을 해도 되나 이런 생각이 들면 '오 주님!' 하고 기도가 저절로 나왔다.

글을 쓰는 내내 옆에서 읽어 주고 조언해 준 남편 강지헌 선교사에게 진심으로 감사의 말을 전한다. 내 인생의 동반자일 뿐 아니라 평신도 전문인 선교의 동역자로서 언제나 하나님 나라를 향하는 그 길을 함께 중심 잡고 걸어갈 수 있도록 많은 영감을 준 사람이다. 나의 재능을 일깨우고 격려해 주며, 본인보다 내가 더 공부해야 한다고 하면서 박사학위 과정까지 밟을 수 있도록 옆에서 응원해 준 남편이 없었다면, 이 책을 쓸 용기를 내기 어려웠을 것이다.

사랑하는 나의 삼 남매, 하은·문성·한성에게 정말 고맙고 자랑스럽다고 말해 주고 싶다. 자녀를 주님께 맡긴다는 미명 아래 꼭 필요한 순간 곁에 있어 주지 못하고 원했던 많은 것을 들어 주지 못하고, 상처만 많이 준 미숙한 엄마였다. 하지만 나는 그들이 있었기에 나를 사랑하시는 하나님의 사랑을 깊이 깨닫고 느낄 수 있었다. 자신들의 이야기를 이렇게 허락도 없이 책에 마구 꺼내 놓은 것을 안다면 뭐라 할지 모르겠다. 하지만 언제나처럼 엄마보다 더 넓은 아량으로 이해하고 응원해 주리라 믿는다.

이 책의 제목을 떠올려 주신 청주 상당교회 정삼수 원로 목사님을 비롯하여 지난 25년간의 선교 현장에서 시간시간마다 나와 동역하였고 내 삶 곳곳에서 함께 해 준 수많은 남·녀 목사님과 선교사님, 평신도 남·녀 선교사님, 그리고 기도해 주고 응원해 준 후원자들 한 분 한 분께 진심으로 감사를 드린다.

실명을 거론할 수는 없었으나, 내 삶의 뒷모습의 그림자를 얘기하자니 함께 떠오른 많은 분들이 있었다. 그들과 함께한 시간들이 내 이야기의 모티프가 되어 주었다. 이 책의 제목이 '선교사의 뒷모습'이었던 만큼, 좋은 이야기보다 아쉽고 껄끄러운 이야기가 많아서 혹시 읽다가 마음이 불편해지시는 것은 아닐까 걱정이 많이 된다. 그것조차 하나님께 올려 드린다. 비난이 두려웠으면 처음부터 이런 책을 쓰지 말았어야 했을 것이다. 하지만 만일 비난을 받아야 할 사람이 있다면 그 누구보다 나 자신임을 알기에 용기를 내어 나의 뒷모습을 돌아보면서 "죄인 중에 내가 괴수니라"(딤전 1:15)라고 한 사도 바울의 말이 얼마나 진심 어린 고백이었는지 이해하게 된다. 선교사의 뒷모습이 드러나는 그림자의 장소 곳곳에서 어둠의 조연 역할을 해 주신 그분들께 진심으로 감사하고 사랑하고 존경한다고 꼭 말씀드리고 싶다. 그분들이 계셨기에 갈등했고, 갈등한 만큼 더 고민했고, 고민한 만큼 더 성장할 수 있었기 때문이다.

마지막으로 그 누구보다 가장 감사한 분은, 그 어떤 경우에도 죄인 된 우리를 사랑하시고 품어 주시며 크고 위대한 사랑을 아낌없이 베풀어 주시는 나의 영원한 '파스토르', 나의 목자, 이 땅에 오셔서 참된 선교사의 본을 보여 주신 우리 주님이시다. 오직 그분만을 찬양하며 모든 영광을 올려 드린다. 할렐루야!

말라위 릴롱궤에서

주

1부 여기는 어디? 나는 누구?

1 폴 히버트, 《인류학적 접근을 통한 선교현장의 문화이해》, 김영동·안영권 옮김(서울: 죠이선교회, 1997), 111.

2 로버트 클린턴, 《영적 지도자 만들기》, 이순정·이영규 옮김(서울: 베다니출판사, 2014), 215.

3 주로 4-6년을 한 텀(term)으로 보며 선교사가 속한 파송단체마다 조금씩 차이가 있다. 내가 속한 단체는 5년을 사역하고 일 년 안식년 기간을 합쳐서 6년을 한 텀으로 계산한다.

4 〈창끝End of Spear〉이라는 영화 제목에서 나온 단어이다. 에콰도르 와다니족에게 선교하러 갔다가 원주민들의 창끝에 찔려 순교한 짐 엘리엇 선교사의 사역을 바탕으로 하고 있다. 무지한 원주민의 창에 찔려 선교사가 목숨을 잃었지만 그의 목숨이 결국 그 부족에게 복음을 전하는 문을 열게 했다는 뜻을 담고 있다. 전문인 선교사들의 전문직을 통한 선교 행위가 복음의 문을 여는 역할을 한다는 중의적 의미로 사용되기도 한다.

5 주수경, "평신도 선교사와 목회자 선교사 간의 선교적 역할에 관한 갈등 연구," 클레어몬트 신학대학원 미간행 박사학위 논문, 2017, 3.

6 데이비드 J. 보쉬, 《변화하고 있는 선교》, 김병길·장훈태 옮김(서울: 기독교문서선교회, 2000), 116.

7 위의 책, 142.

8 위의 책, 142.

9 기독교 용어 사전https://m.terms.naver.com/entry.nhn?docId=2376722&cid=50762&categoryId=51365

10 J. C. Hoekendijk, "The Church in Missionary Thinking," *International Review of Mission XLI*, no. 163(July 1952), 335. 정승현, "하나님의 선교, 세상 그리고 샬롬: 요하네스 호켄다이크의 선교신학," 〈선교와신학〉 24(2009. 8.), 256에서 재인용.

11 김성욱, "21세기 한국 교회 선교와 전문인 선교," 〈총신대논총〉 22(2003), 129-130.

12 Henry Chadwick, *The Early Church* (Michigan: Grand Rapids Eerdmans, 1968), 219.

13 Kenneth S. Latourette, *A History of Christianity*, vol. I (New York: Harper & Brothers, 1953), 116.

14 박요섭, "21세기 한국 교회 선교 전략에 대한 연구," 총신대학교 석사학위 논문, 2018, 13.

15 Henry Chadwick, 51. 박요섭, 위의 책, 14에서 재인용.

16 KAT(한국전문인선교협의회) 엮음, 《전문인 선교의 패러다임이 바뀐다》(서울: 바울서신, 2004).

17 문성일, 《한국 교회의 전문인 선교 신학을 추구하며》, 김진태 옮김(서울: 지온커뮤니케이션, 2016), 211.

18 김성욱, "21세기 한국 교회 선교와 전문인 선교," 115-116.

19 Ralph Winter, "Editorial," *Mission Frontiers* (April-May 1991), 2-4.

20 김성욱, "21세기 한국 교회 선교와 전문인 선교," 123에서 재인용.

21 돈 해밀톤, 《자비량 선교사들은 이렇게 말한다》, 정진환 옮김(서울:

죠이선교회, 1992), 22.

22 Tetsunao Yamamori, *Penetrating Missions' Final Frontier* (Downers Grove, Ill.: InterVarsity Press, 1993), 11. "A tentmaker is a person who has all the spiritual depth and scriptual knowledge of a traditional missionary, but serves vocationally in another professional capacity."

23 크리스티 윌슨, 《현대의 자비량 선교사들》, 김만풍 옮김(서울: 순출판사, 1979), 23.

24 문성일, 《한국 교회의 전문인 선교 신학을 추구하며》, 8.

25 **T-1 유형**: 선교단체나 교회에서 정식으로 파송된 선교사가 아니라 직업상의 이유로 타국에 머무는 신실한 기독교인으로, 이들은 자기가 고용된 회사의 업무를 주로 보고 여가 시간에 다른 전문인 선교사들이나 NGO 사역자들을 돕는 것으로 선교 역할을 한다. 짧은 기간 머물기 때문에 현지어를 배워 구사하지 않고 특별한 선교훈련도 받지 않고 선교에 대한 책임감도 크지 않다는 등 한계가 많지만, 자신이 소속된 회사에서 월급을 받기에 경제적으로 안정되고 신분상으로도 안전하다는 장점이 있다. 때로는 자신의 직급과 하는 일에 따라 고위직 현지인들과 자연스럽게 접촉할 수 있다는 장점이 있다. 평신도 전문인 선교사의 1퍼센트 정도가 이에 해당된다.

T-2 유형: 직업적인 면에서는 T-1과 유사하나, 선교의 소명과 헌신 면에서 T-1보다 강한 유형이다. 그들의 직업은 선교지에 머물기 위한 방편이며, 직업을 통해 어느 정도 재정이 충당되는 파트 혹은 전임 자비량 선교사라 할 수 있다. 전통적인 선교사들에게 제한이 많은 창의적 접근 지역에서 일하는 선교사들의 형태이며 선교사역을 준비하는 훈련생들이 이 유형에 속한다. T-1 유형과 마찬가지로 직업을 통해 현지인과 접촉하기 유리한 장점이 있으나 자신이 속한 단체나 회사에서 월급을 받기 때문에 재정의 도움이 있는 대신에 시간적으로는 제약이 있다. 전체 전문인 선교사의 5퍼센트 정도가 이에 해당한다.

T-3 유형: 미전도 종족 선교를 위해 본국에서 사역 경험과 충분한 선교훈련을 받고 현장에 파송된 자들로서 선교단체에 속하여 그들의 후원과 관리를 받는 전형적인 전문인 선교사들이다. 이들은 자신의 사업을 통해 재정을 충당하기도 하지만 후원을 받기도 한다. 이들의 직업은 파트타임이고 선교사역을 위해 직업 현장을 자주 떠날 수 있다. 현지어에 능통하고, 전도·제자·양육 교회개척을 위한 전략과 방법이 있으며 장기적인 목적을 가지고 팀 사역을 한다. 현지인에게는 전문인으로 여겨지지만 본국에서는 선교사로 본다. 자신의 전문직을 가지고 현지인에게 다가가기 때문에 사역의 열매가 두 배로 많다. 전문인 선교사의 30퍼센트가 이에 해당한다.

T-4 유형: 선교사라기보다 전문인의 정체성을 가지고 일하며 현지에서도 선교사로 보지 않는다. 주로 사회사업, 지역개발, 의료사역, 교사, 엔지니어, 그리고 NGO 관련된 일을 한다. 그러나 선교단체에 소속되고 재정 후원과 사역 지도를 받는 평신도 전문인 선교사로서 T-3 유형의 장점은 살리고 단점은 최소화한 유형이다. 전문인 선교사의 30퍼센트 정도가 이에 해당한다.

T-5 유형: 창의적 접근 지역의 전통 선교사들로서 선교사라는 신분을 사용할 수 없기에 다른 신분을 사용한다. 하지만 실제로는 거의 사업이나 일을 하지 않고 선교사역에 전념한다. 모국의 후원을 받으며 파송단체 소속으로 사역의 분명한 목표와 방향을 가지고 일한다. 하지만 신분을 속이고 비밀스럽게 신앙 공동체를 이끌고 있기에 발각되면 조사를 받고 추방을 당하거나 구속당하는 등 어려움에 처할 수 있다. 따라서 전도 사역에는 유익하나 제자양육이나, 공동체를 만드는 데는 적합하지 않기에 장기적으로는 다른 사업체나 NGO로 전환이 필요하다. 선교사 제한 지역에서 비자를 얻을 수 있고, 풀타임으로 선교사역을 할 수 있는 장점이 있다. 전문인 선교사의 5퍼센트 정도가 이에 해당한다.

26 크리스티 윌슨,《현대의 자비량 선교사들》, 191-197.

27 1) 자국에서 같은 민족 이웃들에게 복음을 전하는 평신도 그리스도

인들, 2) 국내에 들어온 외국인 학생과 방문자들에게 복음을 전하는 국내의 그리스도인들, 3) 정규적인 선교단체와 협력하여 타 문화권에 가서 직업을 갖고 복음을 전하는 선교사로 재정적 도움과 선교지 입국 비자를 취득하는 데 도움을 주는 선교사들, 4) 자비량 선교사로서 타 문화권에 가서 복음을 전하기 위해 훈련을 받고 있는 그리스도인들, 5) CCC, 네비게이토 등과 같이 여러 선교단체에서 훈련을 받는 그리스도인 학생들, 6) 영어를 사용하는 교사들, 7) 은퇴한 그리스도인들, 8) 단기적으로 해외에서 봉사하는 그리스도인들, 9) 국제적인 사업에 관여하고 있는 그리스도인들, 10) 해외에 있는 대사관, 파견군인, 평화봉사단, UN기관의 지부 등과 같은 공식적인 국제기구에서 일하는 전문적인 그리스도인들, 11) 해외에서 교포 교회를 세우고 돕는 그리스도인들, 12) 사업이나 유학으로 왔다가 본국으로 돌아가서 복음을 전하는 외국 그리스도인들.

28 최바울, 《텐트메이커 선교, 그 이론과 실제》(서울: 펴내기, 1999), 11-14.

29 김태연, 《전문인 선교사로 나가자》(서울: 예영커뮤니케이션, 2004), 49-50.

30 1) 장기적으로 거주하지 않고 단기적으로 현장을 방문하며 사역하는 비거주 선교사, 2) 선임 선교사의 사역 전략을 후배 선교사에게 전수하여 시행착오를 줄이고 선교의 효율성을 높이는 역할을 하는 전략적 조정자, 3) 선교지에서 구속적 유비를 발견하고 선교의 접촉점을 찾아내는 역할을 하는 전략적 정보 조사 네트워킹(Strategy Information Research Network) 선교사, 4) 창의적 접근 지역에서 비즈니스를 통한 선교를 모색하는 역할을 하는 벤처 선교사, 5) 크리스티 윌슨이 처음 사용한 용어이며 한국에서는 전문인 선교사의 개념으로 발전한 자비량 선교사, 6) 선교 임상 실습을 하는 예비 후보 선교사들의 필요를 알아서 현지에 가서 컨설팅을 해 주는 컨설팅 선교사.

31 박요섭, "21세기 한국 교회 선교 전략에 대한 연구," 23.

32 문성일, 《한국 교회의 전문인 선교 신학을 추구하며》, 130-134.

33 마크 러셀은 비즈니스와 선교와 관련해서 7가지 다른 유형을 분류한다. Mark L. Russell, *The Missional Entrepreneur: Principles and Practice for Business and Mission* (Alabama: New Hope Publishers, 2010), 22-23. 1) business and mission: 비즈니스와 선교가 별개인 활동들, 2) business for mission: 선교를 재정적으로 후원하기 위하여 비즈니스를 운영, 3) business as a platform for mission: 세상과 선교를 연결하는 통로로서의 일과 전문가적 삶, 4) business in mission: 비크리스천을 고용하여 그들을 그리스도께로 인도하기 위한 목적으로 예배를 제공하는 것, 5) business as mission: 세상에서 하나님 선교의 한 부분으로서의 비즈니스, 6) mission in business: 비크리스천 직원을 그리스도께 인도하는 목적으로 하는 사역, 7) business as a cover for mission: 선교지에 합법적으로 거주할 목적으로 거짓 비자를 받는 경우로, 이 경우는 실제 비즈니스를 하지 않기 때문에 BAM은 아니다.

34 해리김,《크리스천 사업가와 B·A·M》(파주: 성안당, 2014), 101.

35 위의 책, 105.

36 위의 책, 104.

37 위의 책, 316.

38 해리김은 이러한 선교사들을 '짝퉁' 사업가라고 말하며(해리김, 위의 책, 304), 마크 러셀은 많은 지역에서 이들의 비자 연장에 문제가 생김에 따라 이들의 선교 활동이 금지되고 있다고 전한다. Mark L. Russell, *The Missional Entrepreneur: Principles and Practice for Business and Mission*, 154-159; 켄 엘드레드,《비즈니스 미션》, 안정임 옮김(서울: 예수전도단, 2006), 261.

39 매츄 튜내핵,《Business As Mission》, 해리김 옮김(서울: 예영커뮤니케이션, 2010); 김기영,《일터@영성》(서울: 예영커뮤니케이션, 2011); 이종찬,《4차 산업 시대의 크리스천 일터와 Business As Mission》(서울: 북랩, 2019); 최웅섭,《선교와 비즈니스의 아름다운 동행》(서울: 예영커뮤니케이션, 2017); 김기영(해리김),《아보다: 크리스천 사

업가를 위한 가이드》(서울: 더메이커. 2017); 김진수, 《선한 영향력》(구리: 선율, 2018); 한정화 외, 《비즈니스 미션》(서울: 샘앤북스, 2018); 해리김, 《크리스천 사업가와 B·A·M》(파주: 성안당, 2014); 이다니엘, 《지금 여기, 선교의 시대》(서울: 비비투, 2020) 외 다수.

40 말라위에는 현지 치과대학이 2020년에야 신설되어 아직 졸업생이 배출되지 않았다. 따라서 현재 말라위에서 활동하는 치과의사는 거의 외국인이다.

41 https://kwma.org/cm_stats/34005, 2021년 1월 17일 접속.

42 마르틴 루터, 《말틴 루터의 종교개혁 3대 논문》, 지원용 옮김(서울: 컨콜디아사, 2012), 30.

43 헨드릭 크래머, 《평신도 신학》, 홍병룡 옮김(서울: 아바서원, 2014), 68.

44 폴 스티븐스, 《21세기를 위한 평신도 신학》, 홍병룡 옮김(서울: IVP, 2015), 55-56.

45 주수경, "평신도 선교사와 목회자 선교사 간의 선교적 역할에 관한 갈등 연구," 26.

46 Karl Hartenstein, "Theologische Besinnung," *Mission zwischen Gestern und Morgen*, Walter Freytag ed. John G. Flett trans. (Stuttgart: Evang Missionsverlag, 1952), 62. 정승현, "하나님의 선교(the missio Dei)와 선교적인 교회: 빌링겐 IMC를 중심으로," 〈선교와신학〉 20(2007. 8.), 192에서 재인용.

47 Johannes C. Hoekendijk, "The Call to Evangelism," *International Review of Mission*, vol. XXXIX, No. 154 (April 1950), 169-171. 정승현, "하나님의 선교, 세상 그리고 샬롬: 요하네스 호켄다이크의 선교신학," 251에서 재인용.

48 Darrell L. Guder (ed.), *Missional Church. A Vision for the Sending of the Church in North America* (Grand Rapids, Michigan: W. B. Eerdmanns, 1988), 3-7.

49 문성일, 《한국 교회의 전문인 선교 신학을 추구하며》, 296.

50 위의 책, 287.

51 위의 책, 291.

52 위의 책, 291.

53 위의 책, 293.

54 위의 책, 300.

2부 가장 하기 힘든 이야기

55 Gary R. Collins, *Spotlight on Stress* (CA: Vision House, 1983). 이현숙, "선교사의 대인관계 스트레스 회복과정의 연구," 백석대학교 상담대학원 박사학위 논문, 2014, 13에서 재인용.

56 이현숙, 위의 책, 13.

57 T. H. Holmes and T. H. Rahe, "The Social Readjustment Rating Scale," *Journal of Psychosomatic Research* 11:2(1967), 213. 심재두, 《선교사 팀 사역과 갈등 해결》(서울: 좋은씨앗, 2016), 160에서 재인용.

58 역문화충격(Re-entry Culture Shock)이란 해외에서 오랜 기간 생활하고 본국에 돌아와서 느낄 수 있는 재입국 스트레스(Re-entry Stress)를 일컫는다.

59 켈리 오도넬, 《선교사 멤버케어》, 최형근 외 옮김(서울: 기독교문서선교회, 2004), 460.

60 심재두, 《선교사 팀 사역과 갈등 해결》, 97.

61 위의 책, 93.

62 위의 책, 96.

63 마저리 휘일, 《영광스러운 상처》, 홍종관 · 홍마가 옮김(서울: 학지사, 2011), 7.

64 위의 책, 166.

65 심재두, 《선교사 팀 사역과 갈등 해결》, 102.

66 루이스 맥버니, 《사역자 상담》, 윤종석 옮김(서울: 두란노, 1995), 82.

67 마저리 휘일, 《영광스러운 상처》, 149.

68 루이스 맥버니, 《사역자 상담》, 83.

69 심재두, 《선교사 팀 사역과 갈등 해결》, 134.

70 마저리 훠일, 《영광스러운 상처》, 131.

71 위의 책, 132.

72 폴 히버트, 《선교와 문화인류학》, 김동화·이종도·이현모·정홍호 옮김(서울: 죠이선교회, 2014). 92.

73 마저리 훠일, 《영광스러운 상처》, 132-134.

74 Ronald L. Koteskey, *Psychology for Missionaries*(KY: Wilmore, 2011), 92.

75 찰스 H. 크래프트, 《기독교 문화인류학》, 안영권·이대헌 옮김(서울: 기독교문서선교회, 2005), 652.

76 위의 책, 579-620.

77 마저리 훠일, 《영광스러운 상처》, 139.

78 위의 책, 140.

79 영적인 이유가 아닌 음식이나 물질적인 도움 등 어떤 유익을 얻기 위해 세례를 받거나 개종하는 크리스천을 일컫는다. 우리나라 초기 선교 시대에도 '쌀교인'이 많았다고 한다.

80 위의 책, 141.

81 그라시아 위아르다, "아시아 선교사들을 위한 도전과 케어," 《선교사 멤버케어》, 106.

82 로버트 클린턴, 《영적 지도자 만들기》, 이순정·이영규 옮김(서울: 베다니출판사, 2014), 319.

83 마저리 훠일, 《영광스러운 상처》, 57-69.

84 스티븐 아터번·프레드 스토커·마이크 요키, 《모든 남자의 참을 수 없는 유혹》, 윤종석 옮김(서울: 좋은씨앗, 2003).

85 스티븐 아터번·섀넌 에트리지, 《모든 여자의 들키고 싶지 않은 욕망》, 윤종석 옮김(서울: 좋은씨앗, 2005).

86 윌라드 할리, 《그 남자의 욕구, 그 여자의 갈망》, HSC 옮김(서울: 비전과리더십, 2004).

87 마저리 훠일,《영광스러운 상처》, 60.

88 켄 윌리암스, "선교지에서의 성적 순결,"《선교사 멤버케어》, 470.

89 마저리 훠일,《영광스러운 상처》, 65-67.

90 루이스 맥버니,《사역자 상담》, 205.

91 켄 윌리암스, "선교지에서의 성적 순결," 469.

92 위의 책, 470.

93 D. S. R. Garland and D. I. Garland, *Beyond Companion-ship* (Philadelphia: Westminster Press, 1986), 17.

94 존 패턴,《기독교인의 결혼과 가족》, 장성식 옮김(서울: 한국장로교출판사, 1998), 150.

95 엄예선,《한국 교회와 가정 사역》(서울: 생명의말씀사, 2007), 496.

96 G. Martinez and L. B. Brignoli, *Perspectives on Marriage: A Reader*, Edited by K. Scott and M. Warren (New York: Oxford University Press, 2001). 엄예선, 위의 책, 116에서 재인용.

3부 선교사 자녀 이야기

97 한국의 선교사 자녀에 대한 관심은 1993년 KWMA에서 시작되어 선교사 자녀의 정체성 확립에 관한 목표를 세웠으나, 그 후 20여 년이 지난 지금까지도 각 교단, 선교단체, 교회의 선교사 자녀에 대한 정책은 여전히 기초를 다지고 있는 실정이다. 선교사 자녀에 대한 문서화된 기본 정책이 있다고 설문에 답한 단체는 45개 선교단체 중 9개에 불과했다. 전은진, "재입국한 선교사 자녀의 자아 정체성 형성을 위한 연구," 장로회신학대학원 석사학위 논문, 2016, 2.

98 윤다은, "한국인 선교사 자녀의 상담 요구조사," 광운대학교 석사학위 논문, 2014, 15.

99 위의 책, 68.

100 켈리 오도넬,《선교사 멤버케어》, 최형근 외 옮김(서울: 기독교문서선

교회, 2004), 133.

101 윤다은, "한국인 선교사 자녀의 상담 요구조사," 14.

102 윌리엄 D. 테일러, 《잃어버리기엔 너무 소중한 사람들》, 백인숙 외 4인 옮김(서울: 죠이선교회, 1999).

103 안승도, "선교사 자녀들의 정체성에 대한 사역 연구," 총신대학교 선교대학원 석사학위 논문, 2012, 10.

104 David C. Pollock, Ruth V. Reken, *The Third Culture Kid Experience: Growing up among Worlds* (Intercultural Press, 1999). 안승도, "선교사 자녀들의 정체성에 대한 사역 연구," 11에서 재인용.

105 안승도, 위의 책, 13.

106 전은진, "재입국한 선교사 자녀의 자아 정체성 형성을 위한 연구."

107 안승도, "선교사 자녀들의 정체성에 대한 사역 연구," 9; 전은진, "재입국한 선교사 자녀의 자아 정체성 형성을 위한 연구," 10-18.

108 우리 부부는 미국 하와이 코나에 있는 YWAM베이스(University of Nations)에서 1년 9개월간 머물면서 정식 선교사로 파송되기 전에 선교훈련을 받았다.

109 대한예수교장로회총회세계선교부 엮음, 《선교현장이야기: 선교사자녀》(서울: 대한예수교장로회총회세계선교부, 2015), 37. 전은진, "재입국한 선교사 자녀의 자아 정체성 형성을 위한 연구," 10에서 재인용.

110 위의 책, 12.

111 윤다은, "한국인 선교사 자녀의 상담 요구조사," 18.

112 Un Kil Jung, *Strategies for Successful Establishment and Development of Schools for Missionary Kids on the Mission Field* (Virginia: Lynchburg, 2001). 윤다은, 위의 책, 18에서 재인용.

113 David C. Pollock, "What about the Missionary Kids and Attrition?," *Too Valuable to Lose: Exploring the Causes and Cures of Missionary Attrition*, William D. Taylor, de. (Pasadena: William Carey Library, 1997), 303-312.

114 김동화, "선교사와 자녀교육 2: 선교사 자녀교육의 문제점과 방향,"

〈난 곳 방언으로〉 95(1994. 6.), 6. 안승도, "선교사 자녀들의 정체성에 대한 사역 연구," 9에서 재인용.

115 박순남, 《한국 선교사자녀 핸드북》(서울: 한국해외선교회출판부, 1999), 59.

116 전은진, "재입국한 선교사 자녀의 자아 정체성 형성을 위한 연구," 16

117 위의 책, 16.

118 윤다은, "한국인 선교사 자녀의 상담 요구조사," 20.

119 전은진, "재입국한 선교사 자녀의 자아 정체성 형성을 위한 연구," 17.

120 위의 책, 17.

121 손동신, "선교사 자녀 지원 체계 구축," 〈진리논단〉 13(2006).

122 안승도, "선교사 자녀들의 정체성에 대한 사역 연구," 13.

123 마닐라 한국 아카데미www.mha.or.kr, 몽골 울란바타르 MK 스쿨 http://m.cafe.daum.net/UBMKSCHOOL, 베이징 한국국제학교 www.kisb.net, 상하이 한국국제학교www.skoschool.com, 베트남 호치민시 한국학교www.kshcm.net, 홍콩 한국국제학교www.wizclass.com, 싱가포르 한국학교www.singkoschool.com 등이 있다.

124 팔 카트만두 Lincoln School www.lsnepal.com, 말레이시아 Dalat International School www.dalat.org, 스리랑카 The Overseas School of Colombd www.osc.lk, 아프가니스탄 American International School of Kabul www.aisk.org, 인도 Woodstock school, 일본 Christian Academy in Japan, 타이완 Morrison Christian Adademy www.mca.org.tw, 태국 Bangkok International Academic School www.bisinternational.com, 독일 Black Forest Academy www.bfacademy.com, 러시아 Hinkson Christian Academy www.hinkson.ru, 오스트리아 Vienna Christian School www.viennachristianschool.org, 헝가리 International Christian School of Budapest, 코트디부아르 Vavoua International School www.wec-int.org, 케냐 Rift Valley

Academy www.rva.org, 남아공 Clarendon High School for Girls, 세네갈 Daker Academy www.dakar-academy.org, 에티오피아 Bingham Academy www.binghamacademy.net, 투니지아 The American Cooperative School of Tunis www.acst.net, 튀니지 Carachipampa Christian School www.carachipampa.org, 브라질 Amazon Valley Academy http://avabrazil.org, 에콰도르 Alliance Academy www.alliance.k12.ec, 온두라스 Academy Los Pinares www.pinares.org, 예루살렘 Anglican International School 등이 있다.

125 안승도, "선교사 자녀들의 정체성에 대한 사역 연구," 35.

126 위의 책, 36.

127 위의 책, 15.

128 윤다은, "한국인 선교사 자녀의 상담 요구조사," 68.

129 위의 책, 68.

130 Christopher H. Rosik and Karen L. Kilbourne, "Young Dissociative Disorders in Adult Missionary Kids," *Journal of Psychology and Theology,* vol. 27, No 2(1999), 164. 고현주, "장기 선교사의 탈진 실태와 요인 분석에 관한 연구," 총신대학교 선교대학원 석사학위 논문, 2004, 23에서 재인용.

131 마저리 휘일, 《영광스러운 상처》, 74.

132 윤다은, "한국인 선교사 자녀의 상담 요구조사," 53.

133 안승도,"선교사 자녀들의 정체성에 대한 사역 연구," 15.

134 위의 책, 15.

135 마저리 휘일, 《영광스러운 상처》, 172.

136 A. 스캇 모로우 엮음, 《선교학 사전》, 김만태 외 7인 옮김(서울: 기독교문서선교회, 2000), 743.

137 전은진, "재입국한 선교사 자녀의 자아 정체성 형성을 위한 연구," 23.

138 위의 책, 23.

139 안승도, "선교사 자녀들의 정체성에 대한 사역 연구," 15. 전은진, 위

의 책, 48.

140 전은진, "재입국한 선교사 자녀의 자아 정체성 형성을 위한 연구," 23.

141 위의 책, 42.

142 위의 책, 42.

143 윤다은, "한국인 선교사 자녀의 상담 요구조사," 69.

144 David C. Pollock, Ruth E. Reken, *The Third Culture Kid Experience: Growing up among Worlds* (Intercultural Press, 1999), 안승도, "선교사 자녀들의 정체성에 대한 사역 연구," 11에서 재인용.

4부 떠나는 선교사와 돌보는 선교사

145 이 책에 선교사 파송단체, 파송기관, 후원교회, 후원기관이라는 용어가 혼재되어 있는 것은 선교단체나 기관, 개별 선교사마다 그 용어의 사용이 일괄적이지 않기 때문이다. 그러나 내가 속한 단체에서는 파송기관과 후원기관을 각각 구별하여 사용하기 원한다. 나의 파송단체는 교단 선교부이고, 후원기관은 교회이다. 그러나 선교사 개인과 파송단체에 따라 파송교회와 후원교회를 구별 없이 사용하는 경우가 많다.

146 양성민, "효과적 선교사 안식년을 위한 연구," 장로회신학대학원 석사학위 논문, 2013, 61.

147 위의 책, 29.

148 배남숙, "타 문화권 선교사의 멤버케어에 관한 연구," 고신대학교대학원 박사학위 논문, 2015, iii.

149 조용중, "쉼과 재충전을 위한 토탈 가이드: 안식년 설계-미주편," 〈한국선교KMQ〉 1(창간호, 2001), 12.

150 양성민, "효과적 선교사 안식년을 위한 연구," 57.

151 주수경, "평신도 선교사와 목회자 선교사 간의 선교적 역할에 관한

갈등 연구," 클레어몬트 신학대학원 미간행 박사학위 논문, 2017, 22. 선교의 주체는 교회나 선교단체가 아니라 성령 하나님이요 교회는 '그분의 선교'에 참여하는 것이라는 논지로 하나님의 선교(*missio Dei*)를 정의 내린 하르텐 스타인을 인용한 부분이다.

152 배남숙, "타 문화권 선교사의 멤버케어에 관한 연구," v.

153 김종각, "21세기 한국 선교사들의 효과적 안식년을 위한 총체적 선교센터 방안 연구," 총신대학교 선교대학원 석사학위 논문, 2018, 25.

154 위의 책, 25.

155 선교사케어넷,《땅끝의 아침》(서울: 두란노, 2007), 256.

156 Sarah Hay, "Home Office-Debrief and Re-Entry," Rob Hay, ed., *Worth Keeping* (Pasadena, CA: William Carey Library, 2007), 383.

157 양성민, "효과적 선교사 안식년을 위한 연구," 4.

158 위의 책, 60.

159 선교사케어넷,《땅끝의 아침》, 252.

160 양성민, "효과적 선교사 안식년을 위한 연구," 74.

161 이신철, "선교사와 함께 생각해 보는 안식년," 대한예수교장로회총회세계선교부(편), 〈해외선교〉(2001. 5-6.).

162 Tom A. Steffen, *Passing the Baton* (LA: COMD, 1997), 23.

163 켈리 오도넬,《선교사 멤버케어》(서울: 기독교문서선교회, 2004), 51.

164 위의 책, 39.

165 이태웅,《한국 선교의 이론과 실제》(서울: 한국해외선교회출판부, 1994), 22.

166 마리나 프린스 외,《선교사와 사역자를 위한 멤버케어》, 이순임 옮김 (서울: 한국해외선교회출판부, 2010), 21-22.

167 위의 책, 33.

168 켈리 오도넬,《선교사 멤버케어》, 29.

169 배남숙, "타 문화권 선교사의 멤버케어에 관한 연구," 26.

170 이태웅,《한국 선교의 이론과 실제》, 24.

171 이정배, "선교사 멤버케어를 통한 효과적인 지원 방안," 총신대학교

신학대학원 박사학위 논문, 2013, 113.

172 켈리 오도넬,《선교사 멤버케어》, 54.

173 이정배, "선교사 멤버케어를 통한 효과적인 지원 방안," 37.

174 위의 책, 95.

175 중도 탈락의 원인을 살펴보면 선교 역사가 오랜 선교사 파송 국가의 경우, 정상적 은퇴(13.2%), 자녀(10.1%), 직업전환(8.9%), 건강(8.4%), 동료 선교사와의 갈등(6.0%)의 순이었지만, 신생 선교사 파송국가의 경우에는 본국 후원 부족(8.1%), 소명감의 부족(8.0%), 헌신의 부족(7.3%), 파송단체와의 불화(6.1%), 동료 선교사와의 갈등(5.7%)의 순이었다. 한국의 경우는 동료 선교사와의 갈등(8.8%), 본국 후원 부족(8.4%), 건강(7.4%), 자녀(7.4%), 직업전환(6.3%) 순이었다. 윌리엄 테일러 엮음,《잃어버리기에는 너무 소중한 사람들》, 백인숙 외 옮김(서울: 죠이선교회, 1998), 98-101.

176 최형근, "선교사 멤버케어에 관한 소고," 〈선교신학〉 31(2012), 402-403.

177 위의 책, 403.

178 이정배, "선교사 멤버케어를 통한 효과적인 지원 방안," 16.

179 유희주, "영적 안녕감 증진을 위한 선교사 집단 심리 디브리핑 프로그램 개발: 기독교적 이야기 치료 관점에서," 횃불트리니티신학대학원대학교 박사학위 논문, 2018, 15-16에서 재인용.

180 위의 책, 21.

181 〈기독신문〉(2013. 11. 11.) 인터넷 기사.

182 로리스 A. 다즈, "Effectively Caring for Our Missionaries," 하트스트림 설립 5주년 멤버케어 세미나 자료, 2014, 29-30.

183 이정배, "선교사 멤버케어를 통한 효과적인 지원 방안," 53-56.

184 위의 책, 93.

185 위의 책, 35.

186 위의 책, 36.

187 위의 책, 36.

188 위의 책, 35.

189 위의 책, 37.

190 위의 책, 37.

191 켈리 오도넬,《선교사 멤버케어》, 60.

192 Tom A. Steffen, *Passing the Baton*, 23.

193 김금곤, "은퇴 선교사들의 노후 대책에 관한 사회복지적 고찰," 백석대학교 석사학위 논문, 2016, 23.

194 KWMA 2019년 선교사 파송 통계.

195 김금곤, "은퇴 선교사들의 노후 대책에 관한 사회복지적 고찰," 4.

196 내가 속한 선교단체(PCK)에서는 팬데믹으로 인해 입국한 선교사들의 여러 가지 요구를 실감하고, 이러한 필요와 요구에 귀 기울여 여러 강좌를 마련했다. 주택마련 관련 세미나, 은퇴 준비 관련 세미나, 선교현장에서 코로나19에 관한 대책 마련, 선교사들의 위기관리를 위한 온라인 디브리핑 세미나 등 실제로 도움이 되는 강좌를 열어서 선교사들을 멤버케어 차원에서 돕기 시작하는 움직임이 일어나는 것을 보고 듣게 되니 매우 감사하다. 이런 일들이 더욱 활성화되기를 바란다.

197 김금곤, "은퇴 선교사들의 노후 대책에 관한 사회복지적 고찰," 72.

198 국내 선교단체 중에서는 GP(Global Partners) 선교회가 선교사 은퇴제도를 없앴고, 국제단체 중에는 OM이 은퇴 연령이 없다. 윤은혜, "선교사들의 은퇴 이후의 복지대책에 관한 연구," 총신대학교 석사학위 논문, 17에서 인용.

199 김금곤의 조사에 의하면 12퍼센트 정도의 선교사가 은퇴에 대한 계획이 전혀 없이 남은 생애 동안 계속 선교하겠다고 대답했다.

200 한정국, "KMQ 좌담회: 은퇴 및 원로 선교사 대책," 〈한국선교 KMQ〉 27(2008, 가을), 53.

201 전우영, "대한예수교장로회(고신) 선교사 노후정책," 〈선교타임즈〉 6(2005), 70.

202 한국장로교복지재단 공주원로원 http://www.wonrowon.com

203 안동기, "대한예수교장로회(합동) 선교사 노후정책," 〈선교타임즈〉

6(2005), 72.

204 www.생명의빛홈타운.com

205 김금곤, "은퇴 선교사들의 노후 대책에 관한 사회복지적 고찰," 75.

206 윤은혜, "선교사들의 은퇴 이후의 복지대책에 관한 연구," 29.

207 한정국, 한국세계선교협의회 녹음테이프(2013. 9. 1.) 장대중, "선교사 재입국과 돌봄 방안에 대한 연구," 침례신학대학교 석사학위 논문, 2013, 50에서 재인용.

208 몽골에서 지난 2015년부터 2020년 사이에 일어난 일이다.

209 지금 내가 있는 말라위의 경우이다.

210 김동배, "삶의 질 향상을 위한 노인복지정책 방향," 〈보건복지포럼〉 216(2014. 10.), 2; 김금곤, "은퇴 선교사들의 노후 대책에 관한 사회복지적 고찰," 18.

211 장대중, "선교사 재입국과 돌봄 방안에 대한 연구," 41.

212 http://www.mohw.go.kr/react/al/sal0301vw.jsp?PAR_MENU_ID=04&MENU_ID=0403&CONT_SEQ=361772, 2020년 12월 28일 접속.

213 장대중, "선교사 재입국과 돌봄 방안에 대한 연구," 96.

214 https://www.unikorea.go.kr/unikorea/business/NKDefectorsPolicy/settlement/System/, 2020년 12월 28일 접속.

215 위의 책, 96.

216 위의 책, 96.

217 위의 책, 103-104.

218 장월방, "은퇴교역자 복지정책방안 연구: 기독교대한감리회를 중심으로," 목원대학교신학대학원 석사학위 논문, 2007, 17.

219 마저리 휘일, 《영광스러운 상처》, 185.

220 로버트 클린턴의 리더십 첫 번째 원리는 1부 끝에서 언급한 "사역은 존재(Being)에서 흘러나온다"이다.

221 로버트 클린턴, 《영적 지도자 만들기》, 이순정·이영규 옮김(서울: 베다니출판사, 2014).

참고 문헌

국내 단행본

김기영(Harry Kim).《아보다: 크리스천 사업가를 위한 가이드》. 서울: 더메이커, 2017.

김기영(Harry Kim).《일터@영성》. 서울: 예영커뮤니케이션, 2011.

김기영(Harry Kim).《크리스천 사업가와 B·A·M》. 파주: 성안당, 2014.

김진수.《선한 영향력》. 구리: 선율, 2018.

김태연.《전문인 선교사로 나가자》. 서울: 예영커뮤니케이션, 2004.

대한예수교장로회총회세계선교부 엮음.《선교현장이야기(선교사자녀)》. 서울: 대한예수교장로회총회세계선교부, 2015.

박순남.《한국 선교사자녀 핸드북》. 서울: 한국해외선교회출판부, 1999.

선교사케어넷.《땅끝의 아침》. 서울: 두란노, 2007.

심재두.《선교사 팀 사역과 갈등 해결》. 서울: 좋은씨앗, 2016.

엄예선.《한국 교회와 가정 사역》. 서울: 생명의말씀사, 2007.

이다니엘 외.《지금 여기, 선교의 시대》. 서울: 비비투, 2020.

이종찬.《4차 산업 시대의 크리스천 일터와 Business As Mission》. 서울: 북랩, 2019.

이태웅.《한국선교의 이론과 실제》. 서울: 한국해외선교회출판부, 1994.

최바울.《텐트메이커 선교: 그 이론과 실제》. 서울: 펴내기, 1999.

최웅섭.《선교와 비지니스의 아름다운 동행》. 서울: 예영커뮤니케이션, 2017.

한국전문인선교협의회 엮음.《선교의 패러다임이 바뀐다》. 서울: 창조, 2000.

한국전문인선교협의회 엮음.《전문인 선교의 패러다임이 바뀐다》. 서울: 바울서신, 2004.

한정화 외.《비즈니스 미션》. 서울: 샘앤북스, 2018.

해외 단행본(번역본)

루터, 마르틴.《말틴 루터의 종교개혁 3대 논문*Martin Luther's Three Treatises*》. 지원용 옮김. 서울: 컨콜디아사, 2012.

맥버니, 루이스.《사역자 상담*Counseling Christian Workers*》. 윤종석 옮김. 서울: 두란노, 2002.

모로우, 스캇.《선교학 사전*Evangelical Dictionary of World Mission*》. 김만태 외 옮김. 서울: 기독교문서선교회, 2014.

문성일.《한국 교회의 전문인 선교 신학을 추구하며*Toward a Missiology of the Missionary Professional with Special Reference to the Korean Church*》. 김진태 옮김. 서울: 지온커뮤니케이션, 2016.

보쉬, 데이비드.《길 위의 영성*A Spirituality of the Road*》. 이길표 옮김. 서울: 올리브나무, 2011.

______.《변화하고 있는 선교*Transforming Mission*》. 김병길·장훈태 옮김. 서울: 기독교문서선교회, 2000.

스테픈, 탐 & 더글라스, 로이스.《선교사의 생활과 사역*Encountering Missionary Life and Work*》. 김만태 옮김. 서울: 기독교문서선교회, 2010.

스티븐스, 폴.《21세기를 위한 평신도 신학*The Abolition of the Laity*》. 홍병룡 옮김. 서울: IVP, 2014.

아터번, 스티븐.《모든 남자의 참을 수 없는 유혹*Every Man's Battle*》. 윤종석 옮김. 서울: 좋은씨앗, 2003.

에트리지, 섀넌 & 아터번, 스티븐.《모든 여자의 들키고 싶지 않은 욕망*Every Woman's Battle*》. 윤종석 옮김. 서울: 좋은씨앗, 2005.

엘드레드, 켄.《비즈니스 선교*Business Mission*》. 안정임 옮김. 서울: 예수전도단, 2006.

오도넬, 켈리 엮음.《선교사 맴버케어*Doing Member Care Well*》. 최형근 외 옮김. 서울: 기독교문서선교회, 2004.

윌슨, 크리스티.《현대의 자비량 선교사들*Tent Maker*》. 김만풍 옮김. 서울: 순출판사, 1991.

크래머, 헨드릭.《평신도 신학*Theology of The Laity*》. 홍병룡 옮김. 서울: 아바서원, 2014.

크래프트, 찰스 H.《기독교 문화인류학*Anthropology For Christian Witness*》. 안영권·이대헌 옮김. 서울: 기독교문서선교회, 2005.

클린턴, 로버트.《영적 지도자 만들기*The Making of Leader*》. 이순정 · 이영규 옮김. 서울: 베다니출판사, 2020.

테일러, 윌리암.《잃어버리기엔 너무 소중한 사람들*Too Valuable to Lose*》. 백인숙 외 옮김. 서울: 죠이선교회. 1999.

튜내핵, 매츄.《Business As Mission》. 김기영 옮김. 서울: 예영커뮤니케이션, 2010.

패튼, 존 & 차일즈, 브라이언.《기독교인의 결혼과 가족*Marriage and Family of Christian*》. 장성식 옮김. 서울: 한국장로교출판사,

1998.
프린스, 마리나.《선교사와 사역자를 위한 멤버케어*Member Care for Missionaries*》. 이순임 역. 서울: 한국해외선교회출판부, 2010.
할리, 윌라드.《그 남자의 욕구 그 여자의 갈망*His Needs Her Needs*》. 서울: 비전과리더십, 2004.
휘일, 마저리.《영광스러운 상처*Honorably Wounded*》. 홍종관·홍마가 옮김. 파주: 학지사. 2011.
히버트, 폴.《선교와 문화인류학*Anthropological Insights for Missionaries*》. 김동화 외 옮김. 서울: 죠이북스, 2014.
____.《인류학적 접근을 통한 선교현장의 문화 이해*Anthropological Reflections on Missiological Issues*》. 김영동 옮김. 서울: 죠이선교회, 1997.

정기간행물

김동배. "삶의 질 향상을 위한 노인복지정책 방향." 〈보건복지포럼〉(2014).
김동화. "선교사와 자녀교육 2: 선교사 자녀교육의 문제점과 방향." 〈난 곳 방언으로〉 95(1994. 10.).
김성욱. "21세기 한국 교회 선교와 전문인 선교." 〈총신대논총〉 22(2003).
라이, 패트릭. "직업선교." 〈선교 한국 90 대회 자료집〉(1990).
손동신. "선교사 자녀 지원 체계 구축." 〈진리논란〉 13(2006).
안동기. "대한예수교장로회(합동) 선교사 노후정책." 〈선교타임즈〉(2005).
윌리암스, 켄. "선교지에서의 성적 순결."《선교사 멤버케어》(2004).
이신철. "선교사와 함께 생각해 보는 안식년." 대한예수교장로회총회세계선교부(편). 〈해외선교〉(2001. 5-6.).

전우영. “대한예수교장로회(고신) 선교사 노후정책.” 〈선교타임즈〉 (2005).

정승현. “하나님의 선교(the missio Dei)와 선교적인 교회: 빌링겐 IMC를 중심으로.” 〈선교와신학〉 20(2007. 8.).

____. “하나님의 선교, 세상 그리고 샬롬: 요하네스 호켄다이크의 선교신학,” 〈선교와신학〉 24(2009. 8.).

조용중. “쉼과 재충전을 위한 토탈 가이드: 안식년 설계.” 〈한국선교 KMQ〉 1(2001. 8.).

최형근. “선교사 멤버케어에 관한 소고.” 〈선교신학〉 31(2012. 11.).

____. “선교사 멤버케어 시스템 구축.” 〈선교와신학〉 28(2011. 8.).

한정국. “KMQ 좌담회: 은퇴 및 원로 선교사 대책.” 〈한국선교 KMQ〉 27(2008, 가을).

학위 논문

김금곤. “은퇴 선교사들의 노후 대책에 관한 사회복지적 고찰.” 백석대학교 석사학위 논문, 2016.

김종각. “21세기 한국 선교사들의 효과적 안식년을 위한 총체적 선교센터 방안 연구.” 총신대학교 선교대학원 석사학위 논문, 2018.

박요섭. “21세기 한국 교회 선교 전략에 대한 연구.” 총신대학교 석사학위 논문, 2018.

배남숙. “타 문화권 선교사의 멤버케어에 관한 연구.” 고신대학교 대학원 박사학위 논문, 2015.

안승도. “선교사 자녀들의 정체성에 대한 사역 연구.” 총신대학교 선교대학원 석사학위 논문, 2012.

양성민. “효과적 선교사 안식년을 위한 연구.” 장로회신학대학원 석사학위 논문, 2013.

윤다은. “한국인 선교사 자녀의 상담 요구조사.” 광운대학교 석사학위 논문, 2014.

윤은혜. “선교사들의 은퇴 이후의 복지대책에 관한 연구.” 총신대학교 석사학위 논문, 2018.

이정배. “선교사 멤버케어를 통한 효과적인 지원 방안.” 총신대학교 신학대학원 박사학위 논문, 2013.

이현숙. “선교사의 대인관계 스트레스 회복과정의 연구.” 백석대학교 상담대학원 박사학위 논문, 2014.

장대중. “선교사 재입국과 돌봄 방안에 대한 연구.” 침례신학대학교 석사학위 논문, 2013.

장월방. “은퇴 교역자 복지정책방안 연구: 기독교대한감리회를 중심으로.” 목원대학교 신학대학원 석사학위 논문, 2007.

전은진. “재입국한 선교사 자녀의 자아 정체성 형성을 위한 연구.” 장로회신학대학원 석사학위 논문, 2016.

주수경. “평신도 선교사와 목회자 선교사 간의 선교적 역할에 관한 갈등 연구.” 클레어몬트 신학대학원 박사학위 논문, 2017.

해외 단행본 및 정기간행물

Chadwick, H. *The Early Church*. Grand Rapids, Michigan: Eerdmans, 1968.

Collins, Gary R. *Spotlight on Stress*. CA: Vision House, 1983.

Garland, D. S. R. & Garland, D. I. *Beyond Companionship*. Philadelphia: Westminster Press, 1986.

Guder, D. L. (ed.). *Missional Church. A Vision for the Sending of the Church in North America*. Grand Rapids, Michagan: Eerdmans, 1988.

Hartenstein, K. “Theologische Besinnung.” *Mission zwischen Gestern und Morgen*. Walter Freytag ed. John G. Flett trans. Stuttgart: Evang Missionsverlag, 1952.

Holmes, T. H. & Rahe, T. H. "The Social Readjustment Rating Scale." *Journal of Psychosomatic Research*, 11, 1967.

Jung, U. K. *Strategies for Successful Establishment and Development of Schools for Missionary Kids on the Mission Field*. Virginia: Lynchburg, 2001.

Koteskey, R. *Psychology for Missionaries*. KY: Wilmore, 2011.

Latourette, K. S. *A History of Christianity*. vol. I. New York: Harper & Brothers, 1953.

Martinez. G. & Brignoli, L. B. *Perspectives on Marriage: A Reader*. Edited by K. Sarah Hay. "Home Office-Debrief and Re-Entry." Rob Hay. ed. Worth Keeping Pasadena. CA: William Carey Library, 2007.

Pollock, D. "What about the Missionary Kids and Attrition?" *Too Valuable to Lose: Exploring the Causes and Cures of Missionary Attrition*. William D. Taylor. de. Pasadena: William Carey Library, 1997.

Pollock, D. C. & Reken, R. E. *The Third Culture Kid Experience: Growing up among Worlds*. Intercultural Press, 1999.

Russell, M. L. *The Mission Entrepreneur. Principles and Practice for Business and Mission*. Alabama: New Hope Publish, 2010.

Steffen. T. A. *Passing the Baton*. LA: COMD, 1997.

Winter, R. "Editorial." *Mission Frontiers*, April-May 1991.

Manager

선교사의 뒷모습 하나님 나라 샬롬을 전하는 선교사의 마음속 이야기

주수경 지음

초판 1쇄 발행 2022년 2월 25일

펴낸이 김도완
펴낸곳 비아토르
등록번호 제2021-000048호
(2017년 2월 1일)
주소 서울시 종로구 삼일대로 428, 500-26호
(우편번호 03140)
전화 02-929-1732
팩스 02-928-4229
전자우편 viator@homoviator.co.kr

편집 이현주
디자인 즐거운생활
제작 제이오
인쇄 (주)민언프린텍
제본 (주)정문바인텍

ISBN 979-11-91851-24-3 03230